现代出版学精品教材

XIANDAI CHUBANXUE JINGPIN JIAOCAI

现代图书编辑学概论

第 2 版

朱胜龙 编著

苏州大学出版社

图书在版编目(CIP)数据

现代图书编辑学概论/朱胜龙编著.—2版.—苏州:苏州大学出版社,2013.5(2024.7重印)
现代出版学精品教材
ISBN 978-7-5672-0462-1

Ⅰ.①现… Ⅱ.①朱… Ⅲ.①图书-编辑学-教材 Ⅳ.①G232.2

中国版本图书馆 CIP 数据核字(2013)第 097746 号

现代出版学精品教材
Contemporary Publication Advanced Textbook

总 策 划
吴培华

现代图书编辑学概论(第2版)

编 著
朱胜龙

责任编辑
巫 洁

出版发行
苏州大学出版社
(苏州市十梓街1号 邮编 215006)

印 刷
广东虎彩云印刷有限公司
(东莞市虎门镇黄村社区厚虎路20号C幢一楼 邮编 523398)

开本 787 mm×960 mm 1/16
印张 19.75 字数 365 千
版次 2013年6月第2版 2024年7月第3次印刷
书号 ISBN 978-7-5672-0462-1
定价 52.00 元

苏州大学版图书若有印装错误,本社负责调换
苏州大学出版社营销部 电话:0512-67481020
苏州大学出版社网址 http://www.sudapress.com

编委会名单

总策划 吴培华

编委会（按姓氏笔画为序）

　　　　刘拥军　朱胜龙　朱静雯　李寿春

　　　　吴培华　张志强　周　奇　苗遂奇

　　　　徐建华　徐柏容　黄先蓉　黄镇伟

　　　　薛华强

执行编委 吴培华　薛华强

出版者的话

"现代出版学丛书"自2003年出版第一辑后得到业界和教育界的广泛好评,根据编辑出版工作的实际需要和出版业人才培养的需求,我们又连续组织出版了三辑,共计四辑25种。

出版属于内容产业,创新是其不竭的灵魂。因此,对教材不断进行更新,以跟上出版业的快速发展是值得引起我们重视的一个重要课题。"现代出版学丛书"出版以来,出版业与出版工作已经发生了巨大的变化,首先,出版业转企改制工作已基本完成,出版业的管理理念、管理方法也随之发生了重大变化;其次,十七届六中全会提出了大力发展文化产业的要求,出版业面临着前所未有的发展机遇;而数字化出版的快速发展更是对出版业带来了巨大的冲击与挑战。在这样的背景下,业界同人纷纷建议对"现代出版学丛书"进行及时修订,鉴此,我们决定在原有基础上,根据学科建设的要求,精选其中10种,结合出版业的最新发展态势,进行了大幅度的修订补充,期望为我国的编辑出版专业打造一套高质量的现代出版学精品教材。

该套教材继续体现创新原则,吸收我国出版界的最新理论成果,反映出版界改革发展的最新动向。我们真诚地希望广大读者、教育工作者和理论研究者出于对这套教材的爱护,对其中的不足之处和疏漏讹误,不吝赐教。我们相信,我们对中国出版业的拳拳之心是共同的。

总　序

　　书籍,是人类传承文明的主要载体;近代兴起了报纸和杂志,于是文明传承又多了一种工具和媒介,从而新闻与出版并称。但是二者在传承文明过程中所起的作用和各自的特点有所不同。报纸杂志的时效性强、内容多样;书籍则传世久远、影响深远。二者相济,既及时反映了即时发生的情况,又引导人们思考过去、现在和未来,于是人类的文明得以播散和流传。

　　任何国家的新闻出版事业都是为自己国家的利益服务的,绝无功利的新闻出版事业从来不存在。过去,我国的新闻出版事业只注重了它的宣传作用,而忽略了它还有商品性的一面。这是计划经济导致的必然结果。改革开放以后,人们很快意识到了出版事业的二重性:意识形态属性和商品属性。我国的新闻出版业,一方面要发挥党和人民喉舌的作用,另一方面也要按照社会主义市场经济的规律去建设、发展、生产和流通,这两种属性是并行不悖、相辅相成的。只有按照市场经济的规律去建设、发展、生产和流通,才能更好地宣传科学的理论、正确的思想,弘扬正气,凝聚人心;也只有坚持正确的导向,乘市场经济的浪潮发展,才不致于迷乱了本性,才能为最广大人民的根本利益服务,才能在世界范围内形成自己的特色,参与国际出版业的激烈竞争。

　　无论是哪个国家的出版业,也无论从我国出版事业的哪一方面的属性来说,要使这一事业发展壮大,人才都是关键。特别是我国的出版事业正处在由传统的生产方式向现代生产方式转变的过程当中,人才的问题更加显得重要而急迫。

　　现代的出版业需求怎样的人才呢？我想,这样的人才除了应该熟悉现代新闻出版的经营方式方法之外,还需要有较高的理论素养、创新的意识和能力。后者也许比前者更为重要,因为经营的方式方法可以在实践中摸索、总结,而理论修养和创新能力却需要较长时间的积累和一定的悟性,需要良好的环境和条件的熏陶与培育。

　　如果以上述的标准衡量,应该承认,我国新闻出版界的人才结构和知识结构的确急需改善。同时我们应该看到,我国出版教育事业要承担起培养新型出版人才的历史重任,还有很多工作要做,还有很长的路要走。在诸多应该做的工作当中,编写出版具有理论深度的著作和具有时代特色的教材是其中最重要的基础性建设。

出版事业和社会生活几乎是同步前进的,在"知识爆炸"的今天,出版事业的发展可谓一日千里,也只有一日千里才能跟上时代。永远向前看,这是出版业的重要特征。因此,原有的读物显然已经不能完全满足当前的需要。现在出版的这套由我国新闻出版界一批著名专家策划并编写的"现代出版学丛书",就是为了跟上出版业改革发展的形势,根据他们在这一领域中多年积累的经验、最新的发展动态、研究的最新成果和对未来的深刻思考编写而成的,供正在出版事业前沿努力奋斗的专业人员和有志于投身这一事业的年轻人学习之用。

参加策划和编写的专家,都在出版业的各个方面工作过多年,有的担任过出版业领导工作并长期从事出版理论研究,有的在出版教育领域耕耘时久,有的一直在出版部门从事实际工作。他们虽然分布在全国各地,专业也不尽相同,但是有着一个共同的特点,这就是始终紧跟时代的脚步,密切关注着国际上出版界的动态,苦苦思考着我国的出版业如何适应21世纪中国和世界的情况。

任何著作都不可能十全十美,因为就在作者研究、写作的时候,客观情况已经在变化了;再加上每个人占有的资料很难滴水不漏,观察的角度彼此或异,如果读者发现这套丛书还有什么不足和可议之处,我看应属正常。我们总不能等到一切都研究得完美了再来编写——实际上永远不会有这样一天,重要的是做起来,教起来,学起来。

我衷心希望这套丛书尽快出齐,在听取读者的意见后不断修改提高,使之成为具有权威性的读物和教材;我同时希望我国的出版教育界以这套丛书的出版为新的起点,加强科学研究,逐步形成和完善具有中国特色的出版理论体系,使我国的出版事业不仅在数量和质量方面达到与我国的国际地位相应的水平,出色地承担起传承人类文明的重任,而且在理论建树和人才储备方面也能令世界刮目相看。

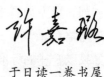

于日读一卷书屋

目录

第一章 图书编辑工作的性质、功能和基本特征

第一节 图书编辑工作的性质 / 2
第二节 图书编辑工作的功能 / 7
第三节 图书编辑工作的基本特性 / 11

第二章 图书编辑工作的基本方针和原则

第一节 图书编辑工作的基本方针 / 30
第二节 图书编辑工作的原则 / 34

第三章 图书编辑工作面临的挑战和机遇

第一节 图书编辑工作面临的挑战 / 44
第二节 图书编辑工作的发展机遇 / 55

第四章 图书编辑工作的基本制度

第一节　选题策划制度／68

第二节　图书市场调研制度／87

第三节　主办和主管单位制度／90

第四节　编辑的资质管理制度／93

第五节　为读者服务的制度／95

第六节　图书评奖制度／100

第七节　优秀出版工作者和优秀编辑奖励制度／107

第八节　图书审读制度／112

第九节　图书校对制度／116

第十节　合作出版／122

第五章 图书编辑工作的基本流程

第一节　申报选题／128

第二节　制订年度选题计划／130

第三节　组织稿件／131

第四节　签订图书出版合同／137

第五节　加工稿件／140

第六章 图书选题策划的特点和原则

第一节　选题策划的特点／154

第二节　选题策划的原则／161

第三节　选题策划大趋势／182

第七章 图书选题策划的基本内容

第一节　优化选题结构的策划 / 188
第二节　图书定价策划 / 189
第三节　书名的策划 / 190
第四节　图书附加值的策划 / 195

第八章 图书评论与图书宣传

第一节　图书评论 / 202
第二节　图书宣传 / 206
第三节　图书评论、图书宣传与物质产品宣传的关系 / 225

第九章 图书的种类

第一节　一般图书与教材教辅 / 228
第二节　大众类、教育类与专业类图书 / 231
第三节　畅销书与常销书 / 233

第十章 编辑队伍建设

第一节　总编辑的素质 / 248
第二节　总编室的职责 / 258
第三节　编辑室的职责 / 260

第四节　编辑的分类 / 262
第五节　编辑的素质 / 268

附录一 / 281
附录二 / 286
附录三 / 292

主要参考书目 / 300

后　记 / 302

第一章

图书编辑工作的
性质、功能和基本特征

第一节　图书编辑工作的性质

图书编辑工作作为图书出版工作的重要组成部分，是图书出版工作的中心，在整个图书出版工作中起着导向性和决定性的作用。图书编辑工作的成效，在很大程度上决定着图书出版工作的水平和规模，决定着图书出版工作的发展方向和发展前景，决定着图书出版工作的可持续发展。出版工作的意识形态性质，主要体现在图书编辑工作之中，体现于图书编辑工作的全过程。图书编辑工作的性质主要体现在以下两个方面。

一、图书编辑工作的政治导向性

图书编辑工作的政治导向性，体现在图书编辑工作的党性原则上。图书编辑出版工作历来是党的重要工作，是党的意识形态的重要组成部分，是党的重要的舆论阵地，是宣传马克思主义、列宁主义、毛泽东思想、邓小平理论、"三个代表"重要思想和科学发展观的重要阵地，是代表中国共产党人的社会主流思想与形形色色的非马克思主义思潮的兵家必争之地。党的十七届六中全会通过的《中共中央关于深化文化体制改革推动社会主义文化大发展大繁荣若干重大问题的决定》，通过总结我国文化改革发展的丰富实践和宝贵经验，指出加强文化建设的重要意义，提出了推动社会主义文化大发展大繁荣的指导思想，以及到2020年我国文化产业的发展目标，部署了深化文化体制改革、推动社会主义文化大发展大繁荣的各项重要任务，并明确提出了"增强国家文化软实力，弘扬中华文化，努力建设社会主义文化强国"的战略任务，把社会主义文化的繁荣发展作为坚持发展是硬道理、发展是党执政兴国第一要务的重要内容；作为深入贯彻落实科学发展观的一个基本要求，为繁荣图书出版事业，加强编辑学的建设和研究指明了方向，同时，也对图书编辑工作提出了更高的要求，对其赋予了更为重大的历史使命。

因此，编辑选择出版或不出版什么样的图书，并不是可大可小、可重可轻的事情。在一定意义上，这是一件事关大局的重要工作。编辑对各种书稿进行选择,或是向特定的作者组稿,对各种书稿所承载的社会历史文化积累的成果的价值进行评判和认定,以此决定对书稿的取舍,并不是个人行为,而是代表着出版社,因而是一项重大、严肃而有意义的工作。由于我国对出版社的设立实行的是审批制,出版社一经设立,便享有专有出版权,因此出版社承担着为党和国家的工作大局服务、为改革开放营造良好的社会舆论氛围、与党中央无条件保持一致的政治责任和历史使命。从这个意义上说,每个编辑都在代表党和政府对书稿进行有针对性的选择,更重要的是,编辑对书稿如何选择,直接影响着作者的写作取向。编辑代表出版社对作者的书稿进行选择,因此,编辑成了连接作者与读者的中介。作者对编辑负责,而编辑对读者负责,在编辑与作者的关系中,编辑处于主导地位,编辑对书稿的取舍,对作者的思想和心理造成有效的影响和渗透。在一般情况下,作者为了使自己的书稿获得编辑的认可,在可能的情况下,会自觉或不自觉地使自己的创作思路、创作风格向编辑的要求靠拢,在编辑与作者的交往中,作者按照编辑的要求,对书稿进行多次修改,直至达到编辑的标准,这样的例子并不鲜见。作者对书稿修改的过程,实际上就是接受编辑对其创作思想影响的过程,也是编辑对作者的创作思想潜移默化地施加影响的过程。编辑对作者的教化、引导作用,由此可见。

出版社出版的图书,作为一种有一定社会认可度、能产生一定社会影响的文化积累的承载物,通过读者的阅读,能在社会上产生程度不同的多方面的导向作用,包括价值导向、审美导向、知识导向、情趣导向、时尚导向等,这种导向作用是通过社会舆论的传导实现的。图书作为知识密集、信息密集的信息载体,与报纸、期刊、电视、广播相比,其影响和作用更为明显,在影响社会舆论的诸多要素中居于首位,是影响社会舆论的主要因素,并通过社会舆论的传导,影响着读者的思想意识层面、价值观层面和行为层面,尤其对处在思想和价值观形成过程中的青少年来说,这种导向作用则更为明显。青少年价值观的形成过程,在一定意义上表现为接受各种社会传媒传播的各种知识、信息的过程,青少年由于处在长知识的时期,人生观、价值观尚不成熟,对各种是非的辨别能力较差,在对各种社会传媒传播的知识信息的接受中,一般表现为被动地接受。而社会传媒传播的知识和信息对受众的作用如何,在很大程度上取决于受众的接受状态,在主动接受状态下,读者对自己感兴趣的知识信息的接受度会高一些;而在自己所不太感兴趣的情况下,对社会传媒所传播的知识信息的接受度则会低一些。但对青少年而言则是另一种情况,青少年本身就处在认识社会、了解社会的时期,青少年对社会的认识和了解,除了身边熟悉的成年人的言传身教外,阅读各种出版物,特别是图书,成了他们认识社会、了解社会、丰富人生的主要途径。在这种情况下,出版社出版的图书,在满足青少年阅读需求的同时,毫无疑问地担负着帮助青少年健康成长的重大历史使命。一本健康有益的有可读性的图书,对青少年的成长,能起到积极的引导作用;而一本内容有害的图书,往往会成为毒害青少年心灵的"杀手"。如有的青少年就是看了内容淫秽的图书后,在好奇心的驱使下,做了错事,在人生中留下难以消除的阴影。

对成年人而言,社会传媒的作用也不可小看。往往有这样的情况:对正面宣传的信息,读者包括成年读者可能不一定全信;而对于有些披露社会阴暗面的东西,或是猎奇的东西,读者则有可能会信以为真。所谓的"好事不出门,坏事传千里",说的就是这个道理。这种社会现象表明,导向正确、内容健康、正面宣传的图书,可以起到有益于社会进步、有益于人的素质的全面提高、有益于塑造民族精神的积极作用。而导向错误的图书,有可能产生不利于社会稳定的负面效应,严重的甚至会导致社会的动荡不安,影响到社会的安定团结,影响改革开放和社会主义建设事业的顺利进行。也可以这么说:一本思想内容不健康或是有着严重错误倾向的图书,对社会的安定团结有着极大的危害。因此,编辑工作无小事,一旦出事,就会程度不同地危害到社会利益,危害到人民群众的根本利益。编辑工作的选择权事关重大,事关大局,编辑不可掉以轻心,更不能漫不经心,玩忽职守,贻误大事。从事出版编辑工作的编辑,好比是"如履薄冰,如临深渊",来不得半点马虎,不能有丝毫的懈怠,不能心存任何的侥幸念头,而是要时刻绷紧头脑中舆论导向这根弦,以敏锐的政治嗅觉,善于从政治上看问题,从政治上判断书稿的价值,不仅要看到书稿中存在的问题,更要看到图书传播后有可能造成的影响和后果。要着眼于巩固马克思主义在我国意识形态领域的指导地位,着眼于服务经济建设这个中心和全党全国大局,着眼于促进社会全面进步和人的全面发展,坚持以科学的理论武装人,以高尚的建设塑造人,以优秀的作品鼓舞人,坚持贴近实际、贴近生活、贴近群众,形成体现中国先进生产力的发展要求、体现中国文化的前进方向、体现中国最广大人民的根本利益的理论指导、舆论力量、精神支柱和文化条件,引导和激励人民为实现全面建设小康社会的宏伟目标而努力工作。

在编辑工作的实践中,要把握好正确的舆论导向,就必须深刻认识舆论导向的丰富内涵。坚持正确的舆论导向不是一个空洞的口号,而是有着具体内容的。

首先,导向是分层次的,舆论导向的第一个层次是政治导向。在这个层次上,要求我们准确地把握党的路线、方针、政策的基本点,正确处理一些敏感的问题或者热点、难点、疑点问题,正确区分法律和政策所反对、允许、提倡的界限。第二个层次是理论导向。从理论研究的角度讲,我们主张百家争鸣,允许提出不同的看法、意见,这叫做"理论研究无禁区"。但是,出版宣传有纪律,决不能与党中央的决策唱反调,也不能违背党的基本理论、基本路线和基本纲领。在社会主义国家,人们固然有充分的言论自由,人们想什么、说什么、写什么,都是自由的,因为人们想什么、说什么、写什么,只是个人行为;体现作者的思想、观点、价值取向的书稿,由出版社出版后,在传播中能产生一定的社会影响,出版社作为社会的重要传媒,显然要承担相应的传播责任。如果出版社出版的图书在社会上产生了"杂音",对读者形成了误导,影响了社会的安定与和谐,形成了一定的负面效应,这样的后果显然是责任编辑及社领导所不愿看到的。第三个层次是人生观、世界观、价值观的导向,包括在思想、消费、生活等方面。第四个层次是知识、行为、风尚、习俗等的导向。当然,舆论也有其共性,有些舆论就符合大众的普遍利益,符合各个方面的利益,如预防和制止社会犯罪,反吸毒,保护环境,等等。

其次,为更好地坚持正确的舆论导向,要认真总结坚持正确舆论导向的经验和教训,对容易产生舆论导向偏差的"事故高危地带"进行实事求是的分析。图书编辑出版工作中出现舆论导向上的错误,大多是囿于编辑的政治水平、思想认识或理论素养,是"好心办坏事"。所以,要时刻把握正确的舆论导向,对以下六种情况尤其需要注意:一是对党的基本理论、基本路线、基本纲领和方针、政策似懂非懂的时候;二是对全局情况若明若暗、看不太清、吃不太准的时候;三是当国际国内形势出现某种错综复杂情况的时候;四是对某些社会思潮的背景不清楚、不甚了解的时候;五是一时感情冲动,以感情代替思考的时候;六是自以为是,把宣传纪律置于脑后的时候。

二、图书编辑工作的宣传舆论性

如今,各种传媒传播的知识、资讯和信息,成了人民群众认识事物、认识社会、了解社会、判断是非、评估社会形势、形成价值判断和价值取向的重要依据。大千世界,变化多端,新思想、新观点、新发明、新成果、新事物层出不穷,每时每刻都在发生各种变化。受条件的限制,对于这些嬗变和突变,每个人不可能亲身去感受或者亲身去经历,而只能通过传媒去了解,对因适应现代社会而需要更新的各种知识,也只能通过传媒去吸收、去认识。另一方面,各种传媒在以所传播的各种知识、信息、资讯满足人民群众求知欲望的同时,也在有效地影响着人们的思想观念,影响着人们的价值取向。图书出版在引导舆论方面与报纸、电视等大众新闻媒介虽然有着不同的机制和特点,但在舆论引导中的重要作用是不容置疑和不可替代的。社会舆论的主体始终是公众,无论是新闻传播活动,还是图书出版活动,其本身并不是舆论。媒介"舆论引导"的实质在于通过传播一定的信息,创造能影响公众舆论心理、舆论态度和舆论行为的信息环境。

现代传播学有一个叫"议程设置"的理论,它是解释媒介影响舆论生成的机制的。该理论的主要观点是:大众媒介可以通过"设置议程"(即将问题和事件以重要性的高低为顺序,排列报道的先后与主次),促使公众将注意力转向某些特定的话题和观点,从而影响他们的态度。图书出版引导舆论,从某种意义上讲,正是精心策划并"设置议程"的过程。在图书编辑出版中,每个时期的选题都有不同的规划和重点,这些规划和重点就是一种"议程"。按这种"议程"出版的图书就起着舆论引导的作用。例如,前些年出版界为了满足加强爱国主义教育的需要,集中力量出版了一批以弘扬爱国主义精神为主题的图书,产生了较好的社会影响。

图书是现代传媒的重要组成部分,出版编辑工作则是宣传舆论工作的重要组成部分。图书作为传媒的一种,以传播和积累文化知识为主要任务,是我国宣传舆论体系的重要组成部分,在一定意义上,是我国宣传舆论体系的主干部分。在社会主义国家,宣传舆论体系一般由两部分组成:一部分是由各级党委和政府所掌控的主流传媒,是舆论传播的正式渠道;另一部分则是非正式的舆论传播渠道。与前者相比,非正式的舆论传播渠道虽然在传播的范围、传播的信誉、传播的时间、传播的内容方面难以与正式的主流传媒相比,但也有一定的传播作用,特别是当主流传媒对某个社会事件实行封锁时,非正式渠道传播的舆论便由此获得了扩大传播的机会。以2003年"非典"疫情爆发初期的舆论宣传为例,由于当时的社会主流传媒保持了不该有的沉默,个别媒体实行了有情不报的做法,使有关"非典"疫情的多版本的消息在社会上不胫而走,增加了人民群众对疫情的焦虑心情,在一定程度上影响了社会的安定,成了人民关注的焦点。这个事例表明,进入信息社会,随着社会改革开放进程的加快、人民群众生活水平的提高和人民群众主体意识的日渐觉醒,人民群众的知情权意识不断得到强化,人民群众像需要空气、阳光和雨露一样地需要了解各种有关信息和资讯。人民群众日益增长的这种精神需求,从根本上为宣传舆论环境的营造创造了条件。图书编辑工作作为宣传舆论工作的重要组成部分,在营造为改革开放大局服务的社会舆论环境的重要工作中,承担着日益重要的历史使命。而且,可以这么说,在一定意义上,图书出版工作就是党的宣传舆论工作的不可或缺的一部分,出版社出版的图书宣传什么、不宣传什么,主张什么、不主张什么,提倡什么、不提倡什么,对人民群众的思想产生着不同的舆论导向作用。

出版社编辑、出版的图书都在传播着一定的思想观念和生活方式等,并产生着程度不同的社会影响。一定的社会舆论环境,是一个国家政治、经济发展的必不可少的条件。人是社会的一分子,现实社会生活中,每个人都生活在一定的社会舆论环境中,每时每刻都在接受着不同的舆论宣传,都在受着一定的社会舆论环境的影响,而且这种影响对人的思想和心理将产生一定的冲击。2013年1月12日朝鲜实施了第三次核试验后,地处中朝边境的中国民众十分关注朝鲜核试验对当地环境的影响,针对这种情况,国家环保部有关负责人于2月13日以答记者问的形式进行了回应,表示朝鲜第三次核试验尚未对我国环境和公众健康造成影响,在我国境内尚未监测到核试验产生的任何人工放射性核素。国家权威部门通过媒体及时发布的信息很快消除了部分民众的恐慌心理,营造了良好的舆论氛围,较好地发挥了媒体在舆论导向中的正能量效应。

第二节　图书编辑工作的功能

一、从性质上看图书编辑工作的功能

从性质上看,图书编辑工作具有双重属性。图书编辑工作既具有鲜明的意识形态属性,同时又有出版产业的经济属性。图书编辑工作的意识形态属性,决定了图书编辑工作作为党和人民的喉舌和党的重要思想宣传阵地,是党的事业的重要组成部分,是社会主义精神文明建设的一个不可缺少的重要方面,在社会主义精神文明建设中起着基础性、积累性的作用。图书出版编辑工作的作用、功能发挥得如何,直接关系到社会主义精神文明建设的进程,关系到社会主义现代化建设的全局,关系到国家的意识形态安全和文化安全,关系到我国的政治稳定和社会安定,关系到改革的进一步深化和开发的进一步扩大。出版工作看起来是出几本书,让人读几本书,但图书的影响和作用不小,一本内容不健康、思想倾

向错误的图书,有可能会成为社会不安定的因素,甚至有可能在一定范围内引发社会动乱,因此,对此不能小看,不可掉以轻心。

图书出版工作同时又具有产业属性。编辑策划的选题,一旦进入确定并实施阶段,出版社就要给予多方面的投入,包括与作者签订出版合同或是版税合同、对书稿进行编辑加工、联系印刷企业、开展前期宣传等。这些投入能否取得相应的市场回报,则取决于图书出版、投放市场后能否得到读者的认可和追捧。图书在市场上受到读者欢迎,出版社才能收回投资、获取利润,以扩大再生产。反之,如果出版社的图书在市场上无人问津,或是"叫好不叫座",出版社不但没有利润,连投资也收不回,就会影响其发展。也就是说,图书编辑工作的产业属性,要求出版社要讲求图书的投入和产出效益,要在低投入和高产出中实现预期的效益。总体而言,出版社的图书有盈利,才具有扩大再生产的能力,才能实现可持续的发展。图书编辑工作的产业属性,要求出版社要牢固树立科学的发展观,按价值规律和社会化大生产的要求组织生产,努力扩大图书的市场占有率,提高图书的市场覆盖面,不断延伸图书的产业链,提高图书的附加值,在图书高比值的投入和产出中,做大做强出版产业,以社会效益促进经济效益,以经济效益确保社会效益,不断巩固和扩大社会主义意识形态阵地。因此,在新的形势下,既要牢牢地把握编辑出版的意识形态属性,坚持党性原则不动摇,又要充分认识编辑出版的产业属性,抓住发展不松劲,两者都不能忽视,不能偏废。忽视了图书编辑工作的意识形态属性,在思想上放松了警惕,将图书编辑工作等同于一般的企业经济工作,就会在政治上出问题,甚至会造成难以弥补和不可挽回的损失;忽视了图书编辑工作的产业属性,把图书编辑工作单纯当作党的意识形态工作,不研究市场,不研究读者需求,不研究市场竞争规律,不研究投入和产出的市场规律,图书的内容停留在说教的层面上,与读者的需求脱节,那么,图书就会在市场上无人问津,受到冷遇,也不利于图书编辑事业的发展。

二、从地位和作用上看图书编辑工作的功能

从地位和作用上看,图书编辑工作是社会主义出版事业的重要组成部分,也可以说是社会主义出版事业的核心部分,具有重要的功能。图书编辑出版的特点是"内容为王",内容决定一切,内容在一定程度上决定着图书的两个效益。图书的内容如何,主要体现在图书编辑工作之中,体现了图书编辑的工作成果。图书的文化含量、资讯含量、信息含量、价值含量,在很大程度上通过图书的内容

体现出来。先进文化的先进性,集中反映在图书的内容之中,反映在图书所承载的历史文化知识之中。从这个意义上说,图书编辑工作既是先进文化的建设者和传播者,也是先进生产力的创造者和实现者。图书编辑工作通过一本本图书体现出的文化创造和文化创新,有力地推动着先进文化的创造;而先进文化的先进性,就体现在文化的不断创造和创新之中。因此,图书编辑工作在促进社会主义出版事业不断向前发展的同时,也有力地促进着社会主义文化的发展,促进着社会主义的改革和开放,对推动经济增长、增强综合国力、培育民族精神、提高人的素质、推动社会进步,具有基础性、战略性的作用。

三、从指导思想上看图书编辑工作的功能

在指导思想上,要坚持马克思主义在意识形态领域的指导地位,反对搞多元化。马克思主义、列宁主义、毛泽东思想、邓小平理论、"三个代表"重要思想和科学发展观,是党领导人民团结一致,始终沿着正确方向前进的根本思想基础,是做好图书编辑工作的根本保证。实践证明,坚持马克思主义在意识形态领域的指导地位,是出版社的立社之本,是出版事业的繁荣之本、发展之本。过去,在马克思主义、列宁主义、毛泽东思想、邓小平理论、"三个代表"重要思想和科学发展观的指引下,图书编辑出版事业取得了飞速而迅猛的发展;如今,在新的形势下把图书编辑出版工作继续推向新的阶段,更要在政治上、思想上与党中央保持一致,紧跟党中央的战略部署。为此,出版工作者要在思想上绷紧这根弦,时刻保持高度的警惕性,不能出现丝毫的偏差和松懈,在这方面的任何偏差和失误,都会给党和人民的事业带来难以挽回的损失。

四、从承担的任务上看图书编辑工作的功能

从承担的任务上看,图书编辑工作要坚持以科学的理论武装人,以正确的舆论引导人,以高尚的精神塑造人,以优秀的作品鼓舞人,努力形成体现中国先进生产力的发展要求,体现中国先进文化的前进方向,体现最广大人民的根本利益的理论指导、舆论力量、精神支柱和文化条件。

首先要坚持以科学的理论武装人。图书作为科学理论的密集型的载体,是宣传科学理论、以科学的理论武装人的主要阵地。在社会主义精神文明建设中,图书出版承担着十分艰巨和非常特殊的任务。读者阅读图书的过程,既是欣赏图书内容的过程,也是接受图书中所传播的思想观念的过程,因此,图书在满足

读者求知、求乐、求新、求奇、求异等需求的同时,不可避免地对读者的思想和心理产生一定的影响和渗透。正确的思想内容,会对读者的思想和心理产生正面的、积极的影响和渗透;错误的思想观念,则会对读者的思想产生负面的、消极的影响和渗透。因此,坚持以科学的理论武装人,就是坚持正确的出版导向,坚持四项基本原则,把党和国家的有关方针政策贯彻落实到出版社的选题计划之中去,贯彻落实到每个具体的选题之中,用科学的理论去振奋人民群众的精神,激发人民群众的热情,鼓舞人民群众的斗志。

其次是坚持以正确的舆论引导人。所谓引导,就是要在"引"字和"导"字上做文章。把"引"与"导"结合起来,做到引中有导,导中有引。引导就是说理,就是要有说服力。马克思主义理论的力量,并不体现在单向的灌输上,而是更多地体现在马克思主义理论自身的力量上,因此,要研究正确舆论的表现形式,研究正确舆论对人民群众实际的影响力,改硬性灌输为有效引导,改说教式宣传为就事论理,以理明事,在科学理论和广大人民群众实际的心理接受能力之间,寻找一种有效的舆论引导形式,架构起一座沟通的桥梁。

再次是以高尚的精神塑造人。出版社在选题策划和图书出版中要坚持以正面宣传为主,不断拓展选题策划的思路,丰富选题策划的思想,增加选题的品种,善于从火热的社会生活中去发掘有价值的选题资源,去发现有市场生命力的题材,大力宣传、歌颂在改革开放中涌现出来的先进人物和先进事迹,让代表先进文化的图书内容成为社会的主旋律,形成有中国特色的主流文化。

最后是以优秀的作品塑造人。优秀作品指的是思想精深、艺术精湛、形式精美的精品力作,要大力弘扬主旋律,弘扬时代精神,弘扬我们这个时代的英雄人物,弘扬体现主流价值观的一切新生事物,使图书编辑工作在认识世界、传承文明、创新理论、咨政育人、服务社会的进程中发挥更大、更重要的作用。

总之,在促进社会主义文化大发展大繁荣的时代背景下,在经济全球化和高新技术迅猛发展的特定条件下,编辑出版工作的内涵和外延、载体和功能已经突破了传统界限,编辑出版工作的基础和条件发生了深刻的变化。因此,我们必须以时代的要求来审视编辑出版工作,用发展的眼光来研究编辑出版工作,以改革的精神来推动编辑出版工作,以创新的思路来提升编辑出版工作,以务实的态度来引领编辑出版工作,把握规律性,富于创造性,更好地发挥编辑出版工作的作用和功能。

第三节　图书编辑工作的基本特征

编辑工作是精神产品生产中特有的一种创造性的智力劳动,是现代传媒生产中起决定性作用的中心环节。图书编辑作为一种有自身特点的独立创造性智力劳动,与其他传媒的编辑活动既有联系,又有区别,既有共同点,又有差异性。共同点是,图书编辑与其他传媒编辑一样,都是内容产业的核心环节,都以比特、原子或电子等物质所载的知识、信息为加工对象。但是,图书编辑工作作为一种特殊的精神生产劳动,有着自己的特点,图书编辑工作既不同于其他的传媒编辑工作,也不同于图书出版中发行等其他环节的工作,有着自身的运作规律和特点。

一、以社会效益为最高准则

出版社与其他企业的不同之处,在于出版社生产的是精神产品,是能对人的思想和心理产生有效影响的精神读物。精神产品的质量如何,其产生的导向作用如何,对社会的进步和发展起着至关重要的作用。如果说一件伪劣的物质产品能使消费者的利益受到损失的话,那么,一本内容错误、对读者产生误导的图书,则会使人的心灵受到污染和毒害,对青少年读者更会造成难以挽回的损失。低劣的精神产品对读者特别是青少年读者的毒害,可用覆水难收来形容。如有的青少年看了充斥淫秽、色情内容的读物,心灵受到了毒害,其对异性的好奇心过度膨胀,从偷看女学生如厕发展到强奸女生,走上了犯罪道路。这样的事例并不少见,表明从事精神产品生产的出版工作者,比非精神产品生产单位的人多了一份编书育人的社会责任,多了一份守口把关的光荣职责,多了一份沉甸甸的历史使命感。因此,出版社必须从讲政治的高度认识编辑出版工作的重要性,把出版活动当作政治工作的一部分,把出版社的编辑业务纳入为党的中心工作服务的范围,根据党的中心工作的安排,结合自身的出版优势,开展各种组稿和编辑活动。也就是说,出版社必须时时刻刻把社会效益放在首位,头脑中绷紧政治这根弦,在任何时候都无条件地与党中央保持一致,与党的工作大局保持一致。图书编辑工作的以社会效益为最高准则的特点,与图书的特点紧密相连。图书编辑与报刊编辑有所不同,图书与报刊虽然都是纸质媒体,但图书比报刊刊载的信息更为密集,信息的容量更大,反映的面更广。同样是一篇披露社会问题的文章,报纸、期刊发表几篇这样的文章或报道,在一般情况下是被允许的,但如果把这些披露社会问题的文章汇集起来,以图书的形式进行反映,则有可能因过于集中地反映社会问题而产生一定的负面效应。因此,从事图书出版的编辑,在这些反映社会阴暗面选题的论证和确定上,要更多地着眼于图书出版后有可能产生的社会影响,要多一些敏感,多问几个为什么,要善于从维护社会稳定、维护大局利益上看问题,用好、用准手中掌握的选题选择权。

二、以编辑工作为中心环节

"内容为王"这四个字,高度概括了信息产业的特点,因此有人将信息产业称为"内容产业"。图书出版业作为信息产业的组成部分,也是内容决定一切。编辑工作是图书出版工作的中心工作,在整个出版生产中起决定性的作用,这是由图书出版工作的特性所决定的。图书作为精神产品,在价值构成上不同于一般的物质产品。物质产品的价值取决于材料、材料的结构性能及不同的材料结构性能所产生的产品功能。物质产品所用的材料越先进,材料的结构性能越科学、科技含量越高,其产品功能就越优越,价值也越高。以电视机为例,电视机的功能取决于电视机所用材料的质地、强度和彩电集成电路的科技含量等要素。近年来,随着电视机材料的更新和体现高新技术的芯片在电视机集成电路设计中的应用,电视机的科技含量不断增加,功能越来越完备。从黑白电视到彩色电视,到大屏幕,到背投、液晶、等离子电视等高技术含量的电视机,再到高清电视,电视机材料和集成电路的每一次更新换代,都会带来电视机价值的提升。构成图书的纸张、油墨等辅助材料,仅仅是承载信息的载体,仅仅是图书内容的物质外壳。在图书的价值构成中,起决定作用的并不是纸张、油墨等辅助材料,而是纸张、油墨等辅助材料所承载的信息,亦即图书内容中可供读者阅读,并在读者阅读中体现出来的文化积累、传播价值。图书的内容有阅读价值,能满足不同读者群的应知、未知、欲知的优势需求,使读者在阅读中增长见识、提高素养、激活思维、创新思路、开阔视野、陶冶情操、愉悦心情、调节生活等,这样图书才能在图书市场的流通中实现自身的价值,并使图书的纸张等辅助材料实现升值;如果图书的内容没有价值,图书的纸张等材料再高档,克重再重,也只能是一堆废纸。

以60克胶版纸为例,白纸才不到2角钱一个印张,而图书的每个印张价格大都在1.5元以上,从不到2角钱到1块多钱,其中的增值部分主要是图书的内容创新所创造的,图书所载信息的价值由此可见。

图书所承载的知识和信息是否有文化积累和传播价值,在很大程度上取决于编辑工作的创造性。编辑工作主要体现在编辑的选题策划和对书稿的加工制作上,编辑的选题策划思路贴近市场,体现了思路创新,有一定的文化含量就能赋予图书产品以新的价值内涵。因此,强调出版工作以编辑工作为中心,强调图书出版社的所有工作要围绕编辑工作开展,正是为了确保图书的内容质量,体现了图书出版工作的基本规律。

三、图书在重印中增值

图书编辑出版的运作模式有着不同于一般物质产品生产及其他传媒产业生产的特殊性。一般物质产品的销售价格中所包含的成本,不论生产批次如何,生产成本在所有产品中都是均摊的,产品的销售量越大,则生产成本越低。而图书生产的成本分摊因产品的批次不同而有所不同,其中基本稿酬(版税除外)和编辑、校对、录入、排版、制版等成本的费用,在产品第一次印刷的成本核算中就已经分摊,这些成本一般占总成本的三分之一以上,因此,图书第一次的印数必须达到一定的利润保有量(即能分摊可变成本)才不会亏损。而从第一次重印开始,在图书定价不变的情况下,由于减少了制版费等成本的支出,出版社只需支付印数稿酬或版税、纸张、油墨费及印刷工价,就可从产品大量的复制中获取出版利润,而且重印次数越多,重印的数量越大,图书生产的市场回报率越为可观。重印图书成了出版社利润的主要支柱。图书重印把握得好,有利于降低库存,加速资金周转,还有利于延缓图书的生命周期,使出版社不断扩大生产规模,提高两个效益。

但图书毕竟也有一个生命周期,随着时间的延长,一本畅销的图书在市场上也会因内容老化、知识过时等原因而渐渐地失去吸引力。因此,需要对图书不断进行修订,或者进行相关配套图书的开发,为其注入新的活力。首先,要修订图书内容。一部图书,尤其是学术著作,往往是作者多年的心得或经验总结,或者是作者长期研究的成果,在出版之初是必然有它的价值和意义的。但当今时代,科技飞速发展,新的知识不断产生,各种理论也在不断创新,因此,要通过及时的修订,使其理论、知识更科学,始终站在相关学科研究的前沿,以保持学术著作的新颖性、学术性、前瞻性和旺盛的生命力。其次，要不断更新装帧。人们在买书之际，最先吸引其目光的是图书靓丽的装帧，因此，要通过重新设计封面、版式或是改变开本，使图书始终以崭新的品相，显得充满勃勃生机。最后，要重视配套图书、延续品种的开发，在单本图书受读者欢迎的情况下，趁热打铁，及时推出系列图书，把读者在阅读单本图书时激发出来的阅读热情、阅读欲望引向新的阅读空间。

图书生产的这种经营模式，决定了出版社的编辑必须把策划有市场销售潜力、能多次重印的常销书和品牌书作为编辑工作的主攻方向，作为提高出版社两个效益的着力点和关节点，作为打造出版社品牌、提升和培育出版社核心竞争力的主要途径。在全国出版界，凡是经济实力比较强、发展比较快的出版社，都有自己的一批常销书、品牌书。如商务印书馆经过多年努力，开发出了《新华字典》《现代汉语词典》《汉译世界学术名著》等具有多次重印价值的品牌书，其中《新华字典》到2004年重印近百次，总发行量已达4亿多册，成了该社的经济支柱。其他如浙江教育出版社的《少年儿童百科全书》、少年儿童出版社的《十万个为什么》（新世纪版）等多次重印的品牌书，都盛销不衰，成了出版社"叫好又叫座"的拳头产品。这些重印率较高的畅销书虽然在出版社图书的总品种中所占的比重不大，但由于重印的成本较低，因此成了出版利润的主要来源，而且这些品牌图书还能带动其他图书的销售。

四、产品设计决定产品价值

任何产品都是设计先行，但图书产品设计与一般物质产品设计在产品生产中的作用不同。一般物质产品的设计完成后，仅仅是为产品投入生产提供了一个基础，产品设计的意图能否得到实现，能否在生产中转化成有形的产品，取决于产品的材料性能和产品的加工设备。也就是说，一般物质产品在从设计向成形产品的转化过程中，企业要给予一定规模的投入，且产品的科技含量越高，企业的投入越大，相应地，投资风险也越大。以汽车生产为例，汽车的设计图纸完成后，企业要斥巨资建造厂房、购买原材料和引进包括生产模具在内的加工组装生产线，这些生产线以及生产检验设备等都需要进行巨额投资。而图书生产中的产品设计，在产品的成形、物化中起着决定性的作用。如上所说，图书产品的价值在于产品的内容，即产品的文字符号系统所传递的文化信息。文字符号系统由产品的信息编码方程（即选题策划思路）和产品的文字符号组成，产品的文字符号系统一旦确立,产品的大量拷贝复制则属于简单劳动。而且,与物质产品的批量生产相比,出版社出版图书之后,图书的复制可以由印刷厂来完成,这些印刷企业已经形成了一个产业,不需要出版社的任何投资,也就是说出版社不需要投资办印刷企业。目前出版物印刷企业的发展,已经超过了出版社图书的生产能力,就整个印刷行业而言,存在着生产能力过剩的问题,因此出版社出版图书,并不愁找不到印刷厂,而是掌握了对印刷厂的选择权。这种特殊的产业经营业态,大大减少了出版社的投入。出版社作为文化中介机构,主要投入就是编辑办公条件的投入,有几台电脑,有几辆车子,有窗明几净的办公环境,有比较充足的编辑出版经费,掌握一定的作者队伍,编辑就能创造出社会需要的精神产品。图书的选题策划思路作为图书文字符号系统的设计方案,虽然是编辑或作者头脑中所构思的图书虚拟形态,但体现了编辑的策划思路和策划水平,体现了作者的创作思想和创作风格,在图书产品生产中起着关键作用。图书产品的批量生产仅仅是复制拷贝,出版社无须引进现代化的加工设备,编辑可以海阔天空,展开创意的翅膀,信马由缰,驰骋想象,拓宽思路,大胆创新。一位资深编辑把选题策划的特点概括为十个字:只有想不到,没有做不到。也就是说,在选题策划中,只要编辑形成了明晰的选题思路,在头脑中形成了选题的模块,新产品的雏形就出来了,并可通过物色相应的作者,把选题转化为书稿。物质产品的生产,想到的却不一定能做到,从产品设计到产品投入生产,有一个艰巨而复杂的转化过程。如汽车生产企业每开发一种新的款式,就要有相应的模具冲压设备等,如要提高汽车的性能,更要进行大量的研发,引进新技术、新材料、新设备等。

在图书生产中,编辑好比产品的设计师,作者的创作则好比产品初坯的生产。所不同的是,物质产品的生产场所在企业,而出版社产品的初坯生产场所在社会上,分散在作者家里,产生于作者的头脑里,作者只要形成了完整的创作思路,就能在一定时间内完成,而且不受场地的限制,只要有一定的创作素材积累,在任何地方都可以完成,而且可以通过电子邮件,随时发给编辑。出版社编辑的策划设计与作者的创作,成了编辑出版工作的两个决定性的因素。图书产品的初坯是在编辑与作者的密切合作中完成的,编辑与作者形成相互依存、相互促进、相辅相成的关系,编辑选题意图的实现,离不开作者的创作,作者作品的创作,也离不开编辑的指导和帮助,离不开编辑的点拨和完善。这里有两种情况。一种情况是,作者由于在图书市场有一定的号召力,在多年的创作实践中已经形成了自己的风格,拥有了一大批忠实的读者群,作者本身已经形成了一个市场认可的品牌,在这种情况下,编辑拿到作者的书稿,编辑工作就等于完成了一大半。

如近年来在图书市场走俏的影视明星、体育明星、青少年青春偶像的图书,其本身就有一定的畅销因素,因此成了一些出版社追捧的对象,但这些书稿的完善,离不开编辑的精心加工。作者即使知名度很高,由于其创造性劳动的特点与编辑的创造性劳动的特点不同,其创作的作品,也必须经过编辑的专业加工,策划出与作品相适应的版式、体例、书名等要素,才能成为完美的精神产品。作者的书稿作为一种具有特定知识信息意义的文字符号体系,好比是原始的材料,需要经过编辑的多次打磨和精雕细琢,才能转化为读者喜欢的物质实体。另一种情况则需要通过编辑与作者的通力协作来完成。即编辑策划出一个有市场潜质的选题后,完成了书稿编辑工作的第一步,但选题能否按编辑的策划思路转化成相应的书稿,能否在选题的成形和物化中实现编辑选题策划思路所预期的效益,在很大程度上取决于作者对编辑的选题构想和选题策划思路的理解与把握,取决于作者的创作水平和创作能力发挥的程度,从选题思路到书稿,是一个质的飞跃。在编辑与作者的互动效应中,编辑起着主导作用,编辑的选稿标准及组稿的价值取向,在很大程度上影响、决定着作者的创作方向。这是因为,编辑在作者与读者之间承担着不可缺少的中介角色,是连接作者与读者的桥梁,有什么样的编辑,其周围便聚集着什么样的作者。如果把作者比作产品初坯的生产者,那么,编辑对书稿的修改完善,好比是对产品进行精加工,使产品与市场需求对接,编辑对书稿提出的修改完善意见,对作者会产生很大的影响。

以在出版界流传的著名的京城"四大名编"的故事为例,这些著名编辑对作者的引导、帮助和指导,在作者的成长中,起到了关键性的作用。

第一个是人民文学出版社的编辑龙世辉。20世纪50年代中期,龙世辉在一大堆来稿中发现了曲波寄来的长篇小说《林海雪原》。作为一个资深编辑,龙世辉一眼就看出其中的不足:语言结构差,文学性不强,严格地讲只是一堆素材。可他又敏锐地发现这个题材很好,作者的生活底子厚实,有改写的基础。他热情地邀请作者来京修改书稿。曲波如约而至,龙世辉苦口婆心地向他讲如何结构文章,如何剪裁取舍。原稿中没有对爱情的描写,龙世辉觉得一部长篇小说全都是男子汉打仗不容易吸引人,便进行了新的艺术构思,他把自己的构思告诉曲波。但是,真要将想法转化为作者优美的文字并非一日之功,龙世辉索性亲自动笔修改,呕心沥血,几乎把小说改写了一遍,其中小白鸽白茹这个人物就是他加上的,"少剑波雪夜萌情心"等情节大大丰富了原著的内容。《林海雪原》出版后,作者一举成名。

第二个是《当代》文学杂志社的编辑章仲锷。章仲锷在《当代》杂志社工作时,一个叫王朔的人寄来了中篇小说《空中小姐》。章仲锷看了很惊喜,觉得这个作者最大的优点是语言独特,对北京胡同串子的语言信手拈来,对军队大院小青年们的心态了如指掌。章仲锷于是约王朔谈稿,接连谈了三次。王朔按照章仲锷的意见认真地修改了四遍,硬是把9万字的稿子精减成4万字。章仲锷把王朔的第一部中篇小说《空中小姐》在《当代》杂志推出后,在社会上产生了较大反响,小说很快被改编成同名电视剧。紧接着,章仲锷又在同年发表了王朔的另一部中篇小说《浮出海面》。在章仲锷的鼓励下,王朔写出了《一半是海水,一半是火焰》《橡皮人》《顽主》《我是你爸爸》等小说。这些小说描写市井生活,其中有对伪道学的嘲笑、对旧秩序的颠覆。有人对章仲锷提出质疑,说他支持"痞子文学",他回答说:"王朔一个普通作家的作品在一年内改编成四部电影,中国哪个作家能做到这点?"章仲锷还发现并编发青年作家郑义写的《远村》,他看到书稿时,该书稿已被退稿六次,小说写了农村贫困的悲哀。该小说后获全国优秀中篇小说奖,还被改编为电影,郑义因此被评为中国"十大青年作家"。

  第三个是《人民文学》编辑部的编辑崔道怡。20世纪60年代初期,一封来自内蒙古的来稿信引起了崔道怡的兴趣,作者叫玛拉沁夫。崔道怡觉得小说的生活气息浓郁,但艺术上还欠火候,就给作者写了一封信谈了自己的意见,希望他能修改。玛拉沁夫说:"崔编辑,我实在不知道应该怎么修改,我在呼和浩特熟人太多,根本静不下心来。干脆咱俩躲到包头,您指导我改好吗?"崔道怡随后来到内蒙古,和玛拉沁夫住进了包头一家宾馆,帮助作者进行修改,玛拉沁夫写一段,崔道怡看一段,提一些意见,两人边讨论边研究如何改写,桌子上散落着雪片般的稿纸。在崔道怡的帮助下,玛拉沁夫的小说《腾格里日出》很快就刊登在《人民文学》的头条。

  第四个是《十月》编辑部的编辑张守仁。1982年,作家李存葆完成了报告文学《高山下的花环》。当他把稿子拿给解放军文艺社的人看时,一位老编辑觉得《高山下的花环》写得太尖锐,梁三喜牺牲了,其家人还要卖猪来还账,这不是毁我长城吗?决定不发。李存葆后来把稿子交给了《十月》编辑部副主任张守仁。张守仁连夜看完后,拍案叫绝。他在电话中对李存葆说:"稿子写得非常好,我们要发头条。但你要做好两手准备:一是有可能在全国引起轰动,你将被记者包围;二是有可能出事,你不要害怕,如果有问题,一切责任由我承担。"一位搞评论的编辑恳请中国作家协会党组书记冯牧为《高山下的花环》写评论。冯牧看后说:"这是一篇好文章,可我担心写得太尖锐,需要稍事修改,把太尖锐的地方抹掉才能发表。"李存葆听了冯牧的修改意见觉得为难,便和张守仁商量。张守仁对李存葆说:"你先按照冯牧的意见做些修改,争取他同意写评论。"冯牧看了李存葆的修改稿后给《高山下的花环》写了热情洋溢的评论,但张守仁发的是李存葆未修改的原稿。小说发表的同时又配发了冯牧写的评论,珠联璧合,相得益彰,立刻在全国引起轰动。

再如中华书局编辑周振甫在编辑钱钟书的《谈艺录》时,对书稿反复斟酌,为其增添目录,修订篇目,弥补了书中的疏漏,使全书脉络更为清晰,学术价值更加凸显。三联书店出版的《陈寅恪的最后20年》一书,原来并不是这个书名,内容也是描述他的一生。三联书店的编辑认真审读后,提出了修改意见,认为书的前半部写的是陈寅恪的前半生,这样内容的图书市场已有不少,没有新意,建议作者着重写陈寅恪1949年至1969年最后20年的经历,这样才能体现书的价值。作者听取了编辑的意见,重定书名,重新修改,图书出版后受到了读者的欢迎,而且一直畅销至今。

20世纪80年代,剑桥大学出版社编辑西蒙·米顿请斯蒂芬·霍金写一本让大众都能读懂的关于宇宙学研究的书。霍金每写完一部分,就带着稿子去见米顿。米顿对科普读物的市场运营有着丰富的经验,他看了稿子后,认为书稿技术性太强,希望作者能把书写得更通俗些。过了一段时间,霍金又去见米顿,米顿说:"你书稿中的每一个方程式都会使你的图书销量打折扣。"他要求霍金写得再通俗些。在编辑的引导下,斯蒂芬·霍金获得了成功。西蒙·米顿在成功地策划选题的同时,还成功地培养了一位世界级的作者。法国著名科幻读物作家儒勒·凡尔纳的成名作《气球上的星期五》,曾遭到15家出版社的拒绝,后来遇到了慧眼识珠的出版家埃策尔,图书出版后,作者一举闻名天下。

这些编辑精心扶持的作者,后来都成了著名作家,编辑对作者的指导和帮助,起了关键性的作用,编辑的重要性由此可见。在我国编辑出版历史上,由于编辑的独到眼光和深厚学养而成就名家名著的例子并不少见,不少已传为美谈。正如巴金所说:"编辑的成绩不在于发表名人的作品,而在于发现新的作家,推荐新的创作,倘使叶圣老不曾发现我的作品,我可能不会走上文学的道路,做不了作家。"巴金还说:"编辑是作家与读者之间的桥梁,作家无法把作品送到读者手里,要靠编辑的介绍和推荐,没有这个助力,作家不一定能下来。"著名出版家沈昌文则用调侃的语言谈了对编辑工作的认识:"编辑就是谈情说爱,贪污腐化,谈情说爱就是要有情有爱地与作者建立良好的关系,然后从作者身上贪污盗窃,组到最好的稿件。"

五、编辑工作含量决定图书的质量和效益

人类的一切研究和创作的成果,要公之于众并且为公众所享有,无不经过编辑的选择、加工和编排,编辑对人类文明的传播和发展,起着组织推动的重要作用。从这个意义上说,编辑代表着人类的良知、社会的追求,编辑活动是对精神矿藏的挖掘和冶炼。国学大师季羡林说,人类千百年来保持智慧的手段不出两端,一是实物,如长城等;二是书籍。在发明文字以前,保持智慧靠记忆,文字发明出来以后,则使用书籍。图书作为内容产业的精神产品,内容的价值在很大程度上决定着产品的价值。而产品的价值如何,则取决于编辑工作的含量,取决于编辑对选题价值的认识、挖掘及投入的创造性劳动。离开了编辑的创造性劳动,不可能有高质量的图书,更遑论效益。编辑工作的含量是指编辑在书稿修改、加工过程中所付出的创造性智力劳动的投入量,体现了出版社编辑工作的投入,是出版社编辑群体劳动的集中反映。编辑工作含量包括三个要素。

(1)选题的策划论证机制。选题策划论证机制包括选题策划前期的市场调查、选题策划中期的反复论证和选题策划后期对选题的修正和完善。

(2)书稿的加工修改机制。包括图书名称的确定、封面设计的创新、书稿编排体例的设计、四封和内文用纸的选择和语言文字的反复斟酌推敲等。在书稿加工修改机制中,编辑的水平主要体现在对书稿内容的修改中。有的学者把编辑改稿概括为四句话:不能不改,尽量不改,改对不改好,保持原意。

第一句话是不能不改。不改就是不负责任,编辑改稿,并不说明编辑的水平比作者高,而是编辑与作者的工作角度不同,俗话说当局者迷,旁观者清,说的就是角度的问题。编辑所具有的超脱的身份,使其具有发现作者所忽视的问题的优势。当然,改稿除了有视角的因素外,还有水平的因素,光有视角,缺乏必要的政治水平和文字驾驭能力,也是难以奏效的。

第二句是尽量不改。有人认为编辑改稿,改得越多越好,其实不然。这里说的是尽量不改,是以文字通顺为原则。有的编辑改稿子时,把作者的语言风格改为自己的风格,或是有意无意地使作者的语言风格向自己靠拢,其实没有必要。每个作者都有其叙事行文的风格,这既是作者个性的体现,也是作者的权力,编辑没有权力也没有必要以自己的风格取代作者的风格,而是应该尊重作者的风格,最大限度地维护作者的创造性劳动成果,维护作者。

第三句话是改对不改好。编辑改稿的标准,就是把错误的或是不合适的改

为对的或是合适的。如用词不当的，句法成分搭配不当的，在理解上易产生歧义的，没有交代清楚的，文字比较啰唆的，这些就必须要改。

第四句话是保持原意。编辑改稿不能违背作者的原意，应该使作者的原意更好、更充分地得到体现，这也是编辑水平的体现，要做到"字去而意留"。

同时，还要注意取舍得当。在稿件的取舍中，必须坚持质量第一的原则，老一辈出版家曾提出"五不唯"的发稿原则，即不唯上、不唯名、不唯利、不唯亲、不唯个人好恶，其核心就是质量第一，质量面前人人平等。

概括起来说，编辑对书稿的加工主要体现在四个方面。一是认知梳理。这是对稿件的深化和细化，要全面了解稿件的创新之处和可利用、可传播的价值，要辨别出书稿可开发的程度。二是优化改进。要弥补书稿在主题表达、结构安排、逻辑推理及文风方面的问题。三是改错纠谬。要从语法、修辞、逻辑等方面进行把关。四是规范标准，使书稿符合规范。田家英在整理《毛泽东选集》(1—4卷)100多万字的过程中，为了准确地写好117条题解(2万字)和867条注释(10万字)，经常是寝不安席、食不甘味。他以清代学者、书法家包世臣的话来要求自己："每临时行文，必慎所许，恒虑一字苟下，重诬后世。"编辑在书稿完善中所起的作用，由此可见。

(3) 图书投放市场前的市场预热工作，包括必要的图书宣传造势、图书吸引媒体的热门话题发掘等。

由此可见，一个选题，从提出到选题思路的成熟，从编辑最初的模糊设想转化为比较精确的选题策划个案，期间包含了编辑群体的大量创造性智力劳动，有些重点选题往往是众多编辑群策群力、几经打磨而成的。如某地方出版社出版的荣获第五届国家图书奖的巨著《八大山人全集》，从编辑提出选题到成为美术界公认的标志性出版物，经过了七年时间的劳动，可谓是"七年磨一剑"。八大山人是我国明末清初杰出的书画艺术大师，擅长花鸟、山水和书法，其艺术造诣达到了元、明、清以来的顶峰，其品格和画道，孕育出一代又一代的誉冠四海的名家。由于时间久远，八大山人的作品流散在国内外各地，收齐收全八大山人的书画作品，成了出版《八大山人全集》的基础。在国家新闻出版总署、国家文物局、中国艺术研究院、故宫博物院、国家图书馆及有关单位的支持下，该社组成了编辑小组，对国内可能有八大山人作品的地方进行"拉网式"的排查，足迹遍及云南、广东、黑龙江、四川等十个省的三十多个县(市)，走访了数以千计的博物馆、图书馆、美术馆、大专院校、大寺院和文物商店，在浩如烟海的资料堆中挖掘宝藏。与此同时，他们还想方设法通过国际友人到美国、日本、英国、法国、澳大利亚、新加坡等七个国家和中国香港、台湾的博物馆、图书馆等收集八大山人的作品，共收集了一千多张八大山人书画作品的照片。为确保作品的"含金量"，他们请了当今最具权威的书画鉴定专家先后进行了三轮鉴定，在去伪存真中反复筛选，有争议的作品，则暂时"晾"在一边，让其继续接受时间的检验，最后确定了一千多幅存世的八大山人绘画和书法真迹。八大山人的书法集众家之长，形成了自己的独特风格，也成了艺术瑰宝，但由于八大山人生性豪放，书法的随意性比较突出，字体多变，有时是篆体，有时是隶体，有时是草体，有时又用甲骨文，而且有些诗句成分不全，或是漏写，或是错写，加上有些字画因年代久远出现了磨损，缺字少句，给标准释文带来不少困难。责任编辑以蚂蚁啃骨头的精神，把900多幅字画的诗句进行归类整理，分别请有关诗文专家、文字专家、书法专家、金文专家等写出释文，对一些百思不得其解的疑难诗句，则组织有关专家进行集体会审。高投入的编辑含量，使这部图书成了不朽的精品。

六、出版信息资源可重复加工、重复增值

出版资源就是一切可被出版业开发和利用的物质、能量和信息的总称，它广泛地存在于自然界和人类社会中，是自然界和人类社会中用以创造精神财富的具有一定量的积累的客观存在形态，是可被出版从业人员开发和利用的客观存在。出版资源按作用分，可分为核心资源和附属资源，其中内容是核心资源，纸张、光盘等介质是附属资源。出版物的价值取决于内容，内容有文化积累和传播价值，其介质才能实现升值。出版资源按形态分，可分为有形资源和无形资源，有形资源是可见的相关实物，无形资源是不可见的但有开发价值的资源，如有创见的观点、思路等。出版资源按性质分，可分为市场资源和行政资源，市场资源包括读者的需求、购买力等，行政资源包括评奖、资质认定、书号发放、选题审批等。出版资源按类别分，可分为资金、物资、人才等。出版资源按归属分，可分为单位资源和社会资源，单位资源是出版社领导可以掌控的资源，如自有资金、办公设施等，社会资源是不为出版单位所有，但可为出版单位所用的资源，如企业、媒体、卖场、受众注意力等。出版资源按时态分，可分为历史资源和现实资源，历史资源是过去的历史事件、历史人物、历史典故等，现实资源是正在发生的各种为人们所关注的国内外事件。

图书作为信息产业的产品，其核心价值在于图书所载的知识、信息和资讯，信息是图书价值中起决定性作用的核心"原材料"。出版资源的核心是信息资

源,信息资源在本质上是再生资源,其特性与物质资源有着本质的区别。资源在开发中才能实现升值,原材料只有经过加工,才能实现增值。物质原材料和信息原材料的加工升值模式有着本质的区别。以一条活鱼为例,鱼在加工的过程中,只能被加工成一种形态,只能选择一种吃法,或是红烧,或是清炖,或是腌制,或是熬汤,也就是说,作为物质实体的鱼,只能实现一次性的加工增值。如果把信息比作一条鱼,这条"鱼"则可以一"鱼"多吃,可以进行多次加工,而且每加工一次,就实现一次增值。如图书出版后,可针对特定的读者群,对图书内容及载体进行翻新改编;在出版平装书的同时,还可出版精装书、珍藏本、豪华本、特藏本;在出版单本图书的同时,还可把单本的内容改编为系列书,可把单纯的文字图书改编为图文并茂的图书;可在图书畅销的基础上,利用畅销书形成的社会影响,把畅销书改编为电视剧、电影、话剧等,还可把图书内容改编为网络游戏。如二十一世纪出版社在《皮皮鲁总动员》畅销的基础上,利用图书在读者中形成的影响,把图书改编为儿童普法类网络游戏《皮皮鲁和419宗罪》,把图书的价值向虚拟世界延伸。在图书被改编成其他形态产品的过程中,在相关产业继续创造出有效产值和利润,在内容与市场优势需求相吻合的情况下,图书创造的价值链,可以在改编中向相关产业无限延伸,并在延伸中不断创造出新的价值,产生新的效益生长点。这种在改编的延伸中所实现的价值,不但不影响图书原有价值的实现,还能促进图书原有价值的进一步升值。近年来全国一些有较高收视率的电视连续剧,有相当一部分是由畅销书改编而成的,如《亮剑》等。

七、媒体互动,资源延伸

图书所载的知识、信息、资讯等,一旦形成了一种以语言文字符号记载的以虚拟的数字化形式存在的信息编码体系,则成了不以人的意志为转移的客观的独立存在。如一个作者形成了一部作品的完整构思,并形成了数字化的电子文本,这部作品就成了在一定条件下可以无限延伸的再生资源,而且这种资源在与相关媒体的互动中,能产生相辅相成、相得益彰的联动效应。如图书与期刊都属于成册的纸质出版物,在性质上比较接近,图书与期刊的开本也没有截然的区别,只是出版周期不同,征订方式不同:图书是一次性的纸质出版物,期刊是连续性的纸质出版物;图书主要是通过书店销售,期刊则更多地通过邮局征订或是零售。图书在与期刊的互动中,能产生非常可观、十分明显的"双赢"效应。如近年来出版界出现的书刊并举、书刊合一、书刊双赢的发展趋势,表明图书出版编辑的内涵正在不断得到延伸,从而大大丰富了我们对新时期图书出版编辑工作的认识。但图书与期刊的互动,并不是图书和期刊功能的简单相加,而是图书和期刊的功能在新的编辑加工层面上的重组和拓展。图书和期刊的数字化电子文本在新的平台上,通过互相渗透、取长补短,产生了新的书刊共生效应,其原有的优势在互补中得到了进一步的延伸,生成了新的编辑传播优势。

国家新闻出版总署鼓励有实力的出版传媒集团兼并期刊,优化资源配置给出版传媒集团实现图书与期刊互动带来了前所未有的发展机遇。图书、期刊在市场化运作中各具优势,图书以知识与信息密集、积累文化见长,期刊则以灵活的刊期、全方位的表现空间和鲜明的品牌形象等领先。在图书出版社同时拥有图书、期刊的情况下,图书、期刊则能在共存一体的利益格局中实现优势互补,并在优势互补的书刊共生效应中生成新的优势,使各自的优势在新的层面上得到更为充分的拓展。期刊可借助图书"高密度"的知识、信息容量,让读者在更为广阔的阅读空间继续过把"阅读瘾",将期刊的版面向图书延伸;图书也可利用期刊的品牌优势等,不断拓宽市场半径,开辟新的市场"无人区"。在这种相辅相成、相得益彰的文化生态环境中,图书、期刊资源在相互作用中得到了更深层次的开发。

首先是以书促刊——使图书的优势在延伸中得到升值。图书与期刊虽然出版形式不同,但在市场定位、选题策划等方面有相通之处,都要以特定的市场需求为出发点,都要在自身优势与社会需要的结合点上确定最佳选题定位,以准确、到位的市场定位去开发读者资源。一些出版社利用其主办的文学期刊,领先一步地刊登本社出版的畅销书的章节,这样既丰富了期刊的稿源,又起到宣传图书的作用。如某出版社在以书促刊上取得了成功的经验。该社推出的《花季·雨季》系列读物持续畅销,不但成了该社的品牌,而且成了深圳市的文化战略品牌。该社首创将图书品牌转化为期刊品牌的营销策略,创办了《花季·雨季》月刊。该刊以"倾诉、表现、引导"为主题,贴近中学生的学习生活,同时继续出版《花季·雨季》的系列图书,使品牌资源得到最大限度的开发。其次是以刊促书——做大"品牌"蛋糕。期刊作为连续出版物,其刊名一经注册,便具有相对稳定性,可以同一的刊名、一定的出版周期,连续不断地出版内容不断更新的出版物,久而久之,便为期刊品牌的积累创造了条件。一些社办期刊以期刊之长补图书之短,充分利用出版社的书号资源优势,做大"品牌"蛋糕,出版系列图书,将读者在阅读期刊中激发出来的精神需要引向更为广阔的阅读空间,在读者需要的延长线上做文章,营造新的市场,以此培育、强化读者的阅读情结。如以千分之三的高选稿率在成千上万的"稿海"中精心选摘可读、耐读的精美文章而形成文摘优势的《读者》杂志，针对读者对美文百读不厌的优势需要，对已刊载的文章进行二次开发，将已发表的文章按专题编成丛书出版，并采用硬精装的袖珍开本的书装形态，使之兼具阅读和珍藏价值。某出版社主办的《故事会》杂志，发挥其 400 万订户的市场优势，扩大《故事会》的外延，将历年来该刊中的好作品编辑成书，汇编出版了"故事会系列丛书"，每辑能发行 50 万册；与此同时，故事类的图书也被带动起来，衍生出"故事会爱好者丛书""中国历史故事丛书""故事会图书馆文库"等，这样既扩大了故事会杂志的版面，让更多的精彩故事与读者见面，同时又为出版社开发了新的有市场潜力的畅销书。随着《故事会》杂志的持续畅销和"故事会系列丛书"等品种的增多，这家"故事制造厂"正在形成更大的规模效应。

八、以品种出新取胜

图书是高度个性化的精神产品。高度个性化体现在六个方面。一是不同种类图书的选题策划思路不同。选题策划思路包括选题的组稿方式、选题论证的程序等。二是每种图书的内容、书名、体例、版式、封面、装帧不同。每一种图书都向读者展现特定的精神世界和不同的实体品相，如有的图书是 16 开，有的是 18 开，有的是大 16 开，有的则是袖珍本，等等。三是每种图书的读者对象、市场定位不同。有的图书面向大众读者，有的图书针对特定的读者群，有的图书是出于外交的需要，有的图书出于宣传企业形象的需要，等等。四是每种图书的市场推广方法、市场营销模式不同。如有的图书需要通过卖场销售，有的图书则适宜在专业书店销售，有的图书则可以依靠系统进行发行，有的图书可以采取直销的方式，有的适合在网络发行。五是每种图书的编辑加工方式不同。有的图书可以依靠出版社的编辑力量完成，有的图书则需要借助社会力量，请社会上的相关专家学者担任特约编辑。六是不同种类图书的保存期不同。图书折旧期，长则几年，短则几个月、几十天，如辞书和工具书的保存期较长，而纪实类作品的保存期则比较短。

图书高度个性化的特点，决定了每种图书必须要投入一定的编辑力量，要花费一定的编辑劳动，也就是说，图书编辑工作基本上是一种手工劳动，不可能用现代企业流水线的加工生产模式。图书，必须一种一种地策划、编辑出来，一本一本地进行加工修改，使每一本书都经得起历史和读者的检验，经得住读者的挑剔。同时，这一特点又决定了图书必须以品种取胜。一个出版社要想在图书市场上站住脚，必须不断地推出新的品种，在图书品种的滚动和品牌的积累中，形成自己的出书优势。以出书品种取胜的特性还表现在，出版社要在单一品种取得市场认可的基础上，将单一的图书品种向新的市场领域拓展，利用单个品种在市场上形成的影响力和占有率，把单个品种做成系列品种，形成"滚雪球"般的规模效应。国内一些出版社的成功经验也表明，在出版社图书品种的更新和拓展中扩大图书品种，延长图书的生命力，打造图书的品牌，是出版社最基本的竞争策略，这也是图书出版竞争与其他竞争的最大不同。一般的物资产品，如彩电，在市场上打开局面后，便可在一定时间内组织批量生产，图书生产却有其特殊性。一种图书在市场上畅销后，出版社便要考虑继续推出有市场竞争力的后续品种，利用读者对已出版的图书产生的阅读兴趣，抓住读者需要的延长线，在品种的更新换代中，巩固已有的市场，扩大市场半径。以著名作家杨红樱的畅销书《淘气包马小跳》为例。起初作者只打算写一本就完事，接力出版社的总编辑白冰凭借丰富的编辑工作经验和敏锐的市场感觉，发现这是一部具有畅销潜质的图书，于是建议作者把单本书改为系列书，在系列书的跟进中，不断扩大市场占有率，接连推出了《淘气包马小跳》系列及《淘气包马小跳》欢乐珍藏版、《淘气包马小跳》升级版等多个系列，同时还把《淘气包马小跳》改编为长达103集的《淘气包马小跳》电视连续剧，把畅销书的市场优势发挥到了极致。某地方少儿出版社出版的超级畅销书《冒险小虎队》的成功，首先要归功于编辑的眼力。该书原来由台湾出版商引进，但在北京国际图书博览会无人问津。该出版社编辑以独有的眼光发现了该书的畅销潜质。她发现该书有四个特点：一是歌颂了英雄主义，三个孩子在世界各地的游历具有传奇色彩；二是破案工具解密卡（游戏卡）有新意；三是当时国内相关原创游戏还是空白；四是图书知识含量丰富，其破案的推理知识涉及天文、地理、物理、化学等学科。她由此提出引进版权，经过精心运作，《冒险小虎队》目前已销售2000多万册，成了该出版社的品牌图书。

九、传播和积累文化

人们学习、研究、积累知识，图书依然是主要的工具。从学习的角度说，人们看报刊和读书的效果是不同的，图书作为知识密集、信息密集的载体，在传播、积累科学文化知识方面，起着不可替代的重要作用。五千年来，中华民族的文明之所以没有中断，与我们历朝历代重视文化积累、出版了大量的典籍是分不开的，中华民族历来有着著书修史的传统,最优秀的学者都被国家集中起来著书修史,因此留下了大量的有珍贵价值的典籍,这正是我们中华民族五千年的文明史没有中断,并得以继承和发扬光大的重要基础。编辑工作从事的文化传播和文化积累的工作,主要是通过对文化的选择,将古今中外全人类创造的一切优秀文化成果,以图书的形式贡献给社会。首先是传播,人类创造的信息传播媒介多种多样,但古老的方式便是图书出版。最初的图书出版掌握在官府及富豪文人之手。他们出书的目的,不是为了以历代章法、规矩垂示后人,就是为了表现自己的知识才能与崇文之心。虽然为自己使用而出书的目的显而易见,但垂示后人、表现自我的行为客观上还是使图书承载的知识和信息流传和公之于众。随着社会物质和文化的发达,出现了专门从事出版的机构,其目的是使出版物传播面越来越广。出版物中所蕴涵的思想、知识、信息等,随着出版物的广泛流通在全社会扩散和传播,这实质上是作者和受众之间的一种精神交流和思想沟通。人类利用出版来交流思想,传播信息,丰富社会成员的科学文化知识和精神生活,启迪民智。当年担任《新青年》主编的陈独秀、李大钊等革命先驱正是借助该刊物,与其他进步刊物相互配合,高举民主与科学两面旗帜,反对封建主义,介绍马克思主义理论,为马克思主义在中国的转播做出了卓越的贡献。其次是文化积累。出版有着深刻的文化内涵,一部出版发展史其实就是一部相应的文化发展史。出版是人类文化思想的反映,它不仅记录了时代的思想,并且促进着思想、文化的积累。从某种意义上说,思想文化的积累和传播主要是借助于出版来实现的。出版活动既是一种空间传播,也是一种时间传播,是历史传播的形式。它使文化财富代代相传,成为不断积累的文化遗产,这种文化的继承与发展便是文化积淀。出版的文化积淀促成了许多文化圈的发展,如古代中国、印度、埃及、巴比伦便是世界上最早拥有出版活动的中心,由此形成了丰富的古代文明。中国是最早发明印刷术的国家,积淀了丰富的传统文化,培育了富有深厚传统文化积累的五千年文明。有数据表明,从汉朝至清朝的2000年间,我国传世的图书有10万种,失传的图书也是10万种;从1912年民国成立到1949年新中国成立,出书也是10万种,近代20多年所出图书是过去2000年出书总量的一半。当前中国内地和香港、台湾每年出版的新书接近20万种,现在一年的出书量就超过了近代几十年和古代两千年的出书总量。如李时珍的《本草纲目》只有200万字,作者写作用了27年,刻书却用了13年;以今天的录入技术,几天就可以完成。这表明现代出版业的发展,建立在古代文化积累的基础之上,是古代文化和近代出版的继承和发展。

十、有完整的工作流程

图书编辑加工的过程,是由必不可少的系列生产流程构成的,从选题的策划、申报,到书稿的加工,从书稿的发排,到责任编辑的印前审读,有一整套的工作流程。主要的生产流程可分为三个阶段。

第一阶段为选题报批阶段:市场调查→选题策划→选题申报→选题批复→签订出版合同→来稿登记→责任编辑初审。

第二阶段为编辑对书稿的加工阶段:编辑初审加工→编辑室主任复审加工→总编辑终审或签发。与此同时,责任编辑在加工、修改书稿的同时,还要将书稿的主要内容告诉有关美术编辑,请美术编辑进行封面设计和版式设计,必要时,责任编辑还要与美术编辑共同进行探讨,把自己的编辑、策划意图告诉美术编辑,使图书的封面和版式设计与自己的策划思路相吻合。

第三阶段为书稿发排阶段:电脑排版→打印初稿→一校→电脑改错改版→二校(送作者校)→电脑改错→三校→电脑改错→责编通读清样,对红→封面设计。

第四阶段为印前审读阶段:责任编辑审核→印前审读→电脑改错→印刷厂印刷、装订→样书检查→新版书审读。

从上述流程简介可以看出,图书的出版是需要多人合作并经各部门配合才得以完成的一项工作。这个流程的显著特点,是独立性与协作性相结合。编辑工作流程中的每个环节,既有一定的独立性,又强调协作性。独立性是指,编辑工作的每一道程序,都是由编辑人员独立完成的,而且这些环节不能取消,也不能合并。如初审、复审与终审必须由3个不同的编辑承担,体现了编辑人员的创造性。但同时,编辑工作流程的各个环节之间,必须环环相扣,使上一个环节与下一个环节能紧密地衔接起来。

第二章

图书编辑工作的基本方针和原则

第一节　图书编辑工作的基本方针

图书编辑工作的基本方针是为人民服务、为社会主义服务、为全党全国工作大局服务。这一基本方针有以下三个基本点。

一、这一方针来自我国的国情

在我们社会主义国家,图书编辑工作有着很高的政治地位和社会地位。图书编辑工作并不是一般的社会行业,而是承担着特殊政治使命的行业;图书编辑工作不但是出版工作的中心环节,还是党的事业的重要组成部分,受到党中央的高度关心和重视,享有特殊的社会地位。1983年6月6日颁布的《中共中央、国务院关于加强出版工作的决定》,是新中国成立以来第一个由党中央和国务院联合作出的关于加强出版工作的决定,有着很强的思想性、理论性和政策性,是新时期指导出版工作的纲领性文件,具有长远的指导作用。之后,中央政治局又几次召开常委会,听取关于出版工作的汇报,研究出版工作,对进一步加强出版工作提出了新的要求。

党和国家对出版工作的关心和重视,集中体现在对出版企业实行的特殊政策上。

首先是对图书出版业实行严格的审批制,对设立出版社规定了严格的条件。在审批制的条件下,出版单位的设立必须经过一定的程序,除了符合出版社设立的条件外,还必须符合国家对整个出版社布局的规范和部署,符合国家对发展出版社的整体规划。在审批制的条件下,出版社作为一种特殊的担负着重大政治历史使命的出版机构,受到党和国家的政策保护。这种政策保护体现在审批制条件中,以及对全国出版社总量的调控及出版社使用书号的总量控制上。这些举措,为出版社的发展创造了良好的条件。

其次是对出版社上缴的所得税实行全额返还政策,即对出版社的所得税实行零税政策。改革开放以来,特别是党的十四大以来,党中央、国务院先后出台了一系列文化经济政策,对改革宣传文化管理体制和完善宣传文化机构内部经营机制、促进精神文化产品生产和宣传文化设施建设、改善宣传文化机构的物质条件,发挥了积极作用,推动了宣传文化事业的健康发展。为认真贯彻《中共中央关于制定国民经济和社会发展第十个五年计划的建议》中关于"继续实行支持文化事业发展的有关政策,增加对重要新闻媒体和公益文化事业的投入"的精神,深化宣传文化管理体制改革,推动宣传文化事业发展,国务院于2000年又发出了《关于支持文化事业发展若干经济政策的通知》,要求在"九五"结束后,继续执行《国务院关于进一步完善文化经济政策的若干规定》(国发〔1996〕37号)及相关文件,并加大财税支持力度,对现行的各项文化经济政策加以调整和完善。为促进宣传文化事业发展、增强调控能力、保证重点需要、规范资金管理,中央和省要建立健全有关专项资金制度。专项资金的来源为财政预算资金和按国家有关规定批准的收费等预算外资金,进一步完善"出版发展专项资金"等专项资金制度。各省的地方财政,将出版社上缴的所得税全部以出版专项资金的形式返还给出版社,用于出版系统的发行网点建设、印刷技术改造和对出版社的学术著作补贴。为了进一步推动文化体制改革,国务院办公厅于2008年10月印发了《关于印发文化体制改革中经营性文化事业单位转制为企业和支持文化企业发展两个规定的通知》,提出中央财政和有条件的地方财政应安排文化企业发展专项资金并制定相应使用和管理办法,采取贴息、补助、奖励的方式,支持文化企业发展,规定经营性文化事业单位转制为企业后,免征企业所得税,等等。为深化出版体制改革创造了良好的经济政策环境。几十年来,特别是改革开放以来,这种国家专营政策对出版社完成原始积累起到了极大的作用,在一定程度上解除了出版社出版好书的后顾之忧,促进了出版事业的繁荣发展。

党和国家对出版业实行一系列保护政策的目的,是为了更好地发挥出版业在社会主义精神文明、物质文明和政治文明建设中的重要作用,是为了更好地通过出版社出版的图书,宣传党和国家的方针政策,宣传马列主义、毛泽东思想、邓小平理论、"三个代表"重要思想和科学发展观,发挥图书编辑出版工作在社会主义精神文明、物质文明和政治文明建设中的重要作用。

二、这一方针来自精神文明建设中的特殊作用

图书编辑工作在精神文明建设中的特殊作用就是培育有理想、有道德、有文化、有纪律的"四有"新人。图书出版社作为精神产品的生产单位,是建设社会

主义精神文明的重要组成部分,在社会主义精神文明建设中发挥着不可替代的作用。图书在社会主义精神文明建设中所发挥的作用,是通过实现图书的阅读价值来实现的。图书作为一种精神产品,在消费过程中,与物质产品既有着共同点,也有着不同点,有着不同的功能和作用。

相同点是,图书与物质产品都是商品,都要通过社会流通渠道,接受消费者的选择,在消费者选择消费的过程中实现其使用价值。

图书精神产品与物质产品的不同点,主要体现在三个方面。

一是满足需要的方式不同。图书的基本价值是阅读价值,图书的基本功能是阅读功能,图书价值和功能体现的方式,是在读者阅读图书的过程中,满足读者多色彩、多层次、多变量、个性化的精神需要,如求知的需要、求乐的需要、满足好奇心的需要、得到愉悦的需要、陶冶情操的需要、提升品位的需要、塑造形象的需要等,在满足读者精神需要的同时,激发、激活读者的精神需要,对读者的思想和心理产生潜移默化的影响。而物质产品满足的主要是人的物质需要,如吃饱吃好的需要、御寒的需要、改善生活水平的需要等。由此可见,图书是通过影响人的精神世界、精神面貌、心理需要、心理素质、知识结构等产生作用的,而物质产品则是通过给人们提供所需的生活、工作条件和环境或是通过提高人们的生活质量、工作质量而产生作用的。一本质量低劣、差错百出甚至观点错误的图书,有可能对读者的思想起误导作用,尤其对青少年读者更会造成不可弥补的损失。如前些年某出版社出版了一本宣扬性解放、性自由的图书,对青少年造成了较坏的社会影响,不少家长纷纷向出版社提出批评;也就是说,图书作为精神产品,有着"覆水难收"的特点,人的思想和心理一旦受到毒害,受到不健康思想观念的侵蚀,心灵就会扭曲,影响人的健康成长。物质产品出了一个次品,最多是消费者的利益受到损失,且这种损失可以通过一定的经济赔偿进行弥补;而图书的内容出了问题,对读者,尤其是对青少年的思想和心理起到不良的影响,就可能影响、耽误人的一生,这样的损失是难以弥补的。

二是产品的作用(消费)方式不同。图书是通过影响人的思想而起作用的,读者在阅读图书的同时,也接受了图书中所传播的价值观念、思维方式等要素,而且图书中所宣传、主张的思想观念,会在潜移默化中对读者的思想产生比较久远的影响。也就是说,读者在阅读中,消费的并不是图书的物质载体,而是图书的物质载体所承载的思想、观念、知识等无形的东西。图书在传播中,所折旧的并不是图书的纸张等有形的物质,而是无形的思想观点、知识信息等。物质产品则是在为消费者提供服务的过程中逐步实现自身的消耗,完成折旧的过程。以电脑为例,在电脑的使用寿命期内,消费者在使用电脑的过程中,随着使用时间的延长和使用期限的接近,电脑在逐步的消耗中完成了产品的折旧,实现了产品的价值。也就是说,消费者在使用(消费)电脑的过程中,消耗的是电脑的整个物质实体,使用的时间越长,电脑的物质实体形态则消耗得越快。

三是产品的折旧方式不同。折旧的实质,是产品价值的让渡过程,通过折旧,在产品的整个使用周期内,实现产品价值从产品自身向消费者的转移。图书的基本价值是阅读价值,阅读价值的让渡过程,有着特殊的表现形式,表现为图书以文字符号所载的内容在读者的阅读中不断地被读者接受、欣赏或排斥的过程,读者接受的成分越多,阅读中得到的知识、资讯及体验、感受越多,则表明图书的阅读价值让渡过程越是充分。图书在整个价值让渡过程中,除了图书载体形态的消耗,图书自身的内容资源并没有受到丝毫的损失,并不会随着读者阅读次数的增多而有所减少,即无论读者的阅读率有多高,图书在内容上仍然保持自身原有的信息量。而且,在图书的内容对读者有吸引力、能程度不同地满足读者的精神需求的情况下,图书的折旧期可以在时空中无限地延伸。即使是图书因纸张的磨损、字迹的不清而难以阅读,其内容资源仍然没有丝毫的损耗,仍然可以附着在新的载体中,通过新的载体形态继续进行着价值让渡。而物质产品使用价值的让渡过程则表现为产品的性能逐步老化、产品自身损耗不断加大的过程,在这一过程中,随着消费者使用时间的延长,产品的损耗不断加大。

三、把为全党全国工作大局服务放在第一位

这一方针要求在图书编辑工作中,必须无条件地把为全党全国工作大局服务放在第一位,必须围绕党在各个时期的中心工作,开展图书编辑业务,在为全党全国工作大局服务的过程中,发展壮大出版产业。无论是出版社的发展目标,或是出版社的选题计划,还是出版社组织的有关活动,都必须围绕这一中心来开展。图书编辑为全党全国工作大局服务与图书编辑工作自身的发展是相辅相成的。一方面,图书编辑工作要积极主动地为大局服务,自觉地服务、服从于改革开放和经济建设;另一方面,图书编辑工作也在为大局服务的过程中找到了自己的位置,形成和拓展了自身发展的市场,提升了自己的形象。从这个意义上说,主旋律本身就是一个市场。在社会主义国家,党和国家所大力倡导的主旋律,体现了社会主义的主流价值观,得到了各级党委和政府的大力宣传和推行,具有最为广泛的市场基础。图书编辑工作在弘扬主旋律、打好主动仗的同时,也找到了

自身的位置。如党的十七届六中全会胜利闭幕后,学习、宣传、贯彻党的十七届六中全会精神,以党的十七届六中全会精神统领图书编辑工作,成了今后一个时期图书编辑工作的重中之重。中国共产党是执政党,是社会主义建设事业的领导核心,通过学习领会、了解、掌握党的十七届六中全会精神,以十七届六中全会精神为指针,促进各项事业的发展,促进社会经济、政治和人的协调发展,成了广大人民群众的需要,成为一种社会性的优势需求,这种优势需求的形成,拓宽了出版物市场半径,为图书编辑工作的发展培育了新的市场。因此,可以说,党的十七届六中全会的召开及对图书编辑工作提出的要求,也为图书编辑工作带来了新的发展机遇,提供了前所未有的新局面,创造了前所未有的良好环境。在这种情况下,不少出版社自觉地努力学习、领会党的十七届六中全会精神,把学习、宣传、贯彻党的十七届六中全会精神当作一项义不容辞的政治任务来完成,针对不同层次读者群的需求,及时推出了一批出版物,在为大局服务的同时,进一步做大做强了出版产业。因此,为大局服务并不是对图书编辑工作的限制或制约,并不是对图书编辑工作的内容作硬性规定,而是在本质上对图书编辑工作的促进,为图书编辑工作进一步得到党和政府的重视、得到人民群众的支持创造了条件。

第二节 图书编辑工作的原则

一、贴近实际、贴近生活、贴近读者

编辑出版工作的目的并不是为了文人自娱、孤芳自赏,更不是为了出书而出书,而是为了传播科学文化知识、宣传广大人民群众关心的党和国家的重要方针政策,繁荣社会主义文化,用健康有益的出版物去占领市场,以满足人民群众日益增长的精神文化需求。要做到贴近实际、贴近生活、贴近读者,编辑工作就必须以市场需求为出发点,以读者发展变化的需求作为编辑工作的第一信号和立足点,以传播和积累文化为着眼点。传播和积累古今中外的优秀文化成果,是互动的过程,其中传播是积累的基础,而积累则是传播要达到的目的。离开了传播,图书因缺少市场、缺乏读者而得不到传播,或者是只限于小范围、小圈子传

播,甚至是积压在仓库中,这样的文化成果,因得不到广大读者的认同而影响积累。同样,光有传播而不重视文化的积累,传播一些迎合读者低级趣味的粗俗文化、伪文化,也谈不上文化积累。因此,传播与积累,成了现代图书编辑工作的基本原则,在一定意义上,成了衡量编辑工作成效的试金石和检验器。编辑在策划选题的同时,不但要考虑选题的文化积累价值,还要考虑选题的市场容量,考虑选题的读者对象,考虑选题的传播半径,将选题的文化积累价值与选题的市场传播价值有机地统一起来,这样的编辑工作,才是有效的社会工作。

二、把社会效益放在首位,实现社会效益和经济效益的统一

实现社会效益和经济效益的有机统一,是中国特色社会主义出版业的本质特征。中国的出版事业是党所领导的社会主义事业的一个组成部分,编辑在策划选题的过程中,必须以党的路线、方针政策为指导。要坚持党的"一个中心,两个基本点"的基本路线,贯彻为人民服务、为社会主义服务的出版方针,自觉地为经济建设和改革开放服务,为建设有中国特色的社会主义服务。要贯彻"百花齐放、百家争鸣"和"古为今用、洋为中用"的方针,繁荣社会主义的科学文化事业。图书具有双重属性,既具有一般商品的属性,也具有意识形态的属性。图书的精神产品属性,要求出版社必须将社会效益放在一切工作的首位,经济效益必须无条件服从社会效益,必须无条件地为全党全国的工作大局服务,为社会稳定服务。当社会效益与经济效益发生矛盾时,应该毫不犹豫地以经济效益服从社会效益,决不能为眼前和一时的利益而放弃出版工作者的社会责任,丢失党和人民交给我们的阵地。把社会效益放在位,就是要始终坚持以传播先进文化为己任,认真严肃地考虑出版产品的社会效果,把最好的精神食粮奉献给读者,在任何时候都不能以牺牲社会效益为代价来换取经济利益。

在社会主义市场经济条件下,图书不仅具有意识形态的特殊性,也有一般商品的属性,意识形态属性是特殊性,商品属性是普遍性,要把两者结合起来,而不能人为地对立起来。图书的商品属性,要求图书必须要讲求经济效益,讲求市场回报,使出版社用于图书的投入能得到相应的产出,使出版社从相应的市场回报中获得扩大再生产的资金,不断增强经济实力。出版社的社会效益,体现了国家和人民的长远利益,体现了最广大人民群众的根本利益,体现了发展先进文化的要求,体现了先进生产力的要求。古人云:计利当计天下利。追求出版社的长远利益,正是当代出版工作者应有的风采和觉悟。特别是当社会效益和经济效益

发生矛盾和冲突时,更需要出版社的领导保持比较清醒的头脑。如某出版社在经济利益的驱使下,出版了一本内容不健康、格调比较低下的图书,出版社领导在进行终审时,也发现了图书存在的问题,当时有的工作人员建议立即对书进行封存,但出版社领导考虑到已经为这本书的出版投入了一大笔资金,一时下不了决心,在经济利益的驱动下布置了该书的发行。图书出版后,在社会上产生了不良的影响,该出版社受到了停业整顿的处罚,遭受了很大的损失。这个事例表明,出版社必须时时刻刻将社会效益放在首位,特别是社会效益和经济效益发生矛盾时,更要考虑国家和人民的利益,时刻保持十分清醒的头脑。这个事例还告诉我们,出版社的社会效益和经济效益是一个不能截然分开的整体,出版社社会效益的实现,离不开经济效益的支撑。如一些有重大文化积累价值但读者面比较窄的图书,由于印数太少,出版必然亏本,在这种情况下,出版社的经济效益无疑能起到支撑作用。同样,出版社经济效益的实现,更离不开社会效益的统领,坚持了图书的社会效益,也就为图书获取经济效益打下了坚实的基础。如果把图书的社会效益放在一边,而一味追求图书的经济效益,什么书好卖就出什么书,甚至抱着侥幸的心理出书,一旦受到出版行政部门的查处,出版社不但实现不了经济效益,而且还要承担更大的经济损失。因此,出版社把图书的社会效益放在首位,以社会效益为最高准则,经济效益才有保障。

三、遵守党的宣传纪律和出版管理法规

编辑出版工作是党的工作的重要组成部分,受到各级党委和政府的关心支持,必须无条件地遵守党的宣传纪律和国家的有关管理法规,这些宣传纪律和管理法规是社会主义基本制度的体现,同时也体现了社会主义精神文明、社会主义物质文明和社会主义政治文明协调发展的要求。因此,熟悉并全面掌握宣传纪律和出版管理法规应该成为每个编辑的基本素养,成为编辑人员的工作准则和职业行为指南。遵守党的宣传纪律和出版管理法规,不能仅停留在字面上,而是要以党的宣传纪律和出版管理法规武装自己的头脑,明确哪些是可以做的,哪些是宣传纪律和管理法规所不允许的,哪些是可以放开手脚干的,哪些是受到约束的。总之,把宣传纪律和管理法规转化为编辑的自觉行动,转化为编辑对书稿的判断能力和分析水平,使编辑在策划每一个选题、评估每一部书稿、接触每一个作者、发表每一个审稿意见时,都能自觉地以大局来进行衡量和把握,以确保在政治上不出问题,不给党和政府添乱,不给党和政府帮倒忙。

宣传纪律和出版管理法规的实质,就是维护社会的公共利益,维护国家的文化安全,维护改革开放的成果。有的选题,从出版社的角度看,也许是可行的,图书出版后能收到较好的经济效益,但从社会公众利益和国家利益的角度看,图书出版后会产生负面影响,因而是不可行、不被允许的。如某出版社出版的一本小说,为了迎合少数人的低级趣味,书中有大量对性行为的露骨描写,由于其传播的内容会对社会造成不良影响,因而是党的宣传纪律和出版管理法规所不允许的。为青少年的成长提供健康有益的精神食粮,就是满足最大的社会公众利益,就是最大的政治。据说法国政府对少儿类出版社总编辑的任职条件有着特殊的规定,要求总编辑必须是当过父母的人,因为当过父母,才知道哪些书适合少儿阅读,哪些书不适合少儿阅读。西方国家尚且如此重视加强对青少年读物的管理,我们社会主义国家的出版社,就更应该把为青少年提供健康有益的精神食粮作为其职业准则,作为职业的底线。党的宣传纪律和出版管理法规,从本质上说,并不是限制编辑创造性的发挥,而是要求编辑在任何时候,都要把社会公众利益、国家利益放在首位,自觉地把编辑的个人利益和出版社的团体利益置于社会公众利益和国家利益之下,在确保维护社会公众利益和国家利益的前提下,再去实现编辑的个人利益和出版社的团体利益。从这个意义上说,党的宣传纪律和出版管理法规,能促进出版社编辑把个人利益、出版社利益和国家社会的利益更好地结合起来,促进出版社顺应时代,顺应改革开放大潮,合着时代的节拍前进。

四、坚持正确的社会舆论导向

在我们社会主义国家,国家对出版社的设立有着十分严格的要求,有着规定的程序。作者创作的作品,只有经过出版社编辑的加工制作,达到出版的标准和要求,才能成为可以在社会上传播的出版物,成为社会公共精神产品。从作品到图书,是一个质的飞跃。作品在从书稿到图书的转化中,发生了实质性的变化。书稿只是作者的个人劳动成果,作者作为公民,依法享有充分的创作自由,写什么、不写什么,有其自主支配的自由。就书稿本身而言,不论作者的观点是否正确,是否符合当今社会的主流思想和主流价值观,是否体现"三个代表"重要思想,是否有传播价值,都是无可厚非的。但书稿到了出版社编辑的手中,就有了文化选择的问题。编辑作为出版社的工作人员,选用什么样的书稿,不选用什么样的书稿,并不由编辑的好恶说了算,而是要受到党的宣传纪律和有关出版管理法规的制约,受到出版社的有关选题管理规定的制约。编辑对书稿的选用,不能违反党的宣传纪律,不能违背有关出版管理法规,不能违反出版社的选题申报程序。因此,不能把作者的创作与出版社编辑的选稿混为一谈。如果说,出版社的编辑编发了内容存在错误倾向的书稿,在社会上产生了不良影响,造成了不良的后果,那么,出版社的编辑及相关领导要负主要责任,该受处罚的也是编辑和相关领导。原因很简单,作者有创作的自由,作者的创作本身,并没有对社会构成危害,导致作者的书稿对社会产生危害的原因,在于书稿经编辑加工转化为图书后,由出版社向社会出版传播后产生了一定的社会影响。

编辑作为作者精神作品的"助产师",其作用有着两重性。出版社编辑经过有效的选择,编辑出版的图书,传播了健康有益的思想,对改革开放和经济建设起到了促进作用,编辑的功劳与作者、图书一起载入史册;相反,如果编辑在书稿选择中,由于把关不严或是受经济利益驱使等原因,编辑出版了内容有害的图书,图书出版传播后,在社会造成了不良影响,编辑也要承担主要责任。在我们国家,个人并没有出版权,作者的书稿再有问题,只要出版社不予出版,就不可能产生严重的后果。出版社编辑的编辑行为,不仅是对作者智力劳动成果的社会承认,而且还为作者智力劳动成果的传播创造了条件,并且使其在读者阅读的过程中产生了一定的社会舆论导向作用。编辑可不要小看手中的一支笔,编辑手中的笔,其作用并不仅仅是改改稿子,而是有千钧之重,在选择的过程中思想上稍有疏忽,心理上稍存侥幸,就会造成难以弥补的损失。物质上的损失,尚可以通过经济实物进行补偿,精神上的污染,则难以消除。因此,编辑要从确保正确社会舆论导向的高度认识编辑工作的重要性,认识编辑工作所承担的重大社会责任。

五、弘扬主旋律,倡导多样化

主旋律是时代精神的集中和概括,体现了当今社会的主流文化和主流思潮。任何国家都有自己的主流文化和主流价值观,只不过内容有所不同。我国党和政府提出的主旋律,集中体现了马克思列宁主义、毛泽东思想、邓小平理论、"三个代表"重要思想和科学发展观。具体地说,我们所大力倡导的主旋律,就是着眼于巩固马克思主义在我国意识形态领域的指导地位,着眼于服务经济建设这个中心和全党全国工作大局,着眼于促进社会全面进步和人的全面发展,坚持以科学的理论武装人,以正确的舆论引导人,以高尚的精神塑造人,以优秀的作品鼓舞人,努力形成体现中国先进生产力的发展要求,体现中国先进文化的前进方向,体现中国最广大人民的根本利益的理论指导、舆论力量、精神支柱和文化条件。多样化则是主旋律具体、生动的体现,是主旋律内涵的延伸和拓展。出版社在实际的编辑工作中,要把主旋律与多样化有机结合起来,在高扬主旋律的基础上,把多样化的要求体现到具体的编辑工作中去,体现到出版社的出书品种和结构上。主旋律和多样化是相辅相成的,主旋律是多样化的灵魂,是多样化的基础和核心,脱离了主旋律,多样化就会失去时代精神的支撑,就会变成大杂烩;而失去了多样化,主旋律就成了独旋律,成了一个空洞的概念,成为一个口号。出版社的编辑要善于从主旋律中感受新时代扑面而来的气息,感受火热的社会生活,从主旋律的要求中拓展思路,创造出多样化的、丰富多彩的出版形式,策划出贴近时代、贴近生活、贴近读者的优秀选题,在多样化的出版形式中,使主旋律的要求得到充分的体现及有效的延伸和拓展,在主旋律和多样化的互动效应中,不断丰富出版物的品种,拓展出版物的表现空间,促进出版业的繁荣。

六、质量第一,以质量求生存

新闻出版总署提出的出版业要实现从数量规模型向质量效益型转化的要求,把图书质量提升到了前所未有的重要位置。图书质量把关有着丰富的内涵,是一个系统工程,贯穿于图书编辑工作的全过程。从图书编辑的流程上说,有选题策划质量、作者写作质量、书稿加工质量、编校质量、图书宣传质量、图书发行质量等。从图书的整体质量上,图书质量又可分解为图书的内容质量、图书的编辑体例质量、图书的版式设计质量、图书的装帧质量、图书的书装形态质量、图书的印制质量等。其中,图书的内容质量起着决定性的作用,图书的内容出了问题,那就是大问题,而且是难以挽回的大问题。但是,在图书内容质量得到确保的前提下,也不能忽视图书的其他质量。因此,提高图书质量,应该从整个编辑出版的流程抓起,从选题策划抓起,从培养作者抓起,从提高选题质量着手,在确保选题质量的前提下,切实加强整个编辑出版流程的质量。不少出版社的实践表明,抓编辑出版的流程质量,要从坚持编辑工作的基本制度着手,按照新闻出版总署制定的《图书质量保障体系》的要求,加强编辑工作的每个环节。在编辑流程的质量管理中,要把加强三审三校的基础管理与其他环节的质量管理结合起来,通过一系列的有效措施,把编辑质量管理落到实处。

七、尊重作者

出版界都习惯地称作者为出版社的衣食父母,这表明了作者对于编辑出版工作的重要性。离开了作者的创作,出版就成了无米之炊、无源之水。出版社编辑的书稿,按照书稿形成的方式,一般可分为两种:一种是作者主导型,即作者具有独立知识产权的原创作品,如一些已产生一定市场号召力的名家的作品,这些书稿本身就具有一定的畅销潜质,经过编辑的加工后,很快就能在市场上走俏;另一种是编辑主导型,即由编辑提出一个选题策划思路,制订出选题策划方案,再按照这个选题策划思路去物色相应的作者写作书稿。这两种书稿的区别在于,前者是由作者的创作水平、创作能力及市场影响力所决定的,作者有一大批"粉丝",这些"粉丝"就是作者作品畅销的市场基础。后者则是由编辑与作者共同完成的,确切地说,是在编辑的引导与作者的配合中完成的,是编辑与作者互动的结果。但不管是作者主导型还是编辑主导型,编辑的工作目标,都要通过发挥作者的积极性和创造性来实现,而作者的积极性和创造性发挥得如何,在很大程度上取决于编辑对作者的吸引力及对作者的引导、沟通方式。

在作者主导型的组稿工作中,编辑对作者特别是名家作品内容的理解和把握,对作品潜在价值的认识和开发,对作品的编辑加工和市场推广的思路,是取得作者的信任和信赖、缩短编辑与作者的距离的关键。如有的编辑在向名家组稿的过程中,发挥自己的策划功底和优势,为名家作品制订了周密而到位的市场推广计划,从书稿的编辑加工到图书的市场预热活动,环环相扣,步步推进,充分显示了编辑对书稿的把握和驾驭能力,其独特创意,很快取得了作者的信任,在众多出版社编辑的组稿中获胜。作者,特别是名家,最为关心的是书稿出版后产生的社会影响和市场回报。实践表明,编辑的组稿优势,并不在于提高版税或者稿酬,不在于挖别人的"墙脚",以高出别的出版社的"价格"把书稿抢到手,而在于发挥出版社的整体策划优势,在图书出版发行的过程中实现作品价值的最大化。如某知名作家的书稿完成后,多家出版社的编辑向他要稿。某出版社编辑独辟蹊径,在其他出版社编辑纷纷以高稿酬或是高版税、高起印数吸引作者的同时,不露声色地写了一份图书营销策划方案,提出了对书稿进行加工修改、宣传、组织活动及市场推广的一系列举措。作者看了策划方案后,深有感触,觉得遇到了知音,很快与该出版社签订了出版合同。这个例子表明,在编辑出版中实现书稿价值的最大化,是出版社最大的组稿优势。

在编辑主导型的组稿工作中,编辑对作者的引导起着关键性的作用。编辑策划的选题再有创意,也必须物色到相应的作者,在作者的创造潜能与选题的要求相一致的情况下,才能实现编辑的意图。物色作者的关键是合适和对应。作者并不是层次越高越好,也不是名气越大越好,有的作者虽然层次高、名气大,但其创作风格与编辑的选题特色不相适应,便往往会使选题的效益难以实现。一个成熟而称职的编辑,能对作者进行有效的引导,善于鼓励作者,能激发、激活作者的创作热情,把作者的创作优势引向特定的创作领域,帮助作者在写作中发现自己的创作优势,提高对自身创作潜能的认识,发现自己创作优势的"新大陆",在作品的写作和修改、完善中,提高、完善作品。《明朝那些事》的作者是个普通的公务员,他出于对明朝历史的爱好,以发帖子的形式将作品上传到天涯网,为此赢得了很高的点击率,显示了不同一般的创作潜能,之后,在编辑的帮助和鼓励下,他不断提高、完善自己,完成了从普通作者到畅销书作家的转型。

在图书编辑工作中,作者与编辑各自承担着不同的角色,有着不同的负责主体。在一般情况下,作者是对编辑负责,作者创作书稿的目的,是使书稿在得到编辑肯定的基础上,由出版社予以编辑出版,使自己的创造性劳动成果得到社会的承认,并使自己的创造性劳动成果从出版后取得的市场回报中得到相应的报酬。而编辑作为出版社的工作人员,是对市场和读者负责,编辑在遵守党的宣传纪律和出版管理法规的前提下,根据市场和读者的需求,对作者创作的书稿进行遴选和加工,使书稿在成形和物化的过程中转化为社会需要的产品,并在市场竞争中成为社会财富。在一般情况下,作者为了使自己的作品能够出版,能够得到社会的承认,愿意听取编辑的意见,愿意使自己的创作风格、创作思路向编辑的要求靠拢。作者对编辑的重视和信任,成了编辑引导作者的基础,从这个意义上说,有什么样的编辑,就有什么样的作者,就有什么样的书稿。

八、贴近市场

市场经济的大潮,把编辑卷进了市场的洪流和旋涡之中,编辑要在出版市场竞争中取胜,就必须"学会游泳",学会竞争。如果说在图书供不应求的"书荒"时期编辑可以凭自己的案头功夫生存的话,如今,在图书产品相对过剩的情况下,有过硬案头功夫仅仅是编辑生存的一个方面的条件。激烈的市场竞争,促使编辑去学会原来所不擅长或是不习惯的本领。其中一个重要的基本功,就是主动地去接触市场,了解市场,适应市场,培育市场,这是新时期编辑工作实现转型的一个重要内容。这里所指的市场，并不是狭义上的发行工作，而是整个图书市场。在市场竞争的条件下，编辑工作的成效与图书市场紧密相连。编辑工作的成效如何，最终要通过市场反映出来，要以市场业绩来说话。换句话说，在导向正确的前提下，如今就是要以市场论英雄。编辑策划选题的水平如何，编辑加工书稿的能力如何，编辑对繁荣和发展出版事业所做的贡献如何，都要在图书市场上体现出来。因此，出版社编辑必须要贴近市场，强化市场观念，要努力培养自己对市场的感觉，培养自己对市场的悟性，善于捕捉市场信息，掌握市场变化发展的态势，关注市场要素的构成，从图书市场的变化发展中摸索市场变化的规律性，将编辑工作建立在比较扎实的市场基础之上，利用市场这只"无形"的手，实现图书出版效益的最大化。这样，编辑的图书才能做到常编常新，常出常新，在市场上保持领先，占领市场竞争的高地。

第三章

图书编辑工作面临的挑战和机遇

第一节　图书编辑工作面临的挑战

进入促进社会主义文化大发展大繁荣的新历史机遇期,图书编辑工作既面临着十分严峻的挑战,又面临着更加有利于产业发展的难得机遇。

一、出版业的国内竞争国际化

中国加入WTO,标志着我国出版业的发展进入了一个全新的发展阶段,标志着我国出版业开始了新一轮的竞争。虽然我国政府在加入WTO时所作的承诺中并没有放开图书编辑出版业务这一项,只承诺逐步放宽外资对发行业的投资经营,并且坚持外资不能介入出版社的核心业务,即编辑业务,但这种措施并不能阻挡外资进入出版业的非核心领域。外资进入我国出版业的非核心领域,同样对出版业的发展带来了严峻的挑战,形成了前所未有的冲击。

WTO协议涉及新闻出版业的内容主要有三个方面:一是出版物的分销服务;二是出版物的关税;三是版权保护。

关于出版物的分销服务,我国作的承诺是:在书刊发行方面,采取逐步放开的政策。加入一年内,允许外资企业从事书刊的零售。外国服务提供者可在五个经济特区和北京、武汉等八个城市设立中外合营零售企业。加入两年内,允许外资控股,并开放所有省会城市及重庆和宁波。加入三年内,外国连锁店经营者可控股,但超过30家分店的销售来自多个供应商的、不同种类和品牌商品的连锁店,不允许外资控股;允许外国服务提供者从事书刊的批发业务;允许外资控股,取消所有制限制。在音像方面,允许外资从事音像制品和娱乐业分销服务,包括音像制品的租赁业务。在坚持我方审查音像制品内容的前提下,允许外商与我方设立合营企业,从事音像制品娱乐软件的分销(包括零售、批发、出租)业务。出版物分销服务的放开,对以新华书店为主体的国有图书发行体系无疑会造成很大的冲击。早些年德国贝塔斯曼公司就以读者俱乐部的形式参与我国图书零售,其会员高峰时期达到150万人,年销售额达数千万元。如今贝塔斯曼集团控股的读者俱乐部虽然已经退出了市场,但境外大型传媒集团大举进入我国图书、音像发行市场,分切发行利润蛋糕,将不可避免。

在出版物的关税方面,按照世界贸易组织的有关协定,成员国应逐步降低关税。至 1999 年,我国书报刊进口税为零,音像制品进口税为 9%～14%,与世界贸易组织成员的关税基本一致。因此,我国加入 WTO 后在出版物进口关税方面没有太大的压力。同时,由于语言、价格等因素的影响,国外的出版物(主要是图书、报纸、期刊等)在零关税的情况下,也不可能在我国图书市场上占有较大的份额。因此,进口外版图书对我国图书市场的冲击将会很小。

在版权保护方面,在世界贸易组织要求履行的四个公约中,我国已加入了《巴黎公约》和《伯尔尼公约》(《集成电路知识产权公约》没有生效)。尽管我国没有加入《罗马公约》,但是我国加入的《伯尔尼公约》《世界版权公约》和《录音制品日内瓦公约》,其对著作权的保护水平远远高于《罗马公约》的要求。因此,我国对于外国著作权保护的立法已经达到,有些地方甚至超过《与贸易有关的知识产权协定》的要求。"入世"后的主要问题是如何加大执法力度,保证公约得到切实执行。近些年来,我国的版权保护工作取得了很大的成绩,打击盗版的力度不断加大,但盗版侵权现象仍然大量存在,版权保护工作任重道远。

另外,WTO 协议还对各成员国必须遵守的一般性原则作出了规定:一是国民待遇,即非歧视性原则;二是最惠国待遇和互惠原则;三是透明度原则;四是公平竞争原则。这些一般性原则将对我国的出版行政管理带来重大、深刻的影响。加入 WTO 后,如何在遵循这些原则的前提下,进一步深化新闻出版行政管理体制改革,提高新闻出版行政管理水平,保护民族出版业,坚守社会主义主流文化地位,保护国家的文化安全,提升我国的软实力,是我们必须研究和解决的重要课题。

图书出版业作为精神文明建设的一部分,是现代化不可缺少的文化标志,是一种极为特殊的文化产业,关系到一个国家和民族的文化认同。"入世"后,随着图书出版业市场准入范围的逐步扩大,图书出版及流通有着更多的发展机会、更大的发展空间,但遇到的挑战和带来的负面影响也不可避免。面对不同文化价值观的交融和冲击,如何按照世界贸易组织有关图书出版市场准入的规则进行运作,学习、吸收国外先进的东西,弘扬我国图书出版业的优良传统,做到"强身健体"、主动应对,促进我国图书出版业的新发展,已成为一个亟待解决的新课题。

总的来说,出版业国际化竞争主要表现为三个方面：一是出版业竞争的范围不断扩大,从原先的国内市场转向了全球市场,不少外国的出版公司将眼光瞄准了我国的实力作者和实力单位,通过组建读者俱乐部等形式,逐步向我国的出版业进行全方位的渗透。如德国的贝塔斯曼集团最早在我国注册成立了读者俱乐部,通过俱乐部的形式,向国内有关出版社购买图书版权,出版、发行该书的俱乐部版。二是先期进入中国的外国出版或发行公司,实行本土化策略,通过高薪聘用等方式,挖走了不少出版界的一流人才,形成其人才优势和人才储备,成为国内出版社的强大竞争对手。出版业是知识密集、信息密集和人才密集的行业,出版业的核心资源就是人才,是人才的创造才能和创造潜能,有了一流的人才,才有出版的竞争优势。因此,国外一些出版公司通过挖掘国内高级人才的方式,抢占竞争的制高点,已经在一定程度上对我国出版业的发展形成了冲击。有关调查表明,国内出版界的有些优秀人才,被国外著名的出版集团聘请,成了国外出版集团在中国的代理人,他们通过开展组稿、策划等活动,与国内出版社争夺出版资源,加剧了出版竞争。三是不少国外出版社凭借其强大的经济优势形成的文化强势、文化优势,通过国内的中介和代理,加大了版权贸易的输出,并在版权输出的同时,将西方的价值观念、生活方式、主流思潮,向我国的读者进行灌输。特别是国内近年来引进的一些超级畅销书,更是在宣传和推销西方社会的主流价值观方面内起到了不可忽视的作用。国内有的出版社不了解实际情况,在版权引进中急于求成,盲目引进,过分地夸大西方一些不适合中国国情的图书的价值:明明是一般的图书,却说成是超级畅销书;明明是在西方没有多大市场的图书,却如获至宝般地高价引进。这些情况表明,版权引进在一定程度上也是一场文化的保卫战。

二、国内出版界开始了新一轮的重组

随着出版竞争的日趋激烈,国内一些大社、名社在组建大型出版集团的基础上,凭借其强大的经济实力及社会关系,开始实行横向扩张政策。如有的中央级出版集团或出版社发挥其出版物品牌优势和分销渠道优势,以在全国各地设立分公司的形式,抢占当地的出版资源,参与市场蛋糕的分割。与此同时,一些地方出版社为了克服人才、信息等出版资源比较贫乏的区位劣势,则进入北京、上海等经济发达、产业集中度高的城市。一些出版社瞄准了北京这个有着丰富的人才资源和出版资源优势的"金矿",纷纷进军北京,在北京设立办事处或分支机构,抢占、争夺出版资源的制高点。这种跨地区经营模式,对打破出版业长期以来在计划经济体制下形成的画地为牢、以邻为壑的地区封锁,消除市场壁垒,有着重大的现实意义和深远的历史意义,预示着出版界在更高层面上重新洗牌的开始。

地方出版社在北京、上海的派出机构可分为两类:一类是以出版集团名义,在北京注册成立一个文化公司,作为集团的分支机构。分支机构作为集团在北京的办事机构,主要职责是开展服务与信息交流,从事出版物选题策划、编辑、出版和发行,进行其他与出版主业相关的贸易活动。另一种是以出版社派出机构的形式,在北京、上海成立办事处,有的出版社同时还在北京注册成立一个文化公司,以便开展各种相关的经营活动。这种发展模式从 20 世纪 90 年代中期就开始了,据不完全统计,目前在北京建立分支机构的地方出版社,已达数百家,而且这个数字在不断增加。不少地方出版社对驻外办事处实行全新的管理体制,大胆创新用人机制和分配机制,将员工收入与创造的效益捆绑在一起,充分调动了员工的积极性和创造性,释放了人的无穷能量,解放了出版生产力,成为出版社深化改革的一块"试验田"。有些进入较早的分支机构已经初见成效,有的地方出版社在北京设立的分支机构创造的销售码洋,已经超过地方出版社本部。如某地方文艺出版社北京出版中心 2011 年出版 85 种新书,销售图书 1931 万册,实现销售码洋 4.36 亿元,中心创造的销售码洋,大大超过该出版社本部创造的销售码洋。有的出版社利用北京业已形成的图书装帧设计、图书印制等专业市场,利用北京作者资源丰富、信息传播渠道畅通、印刷工价低廉、装帧设计人才集中等的优势,将出版社的重心向北京倾斜,面向市场的图书都在北京组稿、编辑和印制,实现了出版社的战略转移。

与此同时,一些经济发达地区的出版社则独辟蹊径,到北京、上海、广州以外的地方建立分支机构,与当地的媒体等单位合作,利用媒体等掌握的地方市场资源,开展组稿、编辑、市场营销等活动。如商务印书馆在杭州、南宁、成都等地建立了分社;江苏人民出版社与宿迁报社合作,建立了宿迁分社;广东经济出版社在东莞市建立了编辑出版中心;大百科出版社在无锡设立了江南出版分社,发挥无锡的区位优势,向周边辐射,扩大出版社的影响,拓展新的市场空间。多种形式的合作方式,促进了出版资源的开发和整合。

三、出版社的转企改制

出版社的转企改制,加快了人才流动,加剧了人才竞争。在实现转企改制之前,有相当一部分出版社的人才薪酬制度基本是吃"大锅饭",干多干少、干好干坏没多大差别,人才管理基本上处于封闭状态,事业编制与非事业编制员工在待遇方面存在着明显的差别。这些因素的存在,在一定程度上阻碍了出版社人才的流动。随着出版社转企改制工作的逐步完成,出版社的属性由事业单位转变为企业单位,出版社的离退休人员,不再享有原来的事业单位待遇,都参加了社会统筹的养老保险,出版社职工的身份,也由原来的在编人员变为聘用人员,由原来的单位人变为自由的社会人,实现了身份面前人人平等。转企改制后,原先的身份差别不再存在,出版社与职工的关系,成了聘用与被聘用的关系。出版社的转企改制,在激发企业活力的同时,也给人才的管理和使用带来了新的问题。职工与出版社的关系,成了由合同所维系的具有双向制约性的关系,出版社在选择职工的同时,也在接受职工的选择,这样便加快了人才的流动。出版社的专业人员特别是优秀人才"转会"的事时有发生,而且屡见不鲜,如某编辑今天还在为某出版社效力,过几天则改换门庭,成了这家出版社的竞争对手。人才流动的加快,形成了新的竞争态势,促进了出版社人才队伍的两极分化,不少优秀人才纷纷向有品牌影响力、有经济实力、有更大发展空间的出版传媒集团聚集,以此取得更为广阔的发展平台,而一些管理不到位、经济实力较弱的中小型出版社,不但难以吸引优秀人才,原有的优秀人才也难以留住。强者更强,弱者更弱的"马太效应"已经形成,促进了出版社的分化。

四、出版社体制外力量的崛起

近年来,一批以文化公司名义注册的各种民营书业公司数量不断增加,对出版社形成了严峻的挑战,使出版社面临巨大的生存压力。这些文化公司的一个显著特点,就是掌握了两头的出版资源,即选题策划资源和市场销售渠道。民营书业策划出选题后,通过向出版社"购买"书号,对书稿进行编辑加工并组织印制,然后利用自己掌握的销售渠道,及时进行铺货,从中获取出版和发行利润。在全国图书交易会邀请民营书业企业参加之前,以"民营书业研讨会"形式举办的"二渠道"书市,其规模一年胜似一年,每次交易会的成交额都在几个亿。自从全国十六届图书交易博览会正式邀请民营书业企业参展以后,"民营书业研讨会"也就基本完成了其历史使命,从"地下活动"转向公开亮相。2008年新闻出版总署署长柳斌杰在接受记者采访时,称赞民营书业是"新兴文化生产力",肯定了民营书业对出版事业的发展繁荣做出的贡献,为民营书业的发展创造了良好的宏观环境,使我国民营书业的发展步入了快车道。

近年来，民营书业的发展出现了集团化、规模化、合作化的趋势，销售码洋过亿甚至超过 10 个亿的企业不断增加，一些有实力的民营书业为了获取更多的出版资源，与国有出版集团开展合作，优势互补，共谋发展。由于民营书业企业机制灵活，对市场需求反应敏感，能在第一时间捕捉市场需求的信号，因此策划的教辅书等图书卖点突出，比较贴近市场，受到读者欢迎。虽然绝大部分民营书业企业都没有书号使用权，但通过与出版社的合作，它们也可从事编辑出版活动。由于多种原因，目前有为数不少的国有出版社出现了"空壳化"的现象，即该出版社名义上还存在，还在不断地"出书"，但这些以该出版社名义出版的图书，特别是在图书市场走俏的图书，有相当一部分是由民营书业策划、编辑和发行的，民营书业企业从中得的是收益的大头，而出版社得到的只是所谓的书号管理费。这样的出版社，成了名副其实的"书号供应商"，实际上只剩下一块牌子。出版社的核心竞争力体现在图书的营销策划上，通过对图书选题的策划、编辑加工和市场推广，把出版资源转化为社会需要的产品，产生社会财富，造福于社会，造福于人类。离开了对图书的策划加工，光靠有偿转让专有图书出版权获取收益，这样的出版社，离破产倒闭也不会太远了。有数据表明，目前全国的各类民营书业工作室数量不断增多，仅北京地区就有 5000 余家，年策划图书 5 万多种，其中有不少民营书业工作室拥有一批一流的策划编辑人才和销售网络，成了没有出版社牌子的"出版社"。这些民营书业工作室有着比较明确的专业分工，他们并不是什么选题都去做、什么书都出，而是有所侧重。以教辅为例，目前在市场上比较畅销的品牌教辅中，80% 以上是民营书业策划销售的。显然，这些工作室差的就是出版社的牌子，缺的就是书号，一旦政策放开，他们就是一家家专业分工明确、有市场竞争力的出版单位。

这些民营书业工作室的生存方式，一般可分为两种：一种属于体制内生存，即以出版社编辑室的名义，与出版社签订承包合同，出书的所有投入都由出版社的自有资金垫付，编辑室的所有开支都经过出版社的财务环节，接受出版社的财务监督。完成出版社的利润目标后，其余的超收部分则按照一定的递增比例进行分成。这就是所说的体制内循环。据了解，一些地方出版社驻北京办事处，大都聘请民营书业企业的老总担任主任，使这些民营书业企业老总具备了双重身份——他们既是国有出版社的主任，同时又是民营书业企业的法人代表。另一种是体制外的循环，即民营书业企业作为单独注册的文化公司开展有关策划、编辑、发行业务。民营书业的崛起，对那些以通过有偿转让专有出版权从中获得资源垄断收入为生的出版社，显然构成了巨大的威胁和冲击。这些情况表明，出版社的编辑出版权,作为出版社核心业务的标志,作为出版社核心竞争力的重要组成部分,已经并正在受到来自多方面的挑战。出版社放弃这块业务,以名为资助出版、实为买卖书号的形式,将图书的编辑发稿和加工权拱手廉价转让给非出版单位,无异于慢性自杀。

当然,出现这种现象的原因是多方面的,既有出版社管理体制改革不到位、人才的积极性调动不起来的内部原因,也有出版社垄断经营形成的高于社会平均利润率的垄断利润促使社会资本以多种方式进入出版领域的外部因素。资本具有天然的逐利性,出版业的垄断经营形成的社会平均利润和出版行业利润的"位差",客观上为民营书业进军编辑出版领域、分食出版利润创造了条件。只要这种出版社独家垄断经营的格局不变,来自民营书业的挑战和冲击就会继续存在,而且是有增无减,这既是特殊的体制环境使然,更反映了社会资本逐利的天性。

五、数字出版的崛起

以互联网为发端的数字出版的崛起,给传统图书出版带来了前所未有的挑战。数字出版的发展是全球信息化发展的必然结果,是读者阅读习惯改变的必然结果,带有自然属性和不可抗性。数字出版是指利用数字技术进行内容编辑加工并通过网络传播数字内容产品的一种新型出版方式,其主要特征为内容生产数字化、管理过程数字化、产品形态数字化和传播渠道网络化。数字出版产品形态主要包括电子图书、数字报纸、数字期刊、网络原创文学、网络教育出版物、网络地图、数字音乐、网络动漫、网络游戏、数据库出版物、手机出版物(彩信、彩铃、手机报纸、手机期刊、手机小说、手机游戏)等。数字出版产品的传播途径主要包括有线互联网、无线通讯网和卫星网络等。由于其存储量大、搜索便捷、传输快速、互动性强、成本低廉、环保低碳等特点,已经成为出版业的战略性新兴产业和出版业发展的新的主要方向。

网络出版作为数字出版的主要形式,得益于互联网的横空出世。互联网以其所特有的跨时空、超文本和交互性的传播优势有效地吸引了人们的注意力,影响着人们的价值取向,成为不可忽视的新兴媒体,并为人类提供了一个无比丰富的新世界——虚拟世界,使网络出版由可能变为现实,从而完成了出版发展史上一次彻底的革命,出版的观念、形式、手段都发生了根本性的变革。就记录、存储手段而言,电子出版包涵了网络出版;就编、印、发三个环节考察,网络出版作为数字出版的主要形式,其特有的运用计算器网络进行发表、记录、存储、阅读的信息传播方式,从根本上改变了传统出版的含义。首先,它没有实物化的信息载体,而通常将信息存储在虚拟世界中,以编码电子信号的形式存储、显现、传播。人们看得见,听得见,却摸不着。它省略了复制过程,使传播过程和发行"无物流"化。其次,它传播的既可以是创作成果,也可以是创作过程,只有当读者打开计算机阅读时,它的出版过程才算完成。所以,网络出版是由作者和读者共同完成的。读者在这个过程中还可以和作者交流、切磋,这就真正构成了出版者和消费者之间的交互性。无物流和交互性是网络出版的两个主要特性。

由于数字出版、网络出版以现代高新技术为基础,又继承并发扬了传统出版尤其是电子出版的一切长处,所以,与传统出版相比,具有很大的优越性。一是速度快。如果用计算机写作,可以即写即发;如果再加个摄像头,可以像电台、电视台一样实施即时报道、转播。如果读者喜欢,想下载保存,不管是下载到硬盘上,还是打印到纸上,也不过是几秒钟的时间。以远程教育为例,过去一位教师要出版自己的优秀授课内容和方式,只能是将教案整理修改,然后交出版社报选题,交编辑加工,通过一审、二审、三审等一系列程序,再经过印刷、装订、发行,读者要到书店寻找、购买才可阅读、学习。二是容量大。网络的信息容量是无限的,读者可以通过与网络连接的网站随时进入任何一个国家和地区的图书馆或影视音像中心,想看什么就看什么,想听什么就听什么,包括文字、图画、音响、影像等。三是成本低。相对于传统出版而言,网络出版改变了出版工艺流程,简化了传统出版中的出版环节,降低了出版成本。

数字出版、网络出版对传统出版的影响是深远的、全方位的,可分近期和远期两个阶段对其予以考察和预测。从近期看,主要是观念上的冲击和运作方式的改变,主要表现为二者互为补充、互相促进。一方面,数字出版、网络出版将传统出版物数字化后发送到网上,是对传统出版资源的再开发;另一方面,传统出版者到网上寻找热点信息,丰富了传统出版资源。二者将长期共存,相互影响,共同发展。网络出版对编辑工作的影响尤为明显,就现状而言,每一个网址都有可能成为一个出版单位,每一个上网者都有可能是一个编辑、一个出版者。网络出版省去了编辑根据自己的审美要求进行市场调查、策划选题、组稿,并对来稿进行加工排版等一系列工艺流程,打破了人们对编辑工作的神圣感,促使人们对出版工作予以重新审视和认识,同时吸引编辑到网上去发现选题,或者把选题拿到网上去,在尽可能大的范围内考察读者需求,如果受到大量网民的欢迎,就可迅速大量印制出版。

网络对编辑工作的影响,还体现在对读者的影响上。网络可以极大地扩大读者的视野,读者可在网上找到自己所需要的资料,可以在网上轻松购买自己所喜欢的读物,还可在网上找到罕见的绝版读物。假如读者阅读的是作者直接发表的新作,那么对作品的美学加工过程就只能靠读者自己去完成了,读者获得了前所未有的主动性。随着计算机交互技术、智能化及语言翻译系统的日臻完善,读者将可以轻而易举地阅读天下书,并且可以参与创作。网络对作者的影响也很大。没有名气的作者可以彻底摆脱被出版者拒绝的苦恼,通过网络发表自己的作品。名气大的作者则更可以摆脱出版、发行的纠葛,直接在网上出版、销售自己的作品,甚至将作品直接发送到喜欢自己的读者的电子信箱里,并以俱乐部会员制的方式直接获取收益。在网络出版中,作者必须提高自己的文化素养和责任心,将差错降到最低限度。

数字出版、网络出版以前所未有的速度迅速发展着,对传统出版的包容性显示了它蓬勃的生命力,对传统出版的从业者提出了挑战。挑战主要表现在以下三个方面。

一是与图书争夺受众的闲暇时间。对青少年受众来说,网上冲浪成了他们精神消费的主要形式。有的专家提出了争夺 45 分钟的概念,意思是指,在互联网等媒体的冲击下,如今人们每天用于阅读的时间平均只有 45 分钟,而有效地争夺读者的 45 分钟,成了现代传媒竞争中不可回避的问题。对图书出版来说,同样面临着这一严峻的挑战。

二是网络出版的出现与兴起,使传统出版的流程发生了"本末倒置"的变化。按照传统的编辑出版流程,作者的书稿只有经过编辑的认可和加工,才能以纸质出版物的形态在社会上得到传播;而在网络出版中,作者可以提前介入出版,作者创作了自己的作品,只要以电子邮件的形式发往有关网站,马上就能得到传播。虽然以网络形式出版的作品在社会承认度方面不能与纸质出版物相比,但是能迅速得到传播是不争的事实。原处于市场终端的读者有机会提前介入出版,而且,在一定程度上,一部作品在网络传播中产生了较大社会影响后,为纸质出版物的出版创造了条件,形成了网络出版—纸质出版物的新模式,促进了出版社编辑从编辑本位向读者本位的转化。

三是网络出版的以比特为介质的数字化文本,在书稿文本的保存和传输方式上,与传统出版相比具有压倒性的优势,从而对传统的编辑工作模式提出了新的挑战。以书稿加工为例,按照过去的传统编辑方式,作者的书稿寄到出版社编辑手上后,编辑要进行加工,还要重新录入、校对,不但书稿的传输时间长,而且编辑和出版社用于书稿加工的投入也比较大,还要有专职录入员等。如今,借助网络平台,作者的书稿可以通过网络进行即时传送,编辑可以直接在作者提供的电子文本上进行加工和出样,这样大大加快了书稿的处理速度,降低了编辑成本,缩短了出版周期。如有些时效性较强的书稿,从作者通过网络提供电子文本到出书,一周就可以完成,这在过去是不可能的。

总之,从网络出版的发展前景看,网络出版正在对传统出版提出越来越大的挑战,并促进着传统出版的版本升级,以适应在网络出版覆盖之下的读者新需求。随着社会经济和信息技术的发展,电脑将成为人们工作和生活必不可少的工具,网络将成为人们获取信息、掌握知识的主要手段。计算机技术的发展使电子图书成了新的出版物载体。目前不少报纸、杂志在出版纸质版的同时,也出版可供读者下载的电子版;已经建成的各种类型的数字图书馆,成了读者坐在家里就可使用的"家庭图书馆",读者不仅可以在计算机上阅读,还可随时搜索整部书的内容,包括调出作者的注释,而无须将书页前后翻检。随着现代计算机技术的迅猛发展,多种电子阅读器纷纷问世,它们的大小与传统的平装图书相仿,使用者只需把微型记忆芯片插入阅读器,就可脱离台式计算机屏幕轻松方便地阅读所喜欢的所有读物。无论是坐着还是躺着,当看累时,还可戴上耳机聆听同一个芯片或磁盘上发出的悦耳的朗读声。这种阅读器可称为真正意义上的电子图书,即 e-book。由于它可以通过芯片或磁盘从网络上下载所有读物,以其多媒体,容量大,体积小,携带、阅读方便,成为网络出版的有效补充,使网络出版在整个出版工作中起越来越重要的作用。

六、出版物市场的逐步放开

在书报刊分销服务方面,中国政府的承诺已全部实现:加入 WTO 一年内,外国服务提供者可在深圳、珠海、汕头、厦门、海南这 5 个经济特区和北京、上海、天津、广州、大连、青岛、郑州、武汉这 8 个城市设立中外合资的书报刊零售企业。其中,在北京和上海,零售企业不超过 4 家,其余地区不超过 2 家,在北京设立的零售企业中的 2 家可在市内设分店。加入两年内,开放所有的省会城市及重庆市和宁波市,并允许外资对零售企业控股。加入三年内,取消对外资从事书报刊分销服务企业在地域、数量、股权及企业设立形式方面的限制。加入五年内,超过 30 家分店的书报刊连锁企业不允许外资控股。在音像和娱乐软件分销服务方面,承诺在不损害中国审查音像制品内容的前提下,允许外国服务提供者与中方伙伴设立合作企业,从事音像制品和娱乐软件的分销。同时,自加入WTO时起,全面实施《与贸易有关的知识产权协定》。

随着出版物分销权的放开、市场的准入,这些承诺将使我国出版物市场的格局发生重大的变化,外资将利用先进的经营管理优势占有更多的市场份额,对目前占主导地位的新华书店等国企出版物发行网络形成强有力的冲击。新华书店近年来虽然发展较快,很多地方组建了发行集团,并进行了内部改制,扩展了销售网点,经济实力有了大幅度提高,但由于体制、机制、资金等问题的限制,大多数新华书店的发展仍然比较缓慢,大的不强,小的不活,利润结构不合理,对政策的依赖性强,市场竞争力弱。随着音像制品分销权的放开,我国音像出版业将受到巨大冲击。相对于图书销售而言,音像制品销售渠道小得多,除新华书店销售一小部分外,绝大部分为数量众多的分散的民营或个体音像店经销,很难与国外具有雄厚经济实力和丰富销售经验的音像集团抗衡。另外,我国音像原创能力差,缺乏拥有自主版权的质量优良的音像出版物,音像出版相对劣势明显。

按照我国政府的承诺,于加入WTO后的第一年放开图书零售市场,第二年放开图书分销市场,2005年以前放开所有的出版物发行市场。为适应新形势的需要,新闻出版总署自1999年颁布《出版物市场管理暂行规定》以来,于2003年和2011年进行了两次比较大的修订。第一次修订,是2003年9月1日新闻出版总署颁布实施的《出版物市场管理规定》,与1999年的《出版物市场管理暂行规定》相比,在"申请设立出版物零售、出租企业或者其他单位、个人申请从事出版物零售、出租业务"方面实行完全放开。《出版物市场管理规定》的最大突破在于对出版物发行单位市场准入的放开:取消了所有制限制、上级主管单位的限制和行政法规及新闻出版部门规定的其他条件,同时提高了资金门槛和专业资格门槛,长期被国有或国有控股企业垄断的总发行权也向民营书业敞开了大门,从而首次打破了图书批发特别是总发行的所有制限制,这些政策的实行,对出版社形成了一定的冲击。新闻出版总署于2011年3月25日颁布实施的《出版物市场管理规定》,考虑到发行单位适应市场环境灵活经营以及促进全民阅读、服务读者特别是缓解农村地区买书难问题的需要,改变了原来一律禁止店外经营的规定,规定:"出版物发行单位可在原批准的新闻出版行政部门所辖行政区域一定地点及时间内,设立临时零售点开展其业务范围内的出版物销售活动,但须提前到设点所在地县级新闻出版行政部门履行备案手续,并须遵守所在地其他有关管理规定。"进一步推动了出版物市场的发展和繁荣。

第二节　　图书编辑工作的发展机遇

挑战总是与机遇并存,图书编辑工作在面临着十分严峻挑战的同时,也有着十分难得的发展机遇。

一、人民群众的精神文化需求与日俱增

党的十七届六中全会通过的《中共中央关于深化文化体制改革,推动社会主义文化大发展大繁荣若干重大问题的决定》,明确提出了"增强国家文化软实力,弘扬中华文化,努力建设社会主义文化强国"的战略任务,提出满足人民基本文化需求是社会主义文化建设的基本任务。同时,制定了我国文化改革发展的重大举措,把促进人的全面发展提到突出的位置上,使人的终身学习和全面发展成为人的最大的优势需求,从国家政策层面上有效地拉动了人们对多样化的精神文化生活的需求,为出版产业的跨越式发展从根本上创造了条件。

市场是出版产业发展的基础,市场可实现的增量大小,在很大程度上决定着产业发展的速度和规模。一个产业已有的市场容量和可预期的市场增量,反映了这个产业发展的市场空间和可捕捉的市场机会。产业的市场增量越大,产业的市场机会越多,产业就越具有可持续发展的前景。我国图书市场有多大的市场扩容潜力? 如果把图书零售市场作为衡量图书市场容量的一个重要参数,也许能说明一些问题。北京开卷信息技术有限公司对全国图书零售市场的监测数据表明,从1999年到2008年,全国图书零售市场的增长率均超过国民经济的增长速度,其中2000年的增长率为23.53%,2001年和2002年的增长率都在18%以上,属于高速增长的行业。2008年以后,增速有所减缓,进入了发展的成熟期。

在图书市场增量的预测分析中,有的业内人士习惯以我国的图书销售额绝对值与发达国家图书销售额的绝对值相比较,由此得出我国出版产业与发达国家出版产业之间存在较大落差的结论,并以这个落差作为我国图书市场的发展潜力。如不少业内媒体引用了这样一个数据,即我国全年的图书纯销售额,尚比

不上德国贝塔斯曼集团全年销售额中的图书销售额。这固然是事实,但这种以我国的绝对值与国外绝对值相比的方法,说明不了多少问题,因为各个国家消费品的物价指数是不同的。购买同样一本书,发达国家的读者要比我国的读者多支付数倍的本国货币。在等量消费品支付货币不等值的情况下,以发达国家的图书销售额与我国的图书销售额之间的落差来说明我国图书市场的增量,显然缺乏说服力。

分析出版产业的发展规模和市场增量,采用相对值比率的分析方法比较能说明问题。按照国际比较通行的统计方法,一个国家的图书销售额在社会消费品零售额中所占的比重,是衡量图书市场容量及可实现的市场增量的一个主要指标。发达国家的图书销售额占社会消费品零售额的比重,一般都在2%以上。我国的情况是,以2010年为例,2010年我国图书出版的营业收入为537.9亿元,2010年我国社会消费品零售总额为154554亿元,图书出版的营业收入相当于图书零售总额,这样,2010年我国图书零售总额占社会消费品零售总额的比例为0.35%,相对于20世纪90年代初的0.7%和2002年的1.06%,比例出现了走低的趋势;且与发达国家的比率相比还有较大的差距。这至少说明了两个问题:一是新媒体的兴起和发展,吸引了不少非阅读类精神消费,图书市场有相当一部分购买力转向新媒体市场;二是图书市场并没有饱和,更不会萎缩,图书消费与新媒体消费的关系,是此消彼长和此长彼消的关系,图书市场还有着十分可观的增量空间。图书市场扩容的潜力十分巨大,我国图书销售额每提高25个百分点,就是100多亿的增量,图书市场增量的前景非常可观,是一块十分诱人的市场大蛋糕。

图书销售额作为精神文化消费的重要组成部分,其在社会消费品零售总额中所占的比重,体现了社会的消费结构和消费水平,并在一定程度上反映了社会的文明水平。随着我国全面建设小康社会目标的实现、恩格尔系数的提高和人们消费结构的改善,人民群众对包括图书在内的精神文化的需求也将逐步提升,我国图书市场的空间必然会出现更大的拓展,有更为广阔的发展前景。

图书与物资产品的属性不同,图书消费属于文化精神消费品,是一种弹性消费,读者对图书的需求也是一种弹性需求;而物质需求则是一种刚性需求,有一定的消费极限性。就社会大众消费水平而言,无论是吃的、穿的,还是用的,其需求不可能在一定时期内极度膨胀,而精神需求则有很大的弹性。图书市场的增量,是在激发、激活读者需求的过程中逐步实现的,图书是通过满足和激发读者的优势需求而实现其市场价值的。读者的需求按形态一般可分为两种:一种是实用性（显现性）需求，这类需求有着比较明确的功利性的阅读目的，或是增长见识，或是填补某方面的知识空白，或是掌握某些技能，或是应对各种考试，等等，如辅导类读物、保健养生类读物、美容类读物、旅游类读物、家庭装潢类读物、家庭教育类读物、理财类读物、各种工具书等，就是用于满足读者的这类需求的。二是体验性（隐藏性）需求，这类需求通常处于潜在状态，读者在发现阅读目标之前，不会有阅读欲望，一旦发现了阅读目标，其潜在的需求被激活了，便会产生阅读欲望，爆发出巨大的购买力。或是从阅读中得到快意的宣泄，或是得到情感上的共鸣，或是满足自己的好奇心，或是体现某种流行的社会时尚，或是显示自己与众不同的身份，等等。各种虚构类的文艺作品等就能满足这类需求。例如，《哈利·波特》出版之前，谁也不会产生阅读欲望，作者以极为丰富的想象力，在书中构建了一个现实无法到达的魔幻世界。那个世界充满魔法，有各种各样的巫师，以及身穿魔法长袍的学生们。在那个魔法学校里，学生们没有现实生活中的学业负担，只有奇幻的魔法伴随着他们。那里风景优美，可爱的动物们不会被束缚，在奇妙的自然中自由地生活着。哈里的每一次遭遇都会得到朋友们的帮助，与邪恶的每一次斗争都惊心动魄，而且人物刻画精细，悬念和伏笔的设置恰到好处，语言风趣幽默，富含哲理。《哈利·波特》出版之后，由于适应了广大少年读者的阅读需求，而且开展了各种富于创意的宣传、营销活动，使有关图书的信息广为读者所知，形成了购买热，使读者在阅读的过程中，产生了阅读欲望。在不少中学，阅读《哈利·波特》成了一种时尚，那些没读《哈利·波特》的学生，会被认为是不入流的。时尚需求的形成，为《哈利·波特》系列图书的出版营造和培育了新的市场空间。这个例子表明，体验性精神需求一旦在阅读中被激发、激活，便能爆发出巨大的购买力。

有资料表明，如今社会正在进入体验性消费时代，体验性消费品，在社会消费品总额中占有越来越大的比重，如节假日出现的旅游热，就是一种体验性消费。图书消费也是如此，体验性的阅读需求出现了方兴未艾、与日俱增的趋势。与实用性的消费需求相比，体验性的消费需求能产生出巨大的带有爆发性的购买力，以此有效地拉动图书市场的发展。图书市场体验性消费的主体是中产阶层，有关资料表明，以人均收入超过 3000 美元为标志的中产阶层正在我国形成并扩大，在图书市场，由他们所主导的住房类、汽车类、旅游类、教育类、保健类、休闲类等图书消费热点将带动消费结构的优化、消费欲望的升级和消费需求的增长，并成为我国内需稳定增长的最大内在动力。同时，城市化进程的加快促进了农村富余劳动力和人口向城市的聚集和转移，加快了城市化建设的步伐，这也在一定程度上增加了对图书等精神文化消费的需求。

在现代社会的诸多精神文化需求中,时尚性需求是蕴涵着无限商机的体验性需求,而且是一种爆发性的社会需求。社会时尚一旦形成,在从众社会心理效应的作用下,便会产生一种挡不主的诱惑,从而形成巨大的精神消费空间,创造出一个个的精神文化消费奇迹。如二十一世纪出版社在推出《皮皮鲁总动员》系列书的同时,开展了一系列的活动,成功地把《皮皮鲁总动员》系列打造成少年读者喜爱的品牌。著名童话作家郑渊洁"郑氏风格"大胆而丰富的想象、无处不在的探索精神和逆向思维,对青少年读者产生了不可抗拒的吸引力,读者只要认真阅读了一本郑渊洁的童话并喜欢上了它,就会渴望阅读他所有的作品,而且永不觉得厌倦。郑渊洁的作品也在不断翻新,他所给予读者的,并不仅仅是童话中虚幻的快乐,他经常借用童话这种看似远离现实的文体来表达他对现实的关怀。这也是部分成年读者对郑渊洁作品情有独钟的原因所在。郑渊洁的作品大多是"老"的,很多曾经阅读过这些"老"作品的读者如今都已为人父母或为人师长,当他们为自己的下一代挑选读物时,没有理由不首选这些曾令他们读得如醉如痴的童话。由此,在青少年读者中引发了购书狂潮,而且出现了收藏热,不少读者把《皮皮鲁总动员》系列一本不差地买下。到 2012 年年底,《皮皮鲁总动员》已经销售了 2700 万册,这个天文数字表明,社会时尚等体验性需求能形成巨大的市场空间,社会时尚等体验性需求转化成的社会购买力,能对图书市场进行有效的扩容,抓住并激活这个需求,能为出版产业的超常规发展开发出新的效益生长点。

二、文化产业的兴起

党的十六届三中全会召开,标志着我国改革进入了完善社会主义市场经济体制的新阶段,国家的经济、政治、文化生活等各个方面都将发生新的变革。党的十六大把发展文化产业作为重要的发展战略。十七届六中全会通过的《深化文化体制改革,推动社会主义文化大发展大繁荣若干重大问题的决定》,更是从国家长期战略发展的层面,对发展文化产业给予了前所未有的扶持,为出版产业的发展创造了良好的环境。随着新一轮国际分工的出现和产业结构的调整,文化产业正在成为世界经济新的增长点。自 1978 年党的十一届三中全会召开起,中国的改革开放已经不间断地进行了 30 多年。在这 30 多年间,中国的经济获得了空前的增长,国内生产总值年均增长率在 9% 以上;人民生活不仅满足了温饱的需求,而且整体上达到了小康。到 2010 年,我国的 GDP 已经突破 59266.12 亿美元,GDP 总量排名世界第二,人均 GDP 为 4382 美元,超过了 3000 美元。世界发达国家的发展经验表明,当人均 GDP 超过 3000 美元时,文化消费会快速增长;接近或超过 5000 美元时,文化消费则会出现井喷现象。2008 年中国人均 GDP 已超过 3000 美元,文化产业处于爆发性成长的前夜。如果经济增长率按 9% 计算,到 2015 年末我国人均 GDP 将超过 5000 美元。从人口结构看,渐成消费主流群体的"70 后""80 后",将成为有很大增长潜力的精神文化消费主体。

2008 年我国人均 GDP 超过了 3000 美元后,按照国际标准计算,文化消费支出总量应该在 4 万亿元以上,而有关统计数据表明,我国文化消费总量还不到 8000 亿元。2010 年,我国文化消费总量在 1 万亿元左右,按 2010 年我国人均 GDP4000 美元测算,文化消费总量应当在 5 万亿元左右。从上述数据中,可以看到的是我国文化消费近年来呈现出飞速增长的态势。特别是 2008 年以来,文化消费越来越活跃,呈现出一系列引人注目的新趋势、新动向。2010 年,我国文化产业占 GDP 的比重还没有超过 3%,也就是说,全社会 97% 的产业部门都在生产物质产品,只有 3% 的产业部门在生产精神文化产品,这一比例表明,一方面是居民文化消费的潜力远未得到开发,一方面是精神文化产品的生产量还不够,但给我国文化产业的发展留下了较大的弹性空间。于 2012 年年初召开的第 9 届中国文化产业新年论坛发布的《中国文化产业年度发展报告》指出,2011 年,我国文化产业总产值预计超过 3.9 万亿元,占 GDP 比重将首次超过 3%,文化产业对国民经济增长的贡献不断上升。

文化产业在我国的迅速崛起,是我国改革开放 30 多年来国民经济和社会发展取得伟大成果的重要标志;是国民经济战略结构顺利调整,社会主义市场经济体制基本建立,全方位对外开放格局基本形成的重要标志;是以信息技术为主体的高新技术产业在我国异军突起的重要标志。文化产业已经并将继续成为我国下一轮经济发展的重要增长点,特别是近十年以来,我国的第三产业增长迅速,在国民经济结构中比重不断提高,成为带动经济增长的重要因素,构成了我国文化产业迅速崛起的大背景。20 世纪 90 年代末以来,由于受到数字化信息技术革命的影响,通信、广播电视和视听消费电子产品数字化进程加速发展,使得计算机、通信、广播电视这三个原来分工明确的行业出现融合汇聚的现象,带动了我国相关文化产业的发展。根据国家统计局和国家计委的数字,"十五"期间,我国信息技术产业的产值平均年增幅在 15% 以上,到 2010 年,我国电信业和邮政业的业务总量分别为 3.1 万亿元和 1895 亿元,比 2005 年("十五"末)翻了近两番。这些产业的发展为文化产业在规模上开辟了前所未有的广阔的新天地,传统的大众传媒如新闻出版、广播电影电视业等均在向信息产业迅速靠拢,以"新媒体"的姿态异军突起,成为新兴文化产业的主体。传统的音像业在居民"消费类信息技术产品"拥有量急剧增加的条件下,正在迅速从技术升级和产业重组中,走向新的发展高峰期。所有这些变化都造成了大众娱乐形态的迅速变化,反过来为信息产业的发展开拓了一个又一个新兴的市场。我国文化产业已经成为与信息产业互为条件、相互促进,对国民经济发展全局具有同样重大意义的产业。

文化产业在我国的兴起既有经济发展方面的原因,又有体制变革方面的原因;既受到科学技术革命的内在推动,又为全球化的发展趋势所裹挟。文化产业是一个集中代表了现代经济、社会和文化发展的全球性趋势的新兴产业,在我国的兴起有其必然性。

一方面,人民群众收入需求结构的变化刺激了我国文化产业的发展。文化产业的兴起是我国经济发展和社会进步的重要标志和产业结构开始出现重大调整的突出特征。同时它也是改革开放以来我国居民收入水平的提高和消费结构的变化所推动的结果。据权威部门研究,改革开放30年以来,我国经济持续健康发展,城乡居民的收入水平持续提高,由此导致居民消费结构发生了根本性的变化。1978年,我国居民的消费水平是184元,到1998年上升到2972元,增长了15倍。进入20世纪90年代以后,反映居民消费结构的恩格尔系数降到了50%以下,说明我国居民已从总体上告别了仅达到温饱的时代,开始进入小康。其中城镇居民的恩格尔系数到90年代末降至40%以下,开始走进富裕时代。在这个过程中,居民消费结构中用于文化教育消费的部分越来越大,增长速度越来越快。据研究,自1981年至1997年,我国城镇居民消费结构演变经过了以生存资料数量扩张为主的"粗放型消费"阶段,到生活消费需求稳定、家庭新兴耐用消费品普及率迅速提高的"集约型消费"阶段,最后进入发展、享受资料快速增长,更加注重消费质量的"舒展型消费"阶段。第一阶段以吃穿类消费为主,占到总消费的3/4;第二阶段吃穿类支出开始下降;第三阶段生活必需品支出继续稳步下降,而服务性消费支出比重全面上升和递增,娱乐文教支出首次超过生活用品类支出,将我国居民消费次序从"吃、穿、用"改变为"吃、穿、娱乐文教"。相当一部分居民群体的消费重心开始向教育、科技、旅游及精神产品消费等领域移动。根据联合国粮农组织的标准,恩格尔系数在60%以上为贫困,在50%~59%为温饱,在40%~49%为小康,在30%~39%为富裕,30%以下为最富裕。

有关数据表明,我国恩格尔系数整体下降的格局目前正在改变。中国城镇居民生活的恩格尔系数在1995年末期下降到50%以下,1999年继续下降到41.9%,2000年下降到40%。2001年城镇居民人均购买食品支出2014元,在支出比1993年增长1.90倍的同时,恩格尔系数从1993年的50.13%降到了37.9%,也就是达到了富裕水平。2002年至2009年这7年间,下降幅度开始减弱,2008年为37.11%,基本维持在37%左右。而美国自1980年以来恩格尔系数平均为16.45%,日本自1990年以来平均为24.12%。进入2010年,中国的恩格尔系数达到39.76%,接近40%;2011年我国城乡居民家庭恩格尔系数分别为36.3%和40.4%,相较于2010年城镇家庭恩格尔系数的35.7%上升0.6个百分点,出现了反弹。文化类消费需求在整个居民消费结构中所占比例的上升,以及文化消费品市场需求总量规模的急剧扩大,已经成为不争的事实,成为我国文化产业兴起的重要内在动因。

另一方面,科学技术革命推动了我国文化产业的发展。20世纪90年代以来,在信息技术全球化浪潮的推动下,我国的数字化信息技术产业成为国民经济发展中最为耀眼的增长点。我国信息产业和电信业迅速从传统的基础设施领域脱颖而出,进入到有线通讯和无线通讯、传统电信和计算机网络、电信产业和新闻媒体与金融服务大规模"产业弥合"的时期,成长为我国国民经济中最大的综合性支柱产业。以信息产业为主体的产业结构提升运动为大批与文化产业相关的新兴产业群的生长提供了新的技术基础,并反过来对一些传统文化产业领域产生了延伸影响。近年来,信息技术产业和电信业在我国的超前发展,在我国的文化产业中造成了最为引人注目的产业关联效应。如果对近年来我国产业界的热点问题进行一番检视,我们可以发现,国内对与文化产业相关的产业发展和投资热点的关注,无不与"国民经济和社会发展信息化"这个大主题相关。从2000年起,随着信息化突入传媒领域,引发了"传媒热",新闻出版、广播电影电视等传统大众传媒部门迅速"触网",出现了信息产业与文化产业的"大汇流"的壮观景象。新技术革命与文化需求形成了推动我国文化产业发展的两个轮子。新兴产业向需求强劲且技术进步的领域,尤其是负载着高密度文化内容的高新技术产业集聚,已经直接导致新兴文化产业群的急剧膨胀,并迅速改变着我国传统第三产业的格局,为图书出版业的跨越式发展带来最为难得的机遇。

三、经济全球化格局的形成

在当前新形势下,要充分利用两种资源,积极开拓两个市场,有效进行两种贸易。两种资源是指国内、国外两种出版资源,两个市场是指国际、国内两个市场,两种贸易是指图书、报刊、音像制品和电子出版物的实物贸易和以出版物为载体的版权贸易。尤其要重视版权贸易工作,既要积极地向国外输出版权,使优秀出版物更多地走向海外,又要大力引进国外优秀出版物的版权,提高版权贸易的数量与质量。随着经济全球化经济格局的形成,出版业市场范围扩大,形成了两个市场、两种资源的竞争态势,有利于出版业的跨越式发展。

21世纪是世界各种文化相互碰撞、相互融合、相互冲击的时代,世界激烈的综合国力竞争,不仅包括经济实力、科技实力、国防实力等方面的竞争,也包括文化软实力的竞争,而且越来越多地表现为文化软实力的竞争。在西方发达国家,文化产业占GDP的比重都在10%以上,美国则高达25%,在其产业结构中仅次于军事工业,位居第二。1996年以来,美国的文化产品出口超过了航空航天业,成为第一大出口创汇产业。法国的图书出版业、电影业和旅游业等文化产业早已成为国民经济的支柱产业,1998年全球赴法国旅游人数超过了7000万,法国占全球旅游市场10%的份额。日本文化产业的规模比电子业和汽车业更为庞大,到2005年年底,日本与动漫有关的市场规模已超过2万亿日元,动漫产业成为日本的第三产业,广义的动漫产业占日本GDP的比例超过了10%,占世界动漫市场的62%。如今,美国的大片、快餐、迪斯尼,法国的旅游、大餐、艺术,英国的教育,日本的动漫,韩国的电视连续剧,等等,已经成为文化输出的主打产品。这些文化产品在占领全球市场、获取高额收益的同时,还有效地传播了其所在国家的价值观,影响着受众的思想和心理。

总体上处于弱势地位的广大发展中国家,不仅在经济上面临巨大压力,在文化发展上也面临严峻挑战。我国加入WTO后,对外开放进入新的发展阶段。如果不能迅速建立自己的文化优势,就难以在激烈的国际竞争中捍卫自己的战略利益,就会处于被动守势。在西方文化价值观猛烈冲击中国文化、中国传统价值观的背景下,中国文化及时走向世界,这对弘扬、传播中华文明、中国优秀文化和中国价值观,对影响西方文明、西方价值观,具有十分重要的意义。这是时代赋予出版工作者的光荣使命,出版工作者对此具有义不容辞的责任。中国特色社会主义的文化,是凝聚和激励全国各族人民的重要力量,是综合国力的重要标志。近年来,我国社会主义现代化建设不断向前推进,我国的综合国力不断增强,新闻出版业的地位在步步提升,不断提高我国出版业的整体水平和质量,为综合国力的增强做出应有的贡献,向国外输出版权,就是重要举措之一。

中国是世界文明古国,中华文明是世界文明的重要组成部分,也是人类的共同财富,中国又是一个在国际事务中负责任、有影响的大国,随着我国综合国力的不断增强,我国在国际事务中发挥的作用将会越来越大。弘扬中华文明,增进世界对中国的了解,加强中国与世界各国人民的交流与友谊是一项重要工作,而版权贸易正是达到这一目的的重要途径。版权输出是指包括图书在内的文化产品输出。版权输出,本质上是中国文化的向外输出,是中国文化价值观的向外输出。因此,我们必须高扬民族的、科学的、大众的文化理想,高举民族的、科学的、大众的文化旗帜,在激烈的世界文化交流和竞争中,扩大我们出版物在国际市场、华文市场的占有率,使中国特色社会主义文化不仅在中国人民之间,乃至在世界人民中间都具有强大的吸引力和感召力。

国际化是当今世界出版产业发展的一大趋势。中国作为世界出版产业大国之一,理应开拓国际出版市场,参与国际出版业的竞争,促进世界文化的交流。中国出版产业走向世界,首先是一项严肃的政治任务。通过出版物宣传介绍我国改革开放取得的成就,让世界了解中国,是我们责无旁贷的任务。因此,走向世界是新时期发展中国特色社会主义出版业的必然选择和必由之路。中国出版走向世界,当务之急是出版物要在世界中文出版物市场上占有更加重要的地位。从整体上说,我国出版产业的国际化还处于起步阶段。随着社会主义市场经济体制的建立和加入世界贸易组织,中国出版产业迈向国际市场的步伐进一步加快。同时,也应该看到,随着中国综合国力的加强,加入世贸组织后中国对外开放水平的提升,以及奥运会和世博会在中国的成功举办,中国已经并将持续成为世界各国瞩目的热土,以中国为背景的出版物在海外还是有着相当市场的。随着中国与外界经济文化交流的进一步加强,版权输出必将在中国文化"走出去"战略中扮演越来越重要的角色。同时,我国有悠久的历史、灿烂的文化和深厚的文化底蕴,几千年的中华文明史造就的特色鲜明的中华文化,深深扎根于中华民族的沃土之中。中国在海外有多达 7000 万华侨,华人华商在世界各地的经济商贸活动中扮演着越来越活跃的角色,尤其在我国港、澳、台地区和东南亚经济圈中,华人更是占据了多数。

在当前形式下,要认真分析国际市场对中华文化资源的需求状况、华文出版物的海外读者的阅读需求等,认真分析国际间的贸易壁垒、法律制度、经济因素、社会习惯、语言及政治环境、消费结构、文化模式、宗教和道德背景等,认真了解外面的需求,迎合海外读者的口味。从选题内容,到语言习惯、编排体例、装帧设计、图片选用、装订设计、印刷等方面,都要考虑到我国港、澳、台地区和外国读者的阅读习惯,要提高选题的立意,拓宽选题的视野,努力挖掘适应海外市场需求的中医、中药、食疗、气功、针灸、保健、古籍整理等适合海外读者需求的版权贸易资源。

四、出版产业结构的进一步优化

近年来,随着出版业的发展,新闻出版总署提出了通过"造大船"做大、做强、做优出版产业的发展战略。其主要举措,就是鼓励出版传媒集团对业务相近、资源相通的中央和地方出版企业进行兼并重组,实现跨地区发展;鼓励出版传媒集团兼并重组新闻出版领域以外的其他国有企业,实现跨行业发展,鼓励出版传媒集团通过整合报纸、期刊、图书、音像制品、电子出版物、数字出版业务和出版、印刷复制、发行等资源,实现多媒体、全产业链发展;支持出版传媒集团通过异地设立分支机构,连锁经营,与同类企业进行产品、项目和资本合作等方式,实现跨地区经营;支持出版传媒集团与广播电视、电信等行业的大型企业开展合作。到"十二五"期末,将进一步做强、做优国家层面的人文、教育、科技三大出版传媒集团,培育多个年销售收入超过 200 亿元的大型骨干出版传媒集团,推动新华书店跨地区兼并重组,组建全国性国有大型发行集团。到目前为止,新闻出版总署已经批准组建了 120 余家出版传媒集团,这些出版传媒集团努力转变经营思路,正在实现由主要依靠国内市场、国内资源向依靠国内国际两个市场、两种资源转变,由主要依靠单一出版业态向依靠以出版经营为核心的多元文化服务转变,由主要依靠传统出版业态向依靠传统出版业态与新兴出版业态有机融合转变,由主要依靠资源扩张向主要依靠科技进步、文化创新和提高劳动者素质转变。

此外,在当地党委的领导下,全国各个省份都完成了以局、社分开为主要内容的出版管理体制改革,将原先合一的省出版集团与省新闻出版局彻底脱钩,使出版集团成为自主经营、自负盈亏的市场竞争主体,为出版业的进一步发展创造了条件。2003 年,以 21 家新闻出版单位成为文化体制改革试点单位为开端,开启了我国文化体制改革的进程,历经 9 年的不懈探索和锐意开拓,如今,新闻出版业已在文化领域率先完成了全行业改革,取得了累累硕果。经营性图书、音像出版单位基本完成转企改制,1251 家非时政类报刊出版单位转制或登记为企业法人,10 多万家印刷复制单位、3000 多家国有新华书店完成转制,100 多家新闻出版企业集团成功组建。新闻出版体制改革始终走在全国文化体制改革前列,打了一系列的攻坚战,制约发展的体制性障碍进一步消除,极大地激发了文化创造力。目前,在中国新闻出版行业,以公有制为主体、多种所有制共同发展的产业格局市场主体已基本形成,企业法人单位数量已占单位总数的 96.3%。在全国 35.7 万家新闻出版单位中,非公有制单位超过 32.4 万家,占单位总数的 90.8%。与此同时,国内一些知名出版社正在以多种形式把编辑出版的触角向外延伸,如有的中央出版社以其所控股的公司的名义,在全国一些地方注册成立分公司,利用当地的作者资源和发行销售渠道,开展图书的编辑出版和市场营销活动,占领当地的市场,为更大规模的扩张打下了基础。随着我国大的出版集团及其分支机构以及国外出版集团在我国的分支机构的建立,这种出版布局的平衡正在被打破。可以肯定,除了北京继续作为出版中心的地位无可动摇外,将来的出版机构将向出版资源和市场资源都较丰富的上海、广州等地集中,在国内将形成几个大的出版中心,其他地区的出版资源将向这些地方相对集中,大城市作为出版中心的地位将逐步弱化,出版的"集聚效应"将逐步显现。

第四章

图书编辑工作的基本制度

第一节　选题策划制度

图书编辑工作的重心体现在选题策划上,选题策划在本质上是对出版资源的再加工。分散在不同地方、以不同形态存在着的作者创意或书稿、书装设计、书号、书稿加工、审读、纸张、印制加工设备、有关媒体等资源,经过编辑的创造性劳动,才能有机整合在一起,形成有市场潜力的产品。因此,选题策划制度是出版社编辑工作的最基本的制度,选题策划也是编辑的基本功。选题是图书的基础,图书成功与否,在很大程度上取决于选题策划的质量。

一、选题的含义和基本要素

选题是出版的第一步,也是最基础的工作。选题含义有二:一指出版社关于出书的题目的构想;二指设计选题、制订选题计划的工作,也叫选题工作。一般是一本书一个选题,有时是一套书一个总的选题,下面再分列具体的题目。按照一定的编辑构思把各种选题有序地汇集起来,便成为选题计划。出版社根据选题计划开展组稿、发稿和出书等业务活动。选题策划指的是前者,即设计和构想选题。

选题是出版活动的第一项准备工作,而选题策划则是具体实施的内容。这项工作是所有编辑工作中最有创意性的一项工作,因为它决定了精神产品生产的方向。

选题由选题名称、作者简介、策划编辑、责任编辑、开本、字数(包括图片)、预计印数、出版时间、出版意图、内容提要、选题特色、选题级别、选题类别、市场预测、读者对象、策划思路等要素组成。

1. 选题名称

选题名称也就是图书的书名,是选题内容特点的集中体现。选题的名称有两种情况:一种是单本书的选题,一个选题名称是一种书、一册书;另一种是丛书、套书的选题。这样的选题包含的名称中,既有整套书的名称,同时,在丛书、套书总的名称的集合下,丛书套书中每一册书又有自己的名称。

2. 作者简介

作者是选题成功的关键,作者的创作水平和创作潜力,直接影响到选题的质量。因此,作者是选题诸要素中起关键性、决定性作用的要素。在选题论证中,对作者的评估和选择是论证的主要内容之一。因此,作者的介绍在选题中并不是可有可无的。有些选题之所以最后得不到落实,作者没有落实或是作者不称职,往往是主要原因。如某编辑策划了名为《宝岛台湾》的选题,计划请全国一位知名作家写。但该编辑急于求成,在这位作家没有完全答应的情况下就报了选题,由于这位作家没有精力完成这个选题,所以这个选题最后落了空,这说明了落实作者的重要性。但确定选题还只是整个选题工作最基本的一部分,不是具体的实施方案。选题策划就是对选题的进一步深化,所包括的内容也不局限于编辑方面,而是涉及整个具体的出版过程。

3. 责任编辑

责任编辑是选题的设计者和申报者,也可以说是选题的执行导演,在选题的实现中起着关键性的作用。在选题得到批复的前提下,责任编辑的责任,是对选题的质量负责,对选题的实现负责,对整个选题的物化和成形过程负责。选题物化、成形,涉及出版社内外多个部门的工作,在出版社内部,有编务人员、美术编辑、宣传人员等的参与,编务人员负责申请书号条码及 CIP 数据,美术编辑负责"四封"、版式、体例及书装形态的设计,宣传人员负责图书的宣传和营销。这些都需要责任编辑进行协调沟通。责任编辑的根本职责,就是通过对书稿的编辑加工,使选题及图书的质量达到出版社的出版要求。当然,责任编辑的权利与收益是对等的,图书出版后取得了效益,首先是责任编辑的功劳,但如果选题和图书的质量出了问题,责任编辑也要负主要责任。

4. 策划编辑

策划编辑与责任编辑既有共同点,又各有侧重点,策划编辑侧重于策划,即提出选题思路、选题构想或是与选题的作者取得联系。这个情况因社而异,有的出版社实行策划编辑与责任编辑合一制,编辑既是策划编辑,又是责任编辑。有的出版社把责任编辑和策划编辑分开,策划编辑一般不参与具体的书稿加工工作。从目前的情况看,策划编辑和责任编辑合一的多,策划编辑和责任编辑分开的则不多见。

5. 字数(包括图片)、开本

字数是选题不可缺少的重要因素,字数反映作者的创作能力,体现选题的规模,是出版社选题决策的重要依据。字数多,图书的印张多,图书要耗费的纸张也多,出版社用于选题的投入就越多,出版社承担的经营风险也就越大。因此,越是字数多、投入大的选题,出版社进行选题决策时,就越是慎重,对选题的论证也越是重视。在一般情况下,出版社对字数超过 100 万的选题,在选题决策时都要经过一定的程序,把对选题进行的市场预测建立在科学论证的基础上。

6. 预测印数

印数也是选题的重要组成部分,对印数的准确预计,直接关系到图书的经济效益。在选题字数一定的情况下,图书的印数只有达到或超过了出版社的盈亏平衡点,出版社才有盈利,因此,印数的多少直接影响到出版社用于图书投入的市场回报。

7. 出版时间

出版时间也是选题的重要因素。对出版社来说,出版时间具有三个意义。一是对一些时间性比较强的图书的出版时间要有一个明确的要求,如果该图书不能按照出版社要求的出版时间出版,则将影响到图书的效益。二是对出版社来说,对一些面向市场的图书,在出版时间上,必须与相应的图书订货会的时间相衔接,错过了一次图书订货会,就失去了一次市场机会,因此要对不同选题的出版时间提出不同的时间要求。三是均衡出版。在确保一些时间性强的重点图书的出版时间的前提下,出版社必须均衡安排图书生产,使其图书能源源不断地推向市场。

8. 出版意图

出版意图也就是出版目标,出版社策划的每个选题,都应有比较明确的目的,有比较清晰的出版思路,出版意图包括出书的社会意义及出书的有关背景等。

9. 内容提要

内容提要就是选题的主要内容简介,要求把几十万字的选题内容,以高度精练的概括性文字对其进行简单扼要的介绍,使其他人能从中了解选题的基本情况,以便进行充分的论证。

10. 选题特色

选题特色是选题价值的集中体现,在图书出版竞争出现同质化的情况下,一个选题要形成自己的竞争优势,必须要有自己的特色。特色包括内容特色、写作特色、题材特色等因素。如果市场上有同类图书,则要说明该选题与同类图书的不同之处。

11．选题级别

选题级别是指该选题是否为重点选题,如果是重点选题,要写明是哪一级重点,是国家级重点、省级重点还是社级重点等。

12．选题类别

写明选题属于哪一类,以便于选题管理。

13．市场预测

市场预测是选题的主要因素。选题的生命力在于市场,有市场需求的选题,才有出版的必要。这里所指的市场是一个广义上的概念,包括图书市场的零售及系统发行、直销等。市场预测的实质,就是预测图书发行还有多大的市场空间,是对图书发行的市场空间容量进行预测。当然,这个预测应该是有根有据的,而不是统计加估计的结果。

14．读者对象

读者对象也就是选题的目标读者群,是选题存在价值的集中体现。从理论上说,每个选题都应有确定的读者对象,而且读者对象切忌笼统,应该比较具体,甚至精确到具体的年龄段、社会职业群体等,这样的选题才有说服力。

15．策划思路

策划思路反映了编辑在选题策划中下的工夫。一个成熟的选题,应该有比较明确的选题策划思路,体现一个编辑的编辑思想和编辑水平,是编辑在对图书市场进行深入调查研究的基础上提出的,而不是拍拍脑袋产生的。策划思路的重点是编辑对选题策划的整体思考和运作。

二、选题策划的意义和原则

(一)选题策划的意义

选题策划就是对选题的进一步深化,所包括的内容不局限于编辑工作,而是涉及整个具体的出版过程。选题和选题策划的意义在于它是整个出版活动的起点,是创造社会效益和经济效益的起点。实践证明,图书销售成功与否,和选题与选题策划的成功与否大为有关。在出版界有句行话:选题成功了,图书出版就成功了一半。这说明了选题策划在图书编辑工作中的重要的基础性作用。

(二)选题策划的要求

选题策划是进行出版工作的基础,认真进行选题策划工作,对出版活动的质量和效益都有重大意义。由于精神产品生产不同于普通的商品生产,要受到许多社会方面的制约。这种制约形成总的出版指导方针,对于保证精神产品产生良好的社会效益有着重大的作用。另外,出版活动本身所具有的文化和经济功能也决定了出版活动要遵循一些基本原则。选题策划主要要遵循以下几点。

1. 党性原则

我国的出版事业是党所领导的社会主义事业的一个组成部分,因此,出版社编辑设计选题,进行选题策划,要以党的路线、方针政策为指导。要坚持党的"一个中心,两个基本点"的基本路线,贯彻为人民服务、为社会主义服务的出版方针,自觉地为经济建设和改革开放服务,为建设中国特色的社会主义服务。

2. 为读者服务的原则

为读者服务是出版工作的根本宗旨。要认真了解读者,研究读者的阅读需要、阅读兴趣和接受能力,以便有针对性、有目的地设计选题和进行选题策划,满足读者在学习、工作、研究和精神生活等方面的阅读需要。读者是由不同的社会群体组成的,在年龄、职业、经历、受教育程度、文化背景及地域等方面存在区别和差异。即使是年龄、职业、地域相同的读者,因其思想文化素质不同,又可分为不同的层次。不同读者群的阅读需要、阅读兴趣、阅读方式是各不相同的。因此,选题策划切忌老少咸宜,要明确具体的读者对象,根据具体的读者对象的实际情况来研究、决定书籍的内容、形式、篇幅、装帧档次和定价等问题。要从维护读者依法享有的基本精神文化权益的角度,提高对为读者服务的重要性的认识。从维护读者精神文化权益的高度看,满足读者精神文化需求不单是出版社的企业行为,不是可有可无、可多可少的,而是必须想方设法地予以确保的,这对出版社的编辑提出了更高的要求,赋予了更加重大的历史责任。

3. 文化积累原则

图书不仅要传播文化,还要积累文化。不同历史时期的优秀文化成果载入书籍以后,才有可能成为人类的共同精神财富,可以超越时代、民族、地域的界限,世代传承,造福后世。这是图书的特殊功能。设计图书选题,要注意发挥这种特殊功能,多安排一些具有重大文化、学术价值和长远生命力的选题,即使这类图书在经济上暂时亏损,也要从文化建设的长远需要出发,在出版社财力允许的条件下尽量保证出版。

4. 品牌原则

出版社的品牌原则更多地体现在重点书、精品书上。重点书代表着出版社的出版水平和出版实力,反映了出版社的出版宗旨和风格特色,对于塑造出版社的形象、提高出版社的声誉和市场竞争力具有重要意义。因此,策划重点选题是选题策划工作的首要任务。重点选题不但要落实在长远规划中,在年度选题计划中也要确保占有一定的比例。重点选题有多种类型,既有单本书选题,也有系列书及丛书、套书选题;既有篇幅短小的精品,也有规模宏大的出版工程。不论是哪一种类型的重点书选题,都应该有较高的质量和思想文化价值。例如,研究、解决重大社会课题的图书,反映各门学科研究成果的图书,总结、整理文化遗产的图书,汇集名家名作的选集,或者是实用技术读物,等等,都可能成为不同出版社的重点书选题。还有一些内容积极健康、有显著经济效益的图书,在进行选题策划时也应该予以重视。

5. 独创性和系列化原则

独创性指图书的内容、形式、写作角度和编撰体例等方面的创新。每一个选题都应该有新的构思、新的内容,形成鲜明的个性特色,避免和已经出版的图书重复雷同。出版社的选题策划也应该有自己的个性,有自己的出书思路、出书重点和出书风格,不能一味模仿别人,只有这样,出版的图书才能在读者脑海中留下鲜明的印象。系列化也是选题工作的重要要求。丛书和系列书的选题当然要符合系列化的要求,由许多单个选题构成的选题计划也应该向系列化的方向发展,使原来零散的选题逐步配套,构成一个统一的整体。为了达到系列化的要求,策划编辑人员在设计选题、制订选题策划方案时,要有出书的总体构思,合理规划各类选题的结构比例,不能随意拼凑,杂乱无章。

6. 可行性原则

选题策划作为出版社的投资项目,一旦经过实施阶段,出版社就要进行一定的投入。而出版社作为自负盈亏、自主经营的文化企业,是在低投入、高产出的过程中不断获取出版利润,把出版利润不断地用于出版的再生产,是在积累中发展起来的,因此必须把投入建立在产出的基础上。除了资助类选题外,一般的选题投入都要有一定的可行性。出版社申报的选题被列入选题出版计划后,就成了出版计划的一部分,应该努力成书出版,否则就会造成工作的被动局面和人力、物力、财力的浪费。为了达到上述目的,需要注意两个方面的问题。一是分析研究完成出版工作应该具备的主客观条件,如作者力量、编辑力量、印刷、发行条件和资金等,这些都是完成策划方案应该具备的条件。二是充分估计客观情况可能发生的变化,如读者兴趣转移、同类书增多、市场供求关系发生变化等,这些都会影响计划的稳定性和可行性。所以,在策划时应该对未来情况的变化有充分的思想准备,在策划指标、完成时间等方面注意留有余地;同时,保留一部分机动力量,以便根据新的情况提出新的选题,完成新的任务。

三、制定年度选题计划制度

（一）制定年度选题计划制度的意义和过程

按照《出版管理条例》的要求制订图书年度出版计划,是图书出版单位贯彻党的出版方针、保证出书质量的重要措施。年度选题计划申报制度,是图书编辑出版工作中的基本制度,实行并坚持这项制度的目的,是为了确保图书出版的正确导向,提高选题质量,优化选题结构。我国对出版社的年度选题计划实行两级管理制,即由国家新闻出版总署和各省、市、自治区新闻出版局对选题分别实行管理。每年年底,国家新闻出版总署都要下发关于制订年度选题(图书出版)计划的通知,根据党的中心工作,对制订年度选题计划的工作进行具体部署,提出明确的要求,要求各图书出版社将本社的年度选题计划向所在地的主管单位申报,地方出版社的年度选题计划向所在地的省级新闻出版局申报,中央出版社则向其主管部门申报,地方省级新闻出版局和中央有关部委在审查批准的基础上,报新闻出版总署备案。制订年度选题计划一般有五个特点。

1. 原则性

出版社的年度选题计划体现了一个出版社的发展方向,体现了出版社的文化追求,因此必须在一定的原则指导之下。这些原则主要有以下几条。一是坚持正确的政治方向和舆论导向,加强审核把关,确保图书政治质量。正确处理社会效益和经济效益的关系,坚持把社会效益放在首位,努力实现两个效益的有机结合。二是坚持"三贴近"原则,即贴近实际,贴近生活,贴近群众。既要弘扬主旋律,又要满足人民群众对出版物的多样性要求,多出版人民群众买得起、看得懂、用得上的实用性图书,坚决反对华而不实、铺张浪费的奢靡之风,有效禁止"高定价、低折扣"现象。三是不断优化选题结构,实施精品工程,促进出版繁荣。多出精品,逐步形成品牌,树立良好形象,防止重复出版和滥炒"热点",杜绝粗制滥造,减少平庸之作,满足人民群众的精神文化需求,不断促进社会主义物质文明、政治文明、精神文明的协调发展,推进中华民族的伟大复兴。四是加强管理,坚持选题的审核制度和书稿的"三审制度",提高出版质量。认真执行《图书质量保障体系》和《图书质量管理规定》,要从选题环节入手,全面提高图书出版的整体质量。五是要注意发挥本社的出版优势、资源优势和专业特长,努力在出版实践中形成自己的特色和品牌。六是继续实施"走出去"战略。为了适应我国加入世界贸易组织和走向世界的需要,鼓励出版单位开拓国际图书市场,有计划地安排一些面向国外图书市场和海外华人的重点选题。

2. 重点性

出版社的年度选题计划并不包括该社所有计划在新的一年出版的新书,而只是该社的主要出书品种。在一般情况下,出版社每年出版的图书可分为两部分,一部分是列入年度选题计划的选题,另一部分是根据市场需求的变化而临时增补的选题。与临时增补的选题相比,年度选题计划的选题更为系统、更为完整,较好地反映了该社的出书优势和出书特色,反映了该书的图书品牌。在数量上,列入出版社年度选题计划的选题一般占出版社年出新书的一半左右。在出版社的年度选题计划中,重点选题是主干,重点选题体现了出版社的编辑力量、选题策划能力和品牌优势。

图书出版工作有较强的政治性,因此出版社每年对于重点都有所侧重。如国家新闻出版总署在《关于制订2012年出版计划的通知》中提出了14个方面的重点选题。通知围绕深入贯彻落实十七届六中全会精神、深化文化体制改革、落实"十二五"规划等重大问题,提出了制订2012年图书、音像、电子出版物出版计划的14个重点。一是围绕六中全会对文化改革发展提出的新任务和新要求,推出一批有深度、有影响的重点选题。二是迎接党的十八大胜利召开,积极组织一批弘扬主旋律的出版物选题。三是组织和出版一批全面推进社会主义经济、政治、文化、社会以及生态文明建设和党的建设的理论研究读物、通俗读物、音像和电子出版物;着力推出一批以研究和探讨加快转变经济发展方式等为主题的选题。四是着力推出一批马克思主义经典著作和马克思主义中国化、时代化、大众化的重要研究成果,推出一批加强中国特色社会主义理论体系研究、不断提高党的执政能力的选题。五是组织一批紧密结合中国特色社会主义成功实践,回答当前干部群众关注的重点思想理论问题和社会热点难点问题的通俗理论读物;策划一批配合开展形势政策教育、国情教育、革命传统教育等需要的教材和辅导读物。六是推出一批大力弘扬民族精神和时代精神的选题。七是推出一批有关宣传社会主义荣辱观、弘扬中华传统美德、推进公民道德建设工程的选题,推出一批服务于群众性精神创建活动、学校德育体系建设等的选题;深入开展反腐倡廉教育,推出一批加强廉政文化建设的选题。八是策划一批具有中国特色、中国风格、中国气派的哲学社会科学选题;推出一批以重大现实问题为主攻方向,对全局性、战略性、前瞻性问题深入研究的选题。九是充分重视自然科学和科学技术领域学术成果的出版,支持科技成果向现实生产力转化方面读物的出版。十是实施精品战略,鼓励原创和现实题材创作出版,策划一批思想性、艺术性、观赏性相统一,人民喜闻乐见的优秀文艺作品选题。十一是加强古籍整理和出版工作,加强少数民族语言文字出版物的译制出版工作。十二是安排一批以保障和改善民生、促进社会公平正义等为着力点的相关选题;关注并策划一批有关贫困地区、困难人群及残疾人等特殊群体方面的选题;服务农家书屋工程建设,加强农业实用科技等方面读物的出版。十三是加强青少年思想道德教育,重点推出一批自觉践行社会主义荣辱观的出版物;推出一批弘扬科学精神,普及科学知识的优秀科普类出版物;推出一批体现中国元素、传承中华文明的优秀原创连环画、动漫图书和音像、电子出版物。十四是进一步实施"走出去"战略,推动中华文化走向世界,对外翻译出版一批优秀文化学术成果和文化精品;同时,积极吸收、借鉴国外优秀文化成果,注重翻译出版一批适应我国经济、社会和文化发展需要的高质量、高品位的图书和音像、电子出版物。

3. 计划性

出版社的选题计划并不是可有可无的,而是出版社为改革开放和经济建设服务的具体表现,体现了出版社的发展方向和发展规模,因此要有一定的计划性。这个计划性,反映了该出版社在新的一年中的出书结构和出书重点,反映了该出版社的图书版块结构是否合理,是否体现了出版工作为全党全国工作大局服务的思想,是否弘扬了主旋律、坚持了多样化,是否符合其专业出书分工的范围,是否突出了重点,是否有市场竞争力。当然,由于图书市场处在激烈的竞争之中,出版社的选题计划也并不是一成不变的。出版社在实施年度选题计划的过程中,应根据图书市场的变化发展情况,对选题计划进行必要的调整和更新,对那些因市场需求的变化而不再有市场销路的选题,及时调整,使出版社的选题能和着市场的节拍,在适应市场的过程中,引导市场、培育市场。

4. 连续性

年度选题计划反映了出版社的出书结构和出版优势,体现了出版社的竞争实力,因此是出版社全年编辑工作的重头戏,在编辑工作中有一定的连续性。这种连续性主要体现在,年度选题计划是出版社出书特色的集中体现,而一个出版社的出书特色和出书优势并不是一朝一夕形成的,它经历了一个逐步优化、逐步拓展、逐步延伸的过程,在这一过程中,出版社在淘汰那些缺乏市场生命力选题的同时,对那些经过市场检验的选题,进行进一步的论证、修订,使之更为完善,更能体现出版社的核心竞争力。也就是说,一个出版社的出书特色和出书优势,是在长期的滚动式积累中形成的,是通过每年的选题计划中的特色和亮点体现出来的。出版社当年的选题计划,既是上一年度选题计划优势的延续,又是上一年度选题计划的进一步完善和拓展,同时又为下一年度的选题计划的提升打下了基础。因此,有经验的出版社领导,都把制订年度选题计划当作关系到出版社可持续发展的重大工作来抓,投入主要的精力。在组织编辑进行市场调查的基础上,采取个人申报、编辑室和出版社逐级论证的形式。在逐级论证的过程中,对那些既无社会效益,又无经济效益的平庸选题予以淘汰,从编辑们申报的选题中,遴选出那些有文化积累价值和市场潜力的选题,最后以出版社的名义上报出版行政部门。获得出版行政部门的批复后,出版社所制订的年度选题计划才能得以实施。

5. 基础性

出版社的选题计划,是编辑出版工作的基础,出版社所有的工作,都是围绕着选题计划而展开的。这项基础工作兼有个体性和整体性的特点。

个体性表现在,出版社制订的年度选题计划,建立在每个发稿编辑申报的基础之上。按照图书出版社编辑的资质管理,在出版社,具有中级以上编辑系列职称的编辑才有独立的发稿权,才能单独申报选题。有独立发稿权的编辑,也就是能独立担任责任编辑的人员。这些有独立发稿权的编辑,成了出版社编辑队伍中的主干力量。

申报选题是每个发稿编辑的基本职责,是编辑创造性劳动成果的体现,也是编辑能力的显示。从选题的操作程序上说,出版社的选题申报属于个人行为,每个发稿编辑必须自己提出年度选题。在出版社出书范围及出版社所确定的版块结构内,发稿编辑有着较大的选题策划空间,任何一个选题领域,延伸开去,都是一个十分可观的选题策划资源。编辑报什么选题,不报什么选题,申报的选题质量如何,体现了各个编辑不同的编辑思想和选题策划思路,体现了编辑的素质。

整体性表现在,出版社的选题并不是各个编辑所申报选题的简单汇总,也不是每个编辑申报的选题数量的相加。出版社的每个选题,在一定意义上也是一个投资项目,选题一经获得批准,出版社便要投入一定的人力、财力和物力,这些投入少则几万元,多则几十万、几百万,而(经营性)出版社作为自负盈亏的企业,既要讲投入,更要讲产出。出版社必须在确保选题投资效益的情况下,才能决定一个选题是否应被列入选题计划。投资效益包括社会效益和经济效益。有的选题有社会效益,虽然在经济上难以收回投资,但有较大的文化积累价值,能打造出版社的图书品牌,这样的图书,即使是亏损,也应出版;有的选题有经济效益,能从市场回报中得到可观的收益,也应出版。从出版社选题决策机制上说,选题申报既是出版社的企业投资行为,也是出版社为发展、繁荣社会主义文化而进行的文化建设工作,因此不能由个人的好恶决定,而要符合出版社乃至国家的利益,要与图书市场的需求对接。符合国家的利益就是要有利于社会的稳定,有利于营造良好的舆论氛围。编辑申报的选题,必须经过编辑室和出版社的两级论证,经过两道关口。

出版社选题计划的个体性和整体性是一个互动的关系,一方面,出版社整体选题质量的提高,有赖于每个编辑申报的选题质量的提高,有赖于每个编辑策划的选题价值含量;另一方面,每个编辑申报的选题质量的提高,也离不开出版社团队的文化氛围。出版社浓厚的文化氛围,主要体现在出版社组织的选题集体论证中,在坚持正确导向和符合出版社的总体选题策划思路的情况下,能使编辑在集体论证的思维碰撞和思维放电的过程中,通过取长补短实现优势互补,使编辑的选题策划思路更加开阔,选题切入的视角更加新颖,选题的内涵更加丰富,选题的质量也在有效的论证中不断得到提高。

四、年度选题计划执行制度

出版社的年度选题计划经过出版行政部门的正式批复后,就成了该出版社在新的一年中应该完成和必须完成的重要任务,而不是可有可无的任务。每年年底,出版行政部门也要按照出版社在上年年底制订的选题计划,对出版社执行年度选题计划的情况进行检查。去除某类图书市场变化的因素,在一般情况下,出版社的年度选题计划的实现率应该在 50%以上。近年来,由于图书市场的变化,出版社的年度选题计划的实现率一般在 30%左右。出版社的年度选题计划是经过出版社自下而上的多次反复论证而形成的,体现了出版社对图书市场的认识,体现了该出版社的出书重点和图书建设的主干,体现了该社市场竞争优势和品牌优势,体现了出版社可持续发展的能力,体现了队伍素质,同时也体现了社领导和编辑们创造性思维的劳动成果。然而,在出版社年度选题计划的实施过程中,往往有这样的情况:有的出版社在制订年度选题计划时,由于准备不足,对选题的论证流于形式,使一些不具备申报条件的选题列入了年度计划。如有的编辑申报的选题,并没有经过市场调查,而是想当然,拍脑袋,这样的年度选题计划基本上失去了计划的意义,成了一种摆设,成为一种应付。为了维护年度图书出版计划的严肃性,一些地方的出版行政部门将出版社执行年度图书出版计划的情况列入对出版社的考核范围,作为对出版社进行年检的内容之一,并将出版社完成年度图书出版计划的情况与书号的发放挂钩,促进出版社重视年度图书出版计划,把执行年度图书出版计划作为一件大事予以认真对待。

年度选题计划既包括新书计划,又包括再版、重印书计划。每个出版社在申报下年拟出版的新书的同时,还要将下一年根据市场需求准备再版或重印的图书计划申报备案,两者要保持合理的比例。再版和重印书反映了一个出版社的出书品种的积累,反映了出版社的市场可供书的品种。一个出版社可供书的品种,反映了该出版社的发展后劲和市场竞争力。一些发展后劲大的出版社,可供书的品种都在年出新书的 2 倍以上,有的更多。因此,在年度图书出版计划中,再版和重印书品种的数量也是年度出版计划的重要组成部分,要在确保图书整体质量的前提下,根据出版社的选题策划能力和出版社的经济实力,逐步增加新书品种,逐步扩大图书出版的规模,不宜过分追求新书品种的增加。要努力提高图书质量,以增加再版、重印书的比例。

五、重大选题备案制度

国家新闻出版总署根据《出版管理条例》的规定,把涉及国家安全、社会稳定等方面内容的选题,以及可能对国家政治、经济、文化、军事等产生较大影响的选题列为重大选题范畴,要求出版社出版前必须履行备案手续。这是出版工作为全党全国工作大局服务的需要,也是加强宏观管理、促进出版事业繁荣发展的重大举措。

重大选题,是指涉及国家安全、社会安定等方面的内容,对国家的政治、经济、文化、军事等会产生较大影响的选题。按照国家新闻出版总署的规定,对重大选题必须实行备案制度。重大选题具体包括以下方面。

(1) 有关党和国家的重要文件、文献选题。

(2) 有关党和国家曾任和现任主要领导人的著作、文章以及有关其生活和工作情况的选题。

(3) 涉及党和国家秘密的选题。

(4) 集中介绍政府机构设置和党政领导干部情况的选题。

(5) 涉及民族问题和宗教问题的选题。

(6) 涉及我国国防建设及我军各个历史时期的战役、战斗、工作、生活和重要人物的选题。

(7) 涉及"文化大革命"的选题。

(8) 涉及中国共产党党史上的重大历史事件和重要历史人物的选题。

(9) 涉及国民党上层人物和其他上层统战对象的选题。

(10) 涉及苏联、东欧以及其他兄弟党和国家重大事件和主要领导人的选题。

(11) 涉及中国国界的各类地图选题。

(12) 涉及香港、澳门特别行政区和台湾地区图书的选题。

(13) 大型古籍白话今译的选题（指500万字以及500万字以上的项目）。

(14) 引进版动画读物的选题。

(15) 以单位名称、通讯地址等为内容的各类"名录"的选题。

出版单位向新闻出版总署申报重大选题备案时，应当填写备案登记表并提交下列材料：一是备案申请报告；二是选题、书稿、文章、图片或者样片、样带；三是出版单位的上级主管部门或所在地党委宣传部门的审核意见。备案的程序是由出版社提出申请，经省级新闻出版局同意后，转报国家新闻出版总署，新闻出版总署自决定受理备案之日起30日内，对备案申请予以答复或者提出意见，逾期未予答复或者提出意见的，备案即自动生效。新闻出版总署对备案的重大选题进行审核，必要时可以转请有关部门协助审核。由国家新闻出版总署根据备案选题的内容，分别请国家有关部委进行审读。出版社在写选题备案报告时，要把握好几个基本点。一是备案报告中要详细介绍所提请备案图书的作者等有关背景资料。二是写明提请备案的几个主要问题，如一本书有几十万字，这几十万字中，编辑需要备案的是哪些难以把握或是把握不准的问题。

六、选题名称更改备案制度

图书选题由选题名称和内容两部分组成，其中选题名称是选题的基本要素。选题一经批准，编辑在选题成形物化的过程中，要严格按照选题批复的意见执行，在执行过程中不能我行我素，想怎么就怎么。如果编辑在执行选题计划的过程中发现原有的选题名称需要修改，或是与其他出版社出版的图书同名，或是觉得选题名称的卖点不够突出，则必须履行选题名称更改的报批手续。

七、重点选题计划制度

出版社的选题计划中，各级重点选题计划起着重要的支撑作用。重点选题一般由国家级重点选题、省级重点选题和社级重点选题组成，其中国家级重点选题体现了国家文化建设发展的水平，省级重点选题体现了省级文化建设发展的水平。

1. 国家级重点选题计划

国家重点图书出版规划是我国图书出版界认真落实"三个代表"重要思想和科学发展观,进一步实施精品战略,繁荣出版事业的重点文化出版工程。国家级重点选题计划一般是五年制订一次,与国家的"五年"计划基本上同步。如目前出版界正在落实的"十二五"(2010—2015年)国家重点图书出版规划,其指导思想是:高举中国特色社会主义伟大旗帜,以马克思列宁主义、毛泽东思想、邓小平理论和"三个代表"重要思想为指导,深入贯彻落实科学发展观;坚持为人民服务、为社会主义服务的方向;坚持"百花齐放、百家争鸣"的方针;以传承文明、积累文化、服务时代、繁荣出版为主要任务,弘扬中华文化,总结中国特色社会主义伟大实践和理论创新,反映哲学、社会科学、人文科学和自然科学与工程技术研究成果,促进全民族思想道德素质和科学文化素质的不断提高,促进社会主义文化大发展大繁荣。同时,体现了新闻出版总署要求的 10 个重点:一是深入实施马克思主义理论研究和建设工程,组织马克思主义中国化、时代化、大众化方面的重点选题,加强中国特色社会主义理论体系研究,包括马克思列宁主义、毛泽东思想、邓小平理论、"三个代表"重要思想和科学发展观的研究性和普及性重点选题。二是着眼于建设马克思主义学习型政党,提高党的执政能力,结合党的思想建设、组织建设、作风建设、制度建设和反腐倡廉建设,加强党建理论、廉政文化出版物出版。三是切实把社会主义核心价值体系融入国民教育和精神文明建设全过程,围绕构建和谐社会,全面推进经济建设、政治建设、文化建设和社会建设各个方面协调发展,加强社会公德、职业道德、家庭美德、个人品德建设,重点安排一批宣传加强社会主义思想道德建设,弘扬优秀民族精神,倡导爱国主义、集体主义、社会主义精神的选题。四是坚持中国特色社会主义的发展道路,密切结合中国特色社会主义的伟大实践,总结中国经济社会发展的经验,加快转变经济发展方式,推进经济结构战略性调整。围绕实现我国未来五年经济发展目标,组织一批深化社会主义市场经济规律认识,提高宏观经济调控水平,调整优化经济结构,增强自主创新能力,统筹城乡发展、区域发展、经济社会发展、人与自然和谐发展以及推进社会主义新农村建设等方面的选题。五是牢牢把握各民族共同团结奋斗、共同繁荣发展的主题,巩固和发展平等、团结、互助、和谐的社会主义民族关系,组织一批围绕民族地区、边疆地区经济社会发展、民族团结、社会稳定、地区协调发展的选题。六是充分反映对国民经济建设和社会发展具有重大推动意义、具有自主创新能力的科学技术研究成果;与国家重大科研机构的科学研究成果紧密结合,关注能源开发、信息网络科技、农业科技研究、健康科技、生态环境科学、空间和海洋科技、国家安全科技等方面的最新进展,促进科学技术推广并尽快转化为生产力,以及具有国际领先地位的和填补空白价值的科研成果的出版物出版。同时,要重视新兴边缘交叉学科和跨学科综合研究性出版物的出版。七是准确把握社会文化发展的新特点和人民群众的新期待,深入社会实践,热情讴歌昂扬向上的时代精神,努力推出更多反映人民主体地位和现实生活、人民群众喜闻乐见的优秀文学艺术作品。针对未成年人思想道德建设、文化建设,重点安排一批形式多样、内容生动的思想道德建设、文化建设的原创性文学、科普类选题。八是坚持古为今用、洋为中用。深入挖掘、抢救、整理我国优秀的文化遗产,重点安排具有重大文化传承价值的古籍出版。积极吸收外来有益的文化,有目的地翻译引进一批我国经济建设急需的各类高质量的出版物,尤其注意引进国外先进的科技、经济、管理类出版物。九是加强对外文化交流,充分利用中国优秀文化出版资源,组织具有民族特色、弘扬中华文化、适合对外推广、面向世界的文学艺术、历史文化、汉语教学等各类选题,推进传播手段和技术创新,增强中华文化的国际影响力。十是围绕党和国家重要政治活动和重大历史事件,充分做好以下几件政治和历史大事的选题组织工作:2011 年中国共产党建党 90 周年、辛亥革命 100 周年;2012 年建军 85 周年;2013 年毛泽东同志诞辰 120 周年;2014 年中华人民共和国成立 65 周年、邓小平同志诞辰 110 周年;2015 年世界反法西斯战争暨抗日战争胜利 70 周年;等等。

"十二五"重点图书出版规划的申报,以各省、市、自治区新闻出版局和中央级出版社的主管部委为单位,向国家新闻出版总署申报,经国家新闻出版总署批复后,由各出版社执行。在制订"十二五"国家重点图书出版计划的同时,国家新闻出版总署在五年期间,要对全国各出版社执行计划的情况组织必要的检查,并在五年当中根据变化了的情况,要求各省、市、自治区的新闻出版局对国家重点图书出版计划进行必要的调整和充实,以确保"十二五"图书出版规划的质量。

2. 省级重点图书出版计划

各省级新闻出版局在向国家新闻出版总署申报国家级重点图书出版计划的同时,还应从本地的实际出发,制订本地区的重点图书出版计划,并从本地区的实际出发,对重点图书出版提出具体的要求,以作为实施地方精品战略的组成部分。为确保重点图书出版计划的如期实施,各省级新闻出版局要多在资金等方面予以扶持,如在出版专项资金的使用方面向省级重点图书出版项目倾斜,以调动广大出版社实施重点图书出版计划的积极性。

3. 社级重点图书出版计划

图书出版社应结合本社实际,制订本社的重点图书出版计划,实现出版社的可持续发展。

八、增补选题计划制度

(一) 增补选题的特点

增补选题作为年度选题计划的补充和延伸,是出版社根据一个时期的市场特定需求策划、申报的选题。与年度选题计划的选题相比,增补选题有这样几个特点。

1. 延伸性

严格地说,增补选题也是出版社年度选题计划的组成部分,所不同的是,出版社在申报年度选题计划时预留了一定的选题数量,因此,增补选题不但能体现出版社的出书特色和出版优势,而且在一定意义上应该成为出版社原有选题优势的延伸。特别是出版社的品牌图书,在出版社制订年度选题计划时,由于作者、稿件等原因,一时可能没有得到落实,这时就可采取在年度计划中增补的形式,对图书品牌进行拓展,增加品牌的品种系列,做大品牌蛋糕。

2. 即时性

由于年度选题计划制订申报都是在上年底或是本年初,对当年全年的图书市场情况不可能了解得很透彻,只能通过增补选题的形式进行补充。如于2012年10月召开的党的十八大,时间在2012年的第四季度,这是全党全国的大事,因此是出版社必须花大力气做好的重点选题,由此,有关学习、宣传、贯彻党的十八大和十八届一中全会精神的选题,就成了2012年的增补选题的重点。

3. 针对性

图书市场随时处在动态的变化发展之中,在经济全球化浪潮的冲击下,国际政治与经济连成了一体,世界任何一个角落发生的大事,都会引起世人的关注,从而派生出无尽的社会热点。国内外各种新的社会热点的不断出现,为出版社的选题策划提供了取之不尽、用之不竭的资源。如2012年的"神九上天"、叙利亚内战等,都成了出版社争相捕捉的热门选题。这类选题大多时间性比较强,都是针对某个时期、某个领域、某个特定读者群的特定需求的,因此出版社要以最快的速度完成选题的策划和制作,并以最快的速度,在第一时间内将其推向市场。如2012年"神州九号"在太空与"天宫一号"成功对接后,立刻在全国兴起了宣传的热潮,不少出版社事先做好了有关选题准备,"神州九号"落地后不久,相关图书就被推出,最快的图书只用了一周的时间就投放市场。显然,目前,随着市场变化发展起伏的加大,出版社的增补选题占年度选题计划的比例,有逐步加大的趋势,这从一个侧面反映了出版社的选题正在努力适应市场、引导市场,在市场的吸纳中求得生存和发展。

(二)重视增补选题的质量

如上所述,与年度选题计划系统性、重点性等特点相比,增补选题的特点是拾遗补缺,大都属于短、平、快的项目,并通过这些拾遗补缺的项目,对出版社的年度选题计划起着一定的充实、完善作用。但在肯定增补选题作用的同时,也不能忽视其质量问题。有些出版社不重视增补选题的质量,给一些可出可不出的资助、协作类选题大开绿灯,使增补选题成了平庸选题的"避风港";有的编辑在年度选题计划中提不出有价值的选题,便退而求其次,把精力用于策划资助类选题。这类选题的特点,是出版经费全由作者或作者所在单位承担,图书的发行也由作者或作者所在单位实行包销,出版社不用投入一分钱,不会有库存产品,没有任何经营风险。近年来,不少出版社的此类选题有逐年增加的趋势,引起了出版界的关注。有的出版社全年所申报的增补选题中,绝大部分是资助、协作类图书,增补选题成了出版社申报资助、协作类选题的主要渠道,有的出版社出版的资助、协作类图书,甚至超过了非资助、协作类图书。在资助、协作类图书的编辑出版中,出版社的编辑不用费多大的劲,只要编编稿件,就能完成出版社下达的考核任务。

协作出版是出版改革中出现的一个新的做法,其本意是利用社会力量,扩大资金来源,解决学术著作、自然科学和工程技术方面图书出版难的问题。因为学术著作、自然科学和工程技术方面的图书印数较少,出版成本高,难以获利,出版社无力承担亏损,因此需要利用协作出版的形式,争取有关单位的财力支持,使一些有价值的学术著作能及时得到出版。这种办法自1984年试行以来,对缓解学术著作出版难起到了一定的作用。但目前的问题是,在经济利益的作用下,协作出版的范围在实际中逐步扩大,从学术著作、自然科学和工程技术方面的图书扩大到行业用书及由非国家出版单位经营运作的图书。

目前协作出版的图书主要有四类。第一类是原先规定的学术著作、自然科学和工程技术方面的图书。如有的作者的研究课题得到了科研经费的资助,这笔资助的经费就成了出书的补贴费用;有的作者在出版个人专著时得到了社会有关机构或个人的资助,或是学校用于教学的教材。第二类是有关行政部门出版用于在本行业征订发行的图书。第三类是作者为了评职称,将自己在报刊上发表的一些文章汇编成册,自己出资出版。第四类是一些民营书业企业以合作出版类图书的形式取得对图书的经营运作权,从中获取出版利润。图书市场上的畅销书,有相当一部分就是民营书业企业与出版社合作出版的。不能否认,资助、协作类选题中也不乏精品,但有相当部分是可有可无的图书。资助、协作类图书在经济上有三个特征:一是出版社不用垫付纸张、印刷等出版费用;二是没有图书库存,这类图书的盈亏均由作者或作者所在单位自行解决;三是出版社可名正言顺地从中收取协作出版管理费。管理费的标准也是行情看涨,从前些年的四位数增加到目前的五位数。近年来,随着社会经济的发展,要求以协作出版的形式出版图书的个人和单位不断增多,出版社则是应接不暇。在协作出版"市场需求"的拉动下,一些出版社协作出版类图书的数量也同步增长,有的出版社申报的增补选题中,绝大部分都是协作出版的选题,有的出版社以协作出版形式出版的图书甚至超过了年度选题计划的数量。

如果说从产品生产指标的有偿转让中获取收益对一般企业来说是不可思议的话,那么在图书出版社却是实实在在的现实。协作出版图书增多的原因是多方面的。首先,在我国对出版业实行审批制特别是对图书出版社使用的书号实行总量控制的政策环境下,书号成了稀缺的市场资源,书号不仅使作者的作品得到较高的社会承认,还能产生高于社会平均利润率的高利润,因此产生了一定的市场价值,吸引了大量出版体制外的资金(包括国有和民间的)以协作出版的形式介入出版经营,分食出版利润。其次,有的出版社由于对市场把握不准,面向市场的一般图书积压库存逐年增多,而协作出版基本上不需要投入,而且又没有经营风险,只要在政治上不出问题就成,这些出版社从协作出版的管理费收入中找到了生存、生财之道,虽然仓库的图书越堆越高,但日子还过得比较滋润。再次,在协作出版的图书中,也确实有部分属于原先规定的学术著作、自然科学和工程技术方面的图书,但这类书的数量不会很多。

协作出版好比是把双刃剑,在给出版社"送"上利润的同时,也在一定程度上滋长了部分编辑的惰性。有的出版社虽然给每个编辑下达了一定的考核指标,但由于创收的经济指标比较低,加上有协作出版的"天然优势"作经济后盾,编辑并不会感到有很大的压力,只消从上门联系协作出版的作者中找几个对象,报几个协作出版的选题,便可轻而易举地完成创收任务,这样即省事、省心,又不会赔钱,用不着挖空心思地去琢磨选题,也用不着承担图书亏损的经济损失风险。有的编辑则坦言,如今的图书市场变化莫测,走市场的图书风险太大,还是协作出版的图书比较保险。有的老编辑甚至公开讲:"我的水平不高,能力有限,只能报几个协作出版的选题。"更值得注意的是,这种"弱智化生存"的形式,在一定程度上削弱或降低了出版社的核心竞争力。选题策划本来是一种在较高智力水平上进行的创造性劳动,是对市场资源的整合,而对协作出版的依赖性,使得一些本来有可能在图书选题竞争中创新出奇、增长才干的编辑,在只需要对书稿进行文字加工的技术性劳动中,逐渐弱化了创造性思维,不利于提高出版社的核心竞争力,不利于出版人才的成长。从长远来看,出版社的优势并不是也不应该是书号自身的价值,而是对出版市场资源的优化配置和整合能力,使出版资源在富于创意的整合营销中产生成倍的增值效应,而并不是靠廉价转让图书的特许经营权过日子。

九、书号实名申领制度

为更好地发挥政府对行业的服务和引导作用,更好地服务出版业,方便基层工作,减少管理环节,减轻出版单位负担,提高行政和生产的效率,降低全行业的运行成本,使管理更加科学化、制度化、规范化、现代化,有助于建立和探索与社会主义市场经济体制和中国特色社会主义出版事业相适应的管理体制和机制,有利于出版业科学发展,从2009年起,新闻出版总署全面实施书号实名申领工作,取消了条码收费项目,理顺了书号、条码和在版编目管理体制。书号实名申领是指出版单位在图书出版活动中按书稿实名申领书号,有关部门见稿给号,一书一号,规定出版单位在按规定完成书稿"三审"程序后,方可进行书号实名申领,对涉及党和国家领导人等重大题材作品和涉及国家安全、社会安定等方面的重大选题,要严格执行重大革命和重大历史题材作品管理办法和图书重大选题备案办法,在履行重大选题备案手续后方可进行书号实名申领,并规定出版单位不得向任何单位或者个人出售或者以其他形式转让本单位的书号。

在申领程序上,做了五条规定。一是书号实名申领通过基于互联网的计算机系统(书号实名申领信息系统)实现,书号实名申领工作涉及的部门、单位应依据工作流程和职能通过该系统进行相关工作。二是出版单位已完成"三审"的书稿才可随时通过网络进行书号实名申领。申领书号的信息要完整、真实、准确。书稿出版后要向有关部门及时报送有关出版物信息,并按规定向出版行政部门送缴样本。三是各省、自治区、直辖市出版行政部门(或负责中央出版单位书号实名申领工作的有关部门)应对所辖出版单位的申请在 7 个工作日内通过书号实名申领信息系统予以办理。四是新闻出版总署出版管理司负责对书号实名申领工作进行管理、监督,发现问题及时纠正。五是新闻出版总署条码中心负责通过计算机信息系统进行书号编制和条码配发工作,对书号实名申领信息系统及出版物信息数据进行维护,保障其安全、稳定运行,并在条码制作、发放等方面探索与书号实名申领相适应的工作模式。

第二节　图书市场调研制度

出版社出版图书的目的,并不是为了孤芳自赏,更不是为了摆门面,而是为了适应和满足读者的需求,通过市场销售来体现图书的阅读价值,为社会主义文化的发展繁荣做出贡献。图书市场既是出版社实现图书价值、发展出版产业的终端,也是检验出版社图书产品的场所。离开了图书市场,脱离了读者需求,图书就成了一堆废纸,因此,市场调研制度是最基本的编辑工作制度。

出版社所面对的市场,具有两层次含义,一是指卖场,即数以万计的零售书店,这些零售书店是展示出版社产品、使出版社的精神产品与读者见面的场所,是沟通出版社与读者的桥梁,是实现图书价值的卖场,也就是通常所说的出版物的终端市场。二是指读者,是读者所在的社会组织、读者工作生活的场所,如学校、企业、社区、部队、机关和农村的乡镇、村庄等。这两个层面的市场作用不同,实现图书价值的方式也有所不同,两者互为作用,互相影响,成为出版社编辑不可忽视的重要而又有效的市场。

图书编辑工作的调研工作,按照调研的范围、规模等,可以分为四种。

1. 书市调研

书市调研也叫图书交易会调研。图书交易会调研的特点是,调研的规模大,调研的对象众多,调研的空间广阔,调研的信息量比较大。如今,我国各种大小不等、规模不一的图书交易会,形成了一个巨大的图书交易会体系。就全国范围而言,最具有代表性的是每年都要举办的三大图书交易会,这已成为广大编辑了解图书市场信息的大集市,这三个由国家新闻出版总署主办的全国性的图书交易会是:第一,北京图书订货会(该订货会展出的都是社科类图书,由中央党校的社科图书订货会演变而成,最早由中央党校主办,之后改由中国出版工作者学会主办,从2011年起改由新闻出版总署主办、由中国版协承办,因此也叫社科类图书订货会);第二,全国图书交易博览会;第三,北京国际图书博览会。除了由政府组织推动的全国性图书交易会外,每年由各个专业出版社联合举办的各种图书订货会,成了仅次于全国性图书交易会的盛会,如由全国版协大学出版专业委员会主办的大学出版社图书订货会、全国少儿类图书订货会及分片举办的少儿类图书订货会、全国地方科学技术出版社联合订货会、全国美术出版社联合订货会、全国文艺出版社联合订货会等。此外,还有每年一次的香港书市以及海峡图书交易会。这些规模不等的众多图书交易会,为出版社编辑开展全方位的市场调查提供了有价值的市场平台。利用这个平台,编辑可以在短时间内了解到大量的图书信息,接触到大量的业内外人士,可以尽情地分享信息大餐,从中受益。图书交易会的特点是信息量大,但这些信息比较庞杂,需要编辑在分析的基础上,对所收集到的信息进行过滤。从编辑收集图书市场信息多渠道、多方位的角度上说,图书交易会的信息仅仅是一个重要方面。

2. 书店调研

书店调研又叫卖场调研。各种书店也是编辑调研的重要对象。全国现有的12000家国有书店和10万多家民营零售书店,为出版社编辑开展市场调查提供了广阔的天地。与图书交易会相比,虽然书店的规模不大,但编辑可以进行比较细致的职业调查。如可以通过对书店有关图书销售记录的分析,了解某类图书细分市场的具体情况,还可以了解自己所在图书出版社图书的上架情况和具体销售情况,知道哪些书比较畅销,哪些书不受欢迎。书店调研的形式多种多样,可以在书店开展读者问卷调查,也可以通过在书店站柜台,以营业员的身份与读者进行零距离的接触,了解到第一手的真实信息。

3. 社会市场调研

社会市场调研也是市场调研的重要组成部分,而且是不可缺少的组成部分。出版社的市场有两层意思:一层意思是指出版社产品销售的场所,即各类书店;另一层意思是指出版社产品的购买对象,即读者。从某种意义上说,读者市场才是真正意义上的市场,但有些出版社的编辑对这个市场有所忽视。编辑在调查过程中,可以亲身感受和体验读者的精神文化需求,可以真切地了解到读者对图书的种种需求,特别是个性化的需求,而这样的信息,平时在办公室是接触不到的。调研时,可选择若干个有代表性的单位,或是学校,或是企业,或是社区,或是农村的村民小组,将定量收集与定性分析结合起来。定量调查主要通过设计一些问卷调查表进行,调查表中提出一些有针对性的问题,请特定的读者以无记名的方式填写,从中了解特定读者群带有倾向性的需求。这样有助于编辑更好地把握读者需求的脉络,确定读者需求的总和。定性调查主要通过分层次召开一些座谈会进行,了解不同读者群的不同需求,从中了解读者的具体需求。把定量调查的数据与定性调查的分析结合起来进行考量,就能很明显地看出读者精神文化需求变化、发展的走向,为加强编辑工作的针对性、有效性提供有说服力的依据。如某出版社编辑原来感到为"三农"服务的选题没有市场,认为农村的选题策划比较难,于是下到农村,来到农户家中,通过召开各种座谈会、向读者发放读者问卷调查表等形式,与农村的干部、专业户、老人、青年进行多层面的接触,从中了解到农村的读者不是不需要图书,不少面向农村发行的图书与农民的需求脱节,农村读者渴求各种知识,如指导农民科学种田、科学养殖、科学经营的知识,指导农民加强保健的知识,指导农民维护自身合法权益的知识,帮助农民了解党和国家各项方针政策的知识,等等;同时还了解到农民对图书的装帧、开本、定价等有着特殊的要求,由此丰富了策划农村读物的编辑思想,拓展了策划农村读物的编辑思路。

4．数据调研

数据调研也是一种科学的调研方法,而且是一种实证式的调研方法。这种调研方法的特点是通过对所采集到的大量图书市场数据的分析和解读,认识和掌握图书市场的走势,认识和发现不同读者群需求的变化、发展的曲线。近年来,随着我国图书出版统计工作的日益建立健全,随着我国有关图书市场数据发布工作的日益规范化,对全国图书市场有关数据的了解不再是一件很困难的事。对编辑的市场调查来说,图书市场数据收集的渠道可以说是越来越多,主要有三个来源。一是新闻出版总署每年向社会发布的全国新闻出版统计资料中公布的数据,其中既有图书市场销售额的数据(包括当年全国的图书总销售额和纯销售额,总销售额包括市场零售和新华书店系统内部的调拨的数字,纯销售额则是反映全国当年图书零售的实际数额),也有全国所有出版社当年的定价总金额(即总产值)及每个出版社的定价总金额,还有全国各类图书的生产和销售实绩。通过这些数据的变化,可以了解到图书市场及各个细分市场的读者需求的变化情况,了解自己出版社在全国所处的位置,了解自己编辑的图书在全国同类图书中处于什么状态。二是北京开卷信息技术有限公司及一些专业调查公司发布的数据库。以北京开卷信息技术有限公司通过媒体发布的图书市场监测数据为例,该公司每月定期在业内媒体上发布对全国文艺类、非文艺类及有关专业类图书市场的数据监测报告,并提供畅销书排行榜的变化情况。这样,从上榜图书的名次及上榜图书在榜时间的长短中,可了解到读者对不同类别图书的市场需求情况。对那些在榜时间长的长命书、常销书,可以通过进一步的分析,从中了解到一些持续性的社会需求,而这种持续性的社会需求,正是出版社编辑策划常销书的重要依据。三是全国一些有代表性的特大型书店公布的畅销书排行榜。这些书店、卖场的陈列品种都超过了20万种,因此,所公布的排名在前10位的畅销书排行榜,可以说明一些问题,特别是一些在全国大多数特大型书店的排行榜上都榜上有名的畅销书,更应成为编辑关注的主要目标。这些信息成了一些编辑剖析成功畅销书策划个案、了解各个图书分众市场对不同种类图书的需求的重要信息来源。以畅销书排行榜为例,如今,畅销书排行榜成了不少书店的采购指南,成了出版社编辑策划选题的重要参照系,尤其是北京开卷信息技术有限公司每月向社会公布的全国各类畅销书的排行榜,是业内人士不可忽视的重要信息。出版社的图书,一旦上了开卷公司的排行榜,立马就会身价百倍,成为众多书店订购的热门商品。因此,通过对这些数据的分析,了解自己感兴趣门类图书的市场销售信息,是编辑的一项重要的调研活动。

  上述的几种调查形式,都要遵循一个基本原则,即存真、弃旧和续新。在研究数据时,要善于对各种数据进行多方面的比较和核实,特别是要选用经过自己验证的数据,将编辑调研所采用的数据建立在可信可靠的基础之上,选用权威性机构和著作的材料,使决策建立在真实可靠的定量分析基础上。信息要开发利用,如开会发布、分析信息、编发信息资料等,调研工作要贯穿于编辑工作的始终,无论是选题、组稿、审读、加工整理还是后续工作,都不能离开对信息的积累、研究。编辑人员要关心天下大事,多走、多听、多读、多记,随时注意收集信息,使自己耳聪目明、头脑敏锐,提高对图书市场信息的敏感度,并充分利用信息不断改进编辑工作。

第三节　主办和主管单位制度

  我国对出版实行的是审批制,审批制与登记制的不同在于,在审批制的条件下,图书出版是一种国家准许的行业专业专营。我国的图书出版社与其他新闻出版单位一样,都具有双重属性,图书出版单位既是文化经营单位,又是党的意识形态阵地。为确保新闻出版业正确的舆论导向,国家通过实行新闻出版单位的主办和主管单位制度,对所有的新闻出版单位实行主办和主管单位负责制。新闻出版单位的领导单位——主办和主管单位,确保党对新闻出版单位实施正确而有效的领导。在所有的新闻出版单位实行主办和主管单位制度,体现了中国特色的社会主义的管理制度。其中一个基本条件,就是出版社必须有其主办和主管单位,主办、主管单位既是出版社的申请单位,也是出版社的领导机关。其中,主办单位是出版社的上级领导,而主管单位又是主办单位的领导,当然,在特殊情况下,也有主办单位与主管单位合一的,即该单位既是出版社的主办单位,又是出版社的主管单位。国家还规定了主办单位和主管单位必须履行的重要职责,要求主办单位必须是省厅级以上的单位,要求主办单位和主管单位加强对出版社的政治领导和人、财、物的管理,任用和考核出版社的领导,并通过对出版社人、财、物的有效管理,对出版社的出书方向等进行有效的控制,确保出版社的健康发展和持续繁荣。通过实行主办和主管单位制度,把加强党对编辑出版工作的领导落到实处。实践证明,这种出版社主办和主管单位制度,能有效地确保出版社沿着正确的方向发展,能有效地保证图书编辑工作的正确方向。

出版单位的主办、主管单位制度有以下几个要点。

一、出版单位、主办单位、主管单位的含义

出版单位是指依照国家有关规定举办,经国家新闻出版行政管理部门审核批准并履行登记注册手续的报社、期刊社(编辑部)、图书出版社和音像出版社。主办单位是指出版单位的上级领导部门。主办单位所办的出版单位的专业分工范围,应与主办单位的业务范围相一致。主办单位所办的出版单位的办公场所应与主办单位在同一城市或同一行政区域。两个或两个以上单位联合申办出版单位,应确定其中一个单位为主要的主办单位以及相应的主管单位。而主管单位则是指图书出版社创办时的申请者,并是该出版社的主办单位(两个或两个以上主办单位的则为主要主办单位)的上级主管部门。图书出版社的主管单位,在中央应是部级(含副部级)以上单位;在省、自治区、直辖市应是厅(局)级以上单位;目前我国的图书出版社都是由省、市、自治区或直辖市、国家计划单列城市的厅(局)级以上单位主办和主管。

二、主管单位、主办单位与出版社之间的关系

主管单位、主办单位与出版社之间的关系是领导与被领导的关系,而不是挂

靠与被挂靠的关系。图书出版社的主要负责人员应是主办单位所属的在职人员，出版单位在主管单位和主办单位的领导和管理下负责开展各项业务活动，保证出版物的编辑、出版、印刷、发行工作的正常进行。出版社根据工作需要设置的社委会、编委会、编辑室、管理委员会等机构，均为出版单位的内部管理机构，不能作为出版单位的主办单位或主管单位。

三、主办、主管单位制度的核心

主办、主管单位制度的核心，是主办、主管单位对所办出版单位负有重大职责。

（一）主办单位的职责

一是领导、监督出版单位遵照中国共产党的基本路线、方针、政策和国家的法律、法规、政策以及办社（报、刊）方针、宗旨、专业范围，做好出版工作及有关各项工作；审核出版单位的重要宣传、报道或选题计划，审核批准重要稿件（书稿、评论、报道等）的出版或发表；决定所属出版单位的出版物发行或不发行；对出版单位在出版物内容等方面发生的严重错误和其他重大问题，承担直接领导责任。

二是依照国家的有关规定为出版单位的设立提供和筹集必要的资金、设备，并创造其他必要条件，办理核准登记手续，使其依法取得企业法人或者事业单位法人资格。

三是依照国家的有关规定，决定出版单位经营管理国有资产的责任制形式；遵循国家有关规定和责、权、利相统一的原则，保证出版单位的经营自主权，但应对出版单位各项经营活动切实担负监督职责；监督出版单位严格执行国家有关财政、税收和国有资产管理方面的法律、法规，定期进行审计，确保出版单位财产的保值、增值；出版单位为实现社会效益目标而形成政策性亏损，主办单位应当给予相应的补贴或其他方式的补偿。

四是审核出版单位的内部机构的设置，考核并提出任免出版单位的负责人的建议，报主管单位批准。

五是向主管单位汇报出版单位的工作情况，贯彻、落实主管单位的有关决定和意见。

六是负责出版社停办后的资产清算、人员安置和其他善后工作。

（二）主管单位的职责

一是监督出版社及其主办单位贯彻执行中国共产党的基本路线、方针、政策和国家的法律、法规、政策;采取行政措施和经济措施保证出版单位的出版工作坚持为人民服务、为社会主义服务的方向,坚持以社会效益为最高准则;有权决定所属出版单位的出版物发行或不发行;对出版单位在出版物内容等方面发生的严重错误和其他重大问题,承担领导责任。

二是审核、批准出版社的年度选题计划或增补形式的计划,决定出版社的停办或变更,并向新闻出版行政管理部门提出书面报告。

三是对主办单位对出版社的领导和管理工作进行检查、监督、指导,并可提出意见或作出决定。

四是扶持、协助主办单位为出版社提供或筹措资金、购置设备。

五是与主办单位共同负责出版社停办后的资产清算、人员安置和其他善后工作。

六是承担国家规定的其他职责。

第四节　编辑的资质管理制度

一、建立编辑资质管理制度的意义

图书编辑工作有较高的文化含量和信息含量,是对文化的选择工作,通过对各种以文字为载体的文化研究成果的鉴别和判断,从中遴选出有文化传播价值和积累价值的优秀文化成果予以出版,让社会个体创造的精神文化财富,通过以纸介质为载体的出版物的传播,成为社会的共享财富。而要对各种文化成果进行选择,首先要具备一定甚至是相当的专业知识,具备一定的鉴别、赏识和判断能力。图书的质量,在很大程度上取决于编辑的素质,因此,编辑必须具有一定的从业资格。根据中央办公厅、国务院办公厅转发的《中央宣传部、国家广电总局、新闻出版总署关于深化新闻出版广播影视业改革的若干意见》文件中提出的提高出版从业人员的整体素质、加强出版专业技术队伍建设的要求,根据国务院《出版管理条例》《音像制品管理条例》和人事部、新闻出版总署《出版专业技术人员职业资格考试暂行规定》的有关条款,国家新闻出版总署建立了正式出版单位(包括图书、音像、电子出版社、期刊社)出版专业技术人员职业资格制度。

二、出版专业资格制度的要点

出版专业资格是国家对出版从业人员从事出版专业技术工作所必备的素质和能力的认定。出版专业资格制度的基本要求是：凡在正式出版单位工作的专业技术人员，必须通过国家统一组织的出版专业资格考试，取得规定级别的出版专业资格，持相应的中华人民共和国出版专业技术人员职业资格证书上岗。凡新进入正式出版单位担任社长（副社长）、总编辑（副总编辑）或主编（副主编）职务的人员，除具备国家规定的任职条件外，还应当具有中级以上（含中级）出版专业资格。无中级以上出版专业资格者，应当在到任后的两年内通过中级以上的出版专业资格考试，否则不能继续担任出版单位上述领导职务。凡在正式出版单位担任责任编辑的专业技术人员，必须取得中级以上出版专业资格，否则不能担任责任编辑。凡新参加工作进入正式出版单位从事出版专业技术工作的大学专科和本科学历的毕业生，应当在进入出版单位后的下一年度内通过初级出版专业资格考试，在相应的专业技术岗位上工作四年以上，才可以参加中级出版专业资格考试。

新调入正式出版单位的在职非出版专业技术人员，要在调入后的下一年度内通过规定级别的出版专业资格考试，否则不能从事相应的出版专业技术工作。出版专业资格获得者可以根据《出版专业人员职务试行条例》有关规定，竞聘相应的出版专业技术职务：初级出版专业资格获得者可以竞聘助理级出版专业技术职务；中级出版专业资格获得者可以竞聘中级出版专业技术职务。

出版专业资格获得者必须坚持以下基本要求：一是遵守《宪法》和有关的法律、法规，贯彻执行党和国家有关出版工作的方针、政策，坚持为人民服务、为社会主义服务的方针；二是大力传播和积累科学技术和文化知识，大力弘扬先进文化，把社会效益放在首位，实现社会效益和经济效益相结合；三是严格遵纪守法，依法进行出版活动，不参与任何非法出版活动和非法经营活动，坚决不参与买卖书号、刊号、版号活动；四是遵守社会主义出版工作者的职业道德，竭诚为读者和作者服务，团结协作，诚实守信，自觉抵制行业不正之风。

出版专业资格获得者，要强化质量意识和导向意识。编辑在工作岗位上制作图书等出版物时，要坚持正确导向，保证出版物质量。出版专业资格获得者应不断更新知识，接受继续教育和业务培训，努力学习和钻研出版专业理论和实务，了解出版行业动态，不断提高工作能力。在职者每年参加继续教育的时间应不少于12天(或72学时)。

对在出版专业技术岗位工作的人员,其所在出版单位应创造条件,支持他们参加业务培训,使之在五年之内通过出版专业资格考试,取得相应的出版专业资格。对经过培训仍不能通过相应级别资格考试的人员,五年之后不得继续在原岗位上聘用,出版单位要调整其工作岗位。

出版专业资格证书实行定期登记制度,每三年登记一次。出版专业资格获得者凭所在出版单位介绍信、单位出具的最近连续三个年度的考核证明、正规院校或省级以上教育培训中心出具的最近连续三个年度的继续教育合格证明,到新闻出版总署指定的机构办理登记手续。出版社要对在职的出版专业资格获得者履行职责情况进行检查、监督和年度考核。检查、监督和年度考核情况书面上报新闻出版管理机关备案。出版专业资格获得者在一个登记期内有一次年度考核不合格,缓登一年;凡在一个登记期内有两次年度考核不合格者,不予登记,发证机关取消其出版专业资格,并收回资格证书;出版单位可以将其解聘或调离。

根据这一编辑人员资质管理的规定,图书出版社所有担任独立发稿任务的编辑,也就是担任图书的第一责任编辑的人员,必须具有中级以上出版专业技术职务,否则不能担任第一责任编辑,而只能改任第二责任编辑。

第五节　为读者服务的制度

一、建立为读者服务制度的意义

读者是图书市场的主体,读者既是出版社服务的对象,也是出版社赖以生存、发展的基础,是出版社最为宝贵的资源。为读者服务,历来是出版社的光荣传统,体现了出版社为人民服务的宗旨,是出版社图书编辑工作的基本点。在图书市场由卖方市场向买方市场转化、图书市场竞争日趋激烈的新形势下,全面认识、了解读者的特点,提高为读者服务的质量,让有限的读者资源在市场化运作中产生更大的市场回报,成了加强图书编辑工作的重要课题。

出版社的所有工作和活动,都是为读者服务的,都是围绕着读者的需求而展开的,都是为了满足读者未知、欲知、应知的阅读需求。未知是指读者还不知道、不了解,对某方面的知识、信息的了解处于空白状态。欲知是指读者渴望知道和了解,有一定的阅读需求。一旦读者发现了阅读目标,在其具备相应购买力的条件下,这种阅读需求便会转化为购买行为。应知是指读者有权利了解和知道,是读者依法享有的知情权的体现。但事实上,应知是相对的,读者有权利知道的信息,与其年龄和所担负的职责有关。如有些涉及性知识方面的图书,成年人可以阅读,青少年就不宜阅读;有关国家机密的信息,除了有关领导,对其他任何人都是保密的。因此,未知、欲知与应知是因人而异的。编辑在策划选题时,首先要考虑读者的未知、欲知、应知的需求,把读者未知、欲知、应知的阅读需求结合起来,对青少年读者,要把应知放在第一位。如果是青少年不应知道的、不适合青少年阅读的,即使是未知、欲知,也不能出版。对成年读者的需求,也有个应知的问题,有些过多披露社会阴暗面的作品,如果出版后有可能产生负面影响,即使是成年读者未知、欲知的,也不能出版。因此,衡量选题策划是否可行,其标准并不主要取决于出版社,而取决于读者,不考虑读者的需要策划的图书,不会为市场所认可。

二、读者的特点

1. 分布的广泛性

图书读者与非图书读者的区别在于,图书读者是指有一定文化程度和阅读需求并且有一定购买能力的社会群体。因此,凡是具有基本的阅读能力、阅读需求和相应购买力的人,都在读者之列,只是所处状态不同:或是处于显现状态,产生了购买行为,或是处于潜在状态,伺机待购。这个人数众多的庞大群体,广泛分布在社会的方方面面,形成一个个主体部分各自独立、边缘部分相互交叉的特定读者群。如按年龄分,读者群可分为老年读者群、中年读者群、青年读者群、少年读者群等;按职业分,可分为教师读者群、医生读者群、律师读者群、作家读者群、经营者读者群等;按兴趣爱好分,可分为球迷读者群、车友读者群、歌迷读者群、戏迷读者群、影迷读者群等;按图书购买方式分,可分为自费读者群和公费读者群。读者群还可作进一步分解,如教师读者群可分为大学教师读者群、中学教师读者群、小学教师读者群、幼儿教师读者群等,其中中学教师读者群还可分为数理化教师读者群、英语教师读者群、班主任读者群等。这些具有不同群体优势需要的读者群,构成了需求多元化、多层次、多变量的图书市场,成了不同种类图书发行的市场基础。随着社会经济的发展和经济成分、利益主体的多样化,人们的需求不断向新的领域延伸,新的读者群不断形成,如白领一族读者群、私家车车主读者群、房产商读者群、经纪人读者群、装潢设计人员读者群、股民读者群、导游读者群等,这些新兴读者群的形成,产生了新的市场需求,催化了新的图书品种。

不同年龄的读者,有不同的心理特点,他们的阅读需要、阅读兴趣也不相同。读者从事某一行业的工作,就需要掌握本行业的专业知识和基本技能,因而在阅读方面有着其特殊的要求。读者的职业变动以后,阅读需要也会变化,从而引起书籍消费结构的变化。按地域划分,有城市读者和农村读者、沿海读者和内地读者、国内读者和国外读者等。城市是经济、政治、文化中心,工商业和科学文化事业比较发达,交通方便,信息灵通,居民受教育的程度和经济收入一般高于农村地区,对书籍的需求也比农村地区高。研究城乡读者在阅读需要和购买能力方面的差别,对于做好选题策划工作具有重要意义。按存在的状态分,可分为潜在读者与现实读者。有一定文化水平、有阅读需要和购买动机的人,都是书籍的潜在读者;不仅有阅读需要和购买动机,而且在这种需要和动机的驱动下,有购买、阅读行为的人,便成为书籍的现实读者。按读者的阅读目标分,可分为基本读者与随机读者。有些读者有明确的阅读目的和阅读要求,主动寻找他们需要购买和阅读的书籍,甚至知道要购买的图书的书名、作者和出版单位,这类读者是图书的基本读者。还有许多读者没有明确的目的和购买、阅读对象,他们的购买、阅读行为往往受到偶然因素的触发和影响。或追随周围的人,或追随某一时期的读书潮流、读书热点而购买、阅读某些书籍,他们的购买、阅读行为缺乏自觉性、计划性和稳定性。按照读者的购买形式分,可分为计划性读者与市场性读者。研究潜在读者与现实读者、基本读者与随机读者之后,大体上可以确定图书的计划性读者,确定图书读者群的大致状况,如读者的类型、层次、数量和社会分布等。计划读者是可能的,而非现实的。图书的效益如何,最终取决于计划性读者能否转变为市场性读者。潜在读者转变为现实读者、随机读者转变为基本读者,都需要经过市场才能最终实现。严格地说,只有在图书市场上完成了购买行为的读者,才是真正的现实读者。读者经过市场交换获得图书的使用价值,出版者通过市场交换实现图书的出版目的和价值,只有这样,出版者和读者之间才能建立起现实的联系。

2. 需求的动态性

出版社读者的需求并不是一成不变的,而是处在动态的变化、发展之中,原有的需求在阅读中得到了(相对)满足后,又会产生新的需求。读者需求的动态性还表现为阅读对象在阅读中对图书不断产生新的需求,如要求图书有视觉冲击力,有新的内容和新的表现形式,使之能从阅读中不断得到新的知识、新的启示、新的体验、新的感受。图书读者需求的动态性,在促进出版业发展的同时,也造成了图书市场的两极分化,如有的超级畅销书可以发行上百万或上千万册,有的图书因无人问津而成了积压产品。读者需求是个客观存在,出版社只能在适应、引导、升华读者需求中求得发展,脱离了读者需求,出版社也就失去了存在的基础。

3. 需求的多样性

读者的需求并不是千篇一律的,而是多种多样的。读者的需求主要体现在以下几个方面。一是为了追求刺激。具体地说,就是企图打破平静,追求奇特,在生理和心理的动荡中寻求本能的释放。二是为了消遣。正像人们在紧张工作的间隙会无目的地散步、聊天一样,人们也会无目的地翻阅书报杂志。在这种情况下,阅读只是一种休息的方式。在这种需求的刺激下,产生了一类轻松的作品,如以花鸟鱼虫、时装、幽默故事等为内容的图书。三是为了获取信息、知识。随着社会现代化进程的加快,人们对信息的需要量越来越大,几乎从事每一项工作、决策每一件事情都离不开有关信息。人对知识的需求就像对衣食等物质的需求一样不可缺少。人在学生时期有一个专门的集中接受知识的阶段,离开学校以后还要不断地补充、更新知识,这主要靠新出版的图书、报纸、期刊等,特别是要靠图书。可以说,是知识需求支撑着整个出版业。四是为了审美。爱美之心人皆有之,审美是精神生活必不可少的部分。这种审美需求呼唤出版物一方面作为载体来提供审美对象,如文学作品等;另一方面又作为工具来帮助、指导人们提高审美能力。五是为了深入思考。精神需求的最高层次是理性的思考。成功的理性思考一方面要借助于大量的思想材料,另一方面又要有认识论、方法论上的保证。这种需求促使人们去读有价值的学术著作。可以说,出版物是读者思想跋涉的台阶。六是为了时尚。当阅读某种图书成为特定读者群的时尚时,在从众心理效应的作用下,该群体的成员会自觉或不自觉地进行效仿,以获得群体的认同。如前几年湖南出版社出版了《世界是平的》后,不少领导都在多种场合谈读书体会,建议领导干部去读这本书,一时间,阅读该书成了时尚。

这些需求构成了人们的精神文化需求。出版社编辑者要根据这些需求的不同情况,分别采取不同的办法,有的要尽量满足,有的则不能满足。如满足读者低层次需求的格调低下的庸俗出版物,虽然发行量可能比较大,但不利于精神文明建设,当然不能去进行选题策划,更不能出版。依据读者定位得出特定读者群,再参照读者阅读心理进行选题策划,是出版物既具有社会效益又具有经济效益的保障。编辑针对不同的读者对象策划选题,能够减少盲目性,也是科学决策活动的重要依据。

4. 构成的层次性

读者对各种读物的需求是千差万别的。读者因其年龄、职业、文化程度、兴趣爱好、追求层次、购买能力、欣赏水平等的不同而形成一个个具有不同文化层次的读者群。一般来说,读者的文化程度越高,欣赏能力越强,对读物的格调、品位的要求也更高;而文化层次较低的读者群,则对大众通俗读物较感兴趣。按层次分,除要考虑读者的文化水平、文化素养以外,还要考虑读者的思想状况、生活态度、人生阅历、教育背景、生活环境等多种因素。积极上进、有追求、有事业心的人,一般有比较强烈的阅读需要和阅读兴趣。

综合读者教育背景、文化素养、职业特点、阅读品位、购买力等因素,可以把读者分为三个层次。一是高端读者。这部分读者一般指具有大专以上文化程度的领导干部、教师、科技人员、管理人员等,包括科研机关的研究人员及分散在政法、文教、工交、金融、财贸、工程技术、医药卫生等行业的高级专业人员。他们中有不少人既是图书的作者,也是图书的读者。他们有长期培养形成的阅读习惯,有较高的阅读、鉴赏能力,阅读需要、阅读兴趣也比较稳定。他们阅读图书,主要是为了专业工作和科研活动的需要,如了解科学文化的发展动态和研究成果,收集有关的数据和文献资料,等等,因而阅读有明确的方向。这部分人在社会总人口中虽然占少数,但对图书的需求量大,购买力比较强,阅读需要比较稳定。二是中端读者。这部分读者包括具有中等文化程度的工人、农民、战士和机关、企业的职工。他们除阅读实用性强的业务技术书籍以外,主要阅读科学文化普及读物和文艺作品。他们选读书籍有一定的随机性,缺乏目的性和计划性,阅读兴趣易受外界影响。三是低端读者,即大众读者。这部分读者的特点是文化水平较低,从事的工作多是简单劳动,没有很强的知识更新的冲动,需求阅读书籍多以消遣、休闲类读物为主。当然,这样的划分也是相对的,高端读者群中,也有喜欢阅读消遣、休闲类读物的;低端读者群中,也有不少理论读物的爱好者。

由读者千差万别的阅读需求构成众多的读者群,形成了相互间既有联系又有区别的不同的市场主体,成了多品种图书竞争的市场基础。这些不计其数的读者群犹如一只只无形的手,促使出版社优化资源配置,调整定位,在"对号入座"中获取相应的市场回报。当然,这种划分也是粗略的,现实中许多读者是具有多元性的,只有考虑各种综合因素,才能准确地对读者进行定位。出版社也应依据这一定位,制订长远的选题计划和具体到某一出版物的选题策划,这样的选题策划才会有针对性。

第六节　图书评奖制度

一、建立图书评价机制的意义和作用

社会产品质量的提高和完善，离不开一定的社会产品评价机制的引导和制约。必要的社会评价机制，可为产品质量的提高营造一种氛围，树立一个社会公认的榜样，使高质量产品成为其他社会产品生产的参照系，同时又可对社会产品的质量进行某种形式的监督。一个产品得到社会评价系统的承认，走在同类产品质量的前列，这不仅是一种荣誉，同时还具有相当的市场价值。产品在得到社会评价系统的承认的同时，也拿到了一张有效的市场通行证。

图书作为一种面向广大读者的社会公共产品，其行业也需要建立起一套相应的图书评价机制。图书社会评价系统的建立，不但能促进图书质量的提高，还能有效地强化编辑工作者的质量意识和读者意识，让图书的质量观念在出版界更加深入人心。我国的图书社会评价系统由图书评奖制度、图书质量管理制度等制度组成。近年来，国家新闻出版总署高度重视对图书质量的社会评价系统的建立工作，在这方面做了大量的工作，制定了一系列的管理制度，在多年来的实施过程中，对图书质量的提高，对广大编辑工作者推出精品图书意识的形成、提高和强化，起着重要的、不可缺少的激励作用，其中以国家新闻出版行政部门主办的各种图书奖为图书评价机制的主干。

二、我国主要的图书奖

为了更好地发挥图书评奖的正面引导作用，建立对图书质量的科学的评价机制，促进社会主义出版事业的繁荣和发展，鼓励和表彰优秀图书的出版，调动广大出版社出版好书、精品书的积极性和创造性，国家新闻出版总署及各地出版行政部门和一些出版行业协会组织了各种图书评奖活动。目前最具权威性而且得到出版界和社会公认的主要是三项，即中国出版政府图书奖、中宣部精神文明"五个一工程"优秀图书奖和中华优秀出版物（图书）奖。

1. 中国出版政府图书奖（前身是国家图书奖）

这是由国家新闻出版总署组织的、代表着我国最高图书出版水平的国家级

图书奖。经国务院批准,国家新闻出版署于1992年设立了国家图书奖,每两年举办一届。该奖分哲学社会科学、文学、艺术、科学技术(含科普读物)、古籍整理、少儿、教育、辞书工具书和民族文化图书九大门类,设国家图书奖荣誉奖、国家图书奖和国家图书奖提名奖三种奖项。从2007年起,国家图书奖改名为中国出版政府图书奖,首届中国出版政府图书奖始于2007年。首届中国出版政府图书奖评委会由新闻出版行政管理机构、行业协会、业内专家和新闻出版院校学者中的权威人士组成。在充分讨论的基础上,实行票决制,共两轮,第一次表决按得同意票数由多到少依次排序,按规定获奖名额的120%确定入围名单。第二次表决按得同意票数达到或超过会议评委总数的二分之一者由多到少依次排序,按规定获奖名额确定终评名单。

  国家图书奖自第一届举办以来,已成功举办了六届。六届国家图书奖共评选出获奖图书700多种,这些获奖图书是20多年来我国出版的100万余种新书中的优秀代表,是精品中的精品,其中有许多图书都是集国内外众多专家学者完成的国家级重点项目,如《中国大百科全书》《中国美术全集》《辞源》《辞海》《中国军事百科全书》《中国农业百科全书》《当代中国丛书》等。

  中国出版政府图书奖已举办了两届。第一届中国出版政府图书奖于2007年启动,参评图书的出版发行时间为2003年1月至2006年12月,有60种图书获正式奖,有120种图书获提名奖;在2011年揭晓的第二届中国出版政府奖图书中,有60种图书获正式奖,119种图书获提名奖。

  六届国家图书奖和两届中国出版政府图书奖的评奖活动的成功举办,在出版界和学术界引起了强烈反响和热烈响应,对于促进我国的出版繁荣、推进我国的学术发展起到了不可替代的作用。如今,已有越来越多的地方和部门将能否获得、获得多少中国出版政府图书奖作为考核出版单位和出版单位主管部门的一项重要标准;出版单位将是否获得过中国出版政府图书奖作为衡量出版单位实施精品战略、评价编辑人员编辑水平的一个硬性指标;越来越多的学术科研单位也将是否获得过中国出版政府图书奖作为职称评定的一个重要参考;还有许多学者将国家图书奖、中国出版政府图书奖评选活动作为一项研究课题,纷纷发表文章,分析中国出版政府图书奖的获奖情况和评奖导向,探讨获奖图书的共性和个性,预测未来评奖趋势,等等。将一项评奖活动上升到理论课题高度加以研究,这在中国出版史上是前所未有的,也充分说明中国出版政府图书奖的影响之大、影响之深远。

  国家图书奖和中国出版政府图书奖的权威性,主要体现在以下几个方面。

第一，严格的评选程序。评选程序是否严格、是否科学是衡量一项评选活动是否权威的一个重要标准。国家图书奖和中国出版政府图书奖都制定了严密的评奖规则。如国家图书奖设立了严格的五道评选程序。第一道，每个出版社从两年出版的新书中评议推选出 8～10 种参评图书。第二道，出版社主管部门组织有关专家学者再从出版社推荐的参评书中评议推选出参评图书，一般平均每个出版社 3～5 种。第三道，专科评奖，如全国优秀科技图书奖、全国优秀少儿图书奖、全国优秀教育图书奖等，它们均是由国家新闻出版总署主办的专科图书评奖，由各专科领域的专家、学者组成专科奖评选委员会，评选出专业奖的一、二、三等奖，只有获得一等奖和少量获得二等奖的图书才能被列为国家图书奖的初选入围书目。第四道，通过报刊向社会各界公示国家图书奖初评入围名单，倾听社会各界对入围图书的意见和建议，评奖办公室有专人负责接收和整理这些意见和建议，并上交总评委会，供评委们参考。第五道是复评，分成四个步骤：第一步，由九个分评委会从初评入围书目中推选出获奖候选书目名单；第二步，将此名单提交评委主任会议讨论，确定复评候选名单；第三步，将复评候选名单向全体评委逐一介绍，征求意见，最终确定全部获奖图书的候选书目；第四步，经过全体无记名投票表决，评出国家图书奖的荣誉奖、国家奖和提名奖。

第二，权威的评委队伍。国家图书奖和中国出版政府图书奖的评委都是某个领域的学术带头人和学术权威，既有像王朝闻、季羡林、任继愈这样德高望重的学术大师，也有像庄逢甘、陈芳允这样为我国科技进步做出过重大贡献的科学院院士。在评奖过程中，评委们坚持学术第一、坚持质量第一，客观公正，发扬民主，作风正派，表现出良好的道德素养和很高的专业水平，确保了国家图书奖的权威性。

第三，高标准的质量要求。国家图书奖和中国出版政府图书奖在重视图书内容质量的同时，也特别重视图书的编校质量和印装质量。首先，在报送参评图书时，要求出版单位要附有编校质量检查表，标明参评图书的差错率，不合格的图书不能参评；其次，在向社会公布初评入选书目的同时，着手对入选图书进行质量检查，对于那些经过上述检查结果为不合格的图书坚决取消其参评资格，实行编校质量的"一票否决制"。

第四，严格的回避制度。由于评委们均是学术权威，著述很多，因此在参评图书中就有很多书是评委自己写的或主编的。针对这种情况，国家图书奖和中国出版政府图书奖评委会制定了严格的回避制度，即当评议到某位评委的图书时，这位评委必须回避；只有他们回避了，其他评委才能无所顾忌地充分发表意见,也才确保对所有参评图书的客观公正。在历届评奖中,这种严格的回避制度获得了很好的效果,受到评委们的普遍好评。

第五,严格控制获奖数量。本着宁缺毋滥的原则,每届国家图书奖均严格控制获奖数量。国家图书奖正式奖每届都控制在 30 种左右,中国出版政府图书奖正式奖虽然有所增加,但也控制在 60 种以内。严格的评选程序、具有良好道德修养的权威的评委队伍、严格的质量要求、被严格遵守的回避制度以及宁缺毋滥的优中选优,确保了国家图书奖和中国出版政府图书奖的客观公正,从而也确保了它们的权威性。

2. "五个一工程"奖的优秀图书奖

由中共中央宣传部组织的精神文明建设"五个一工程"评选活动,自 1992 年起每年进行一次,评选上一年度各省、自治区、直辖市和中央部分部委,以及解放军总政治部等单位组织生产、推荐申报的精神产品中五个方面的精品佳作。这五个方面是:一部好的戏剧作品,一部好的电视剧(片)作品,一部好的图书(限社会科学方面),一部好的理论文章(限社会科学方面),一首好歌。并对组织这些精神产品生产成绩突出的省、自治区、直辖市党委宣传部和部队有关部门,授予组织工作奖,对获奖单位与入选作品,颁发获奖证书与奖金。从第 6 届起,将每年评选一次改为每两年评选一次,到 2009 年,已评选 11 届。为了更好地发挥"五个一工程"优秀作品奖的导向作用,从 2003 年的第 9 届"五个一工程"奖开始,"优秀图书奖"的参评作品只限于文艺作品。

"五个一工程"实施以来,对各地、各单位精神文明产品生产的发展与提高,产生了积极的促进作用,体现了中央提出的精神文明重在建设的方针,把以科学的理论武装人、以正确的舆论引导人、以高尚的精神塑造人、以优秀的作品鼓舞人的号召落实到实际工作中。其中"五个一工程"中图书项目的评选,贯彻了图书出版为人民服务、为社会主义服务、为大局服务的方向,弘扬主旋律,提倡多样化,对繁荣社会主义出版事业,催促富有鲜明时代精神和浓郁生活气息、思想性与艺术性完美结合、为广大人民群众喜闻乐见的精品图书的问世,起到了有力的推动作用。

"五个一工程"优秀图书奖的评选,至今已经评选了 11 届,评选出了 339 种优秀图书,尤其在 2003 年的优秀图书评选中,根据中宣部领导的指示,贯彻了压缩总量、提高质量的要求,获得优秀奖的图书只有 11 种,真正做到了好中选优、优中再选优。这 11 种优秀图书,是从各省、市自治区党委宣传部和中央有关部委推荐的众多参评图书中评选出来的,体现了好中选优。"五个一工程"奖的评奖程序是在各省、市、自治区党委宣传部及中央有关部委的领导下进行的,以各省、市、自治区党委宣传部及中央有关部委为参评图书的申报单位。在宣传部的统一领导下,这项工作得到了各省、市、自治区新闻出版局的高度重视和各图书出版社的积极响应,不少地方将参评"五个一工程"奖作为发展精品战略、打造图书品牌的重要举措,促进了图书出版事业的发展。

3. 中华优秀出版物(图书)奖(前身是中国图书奖)

中国图书奖是在中宣部、新闻出版总署指导下,由中国出版工作者协会主办,由中国图书评论学会承办的全国性、综合性图书奖。它筹办于1986年,创办于1987年,最初是每年评选1次,从第11届起改为两年评选1次,到2004年已经成功地举办了14届。从2005年起,改为中华优秀出版物(图书)奖,每两年评选一次。首届中华优秀出版物(图书)奖的结果于2006年揭晓。20多年来的评奖实践证明,中国图书奖、中华优秀出版物(图书)奖对于贯彻党的出版方针,坚持正确的舆论导向,推动多出人才、多出精品,繁荣社会主义出版事业,发挥了重要的促进作用、激励作用和示范作用,引起了出版界和读书界的高度重视和热烈反响。根据2005年3月中共中央办公厅、国务院办公厅印发的《关于加强全国性文艺新闻出版评奖管理工作的通知》的精神,经中宣部批准,中华优秀出版物(图书)奖已正式列为国家级图书评奖奖项,被公认为中国图书"三大奖"之一。

(1) 中华优秀出版物(图书)奖、中国图书奖的指导思想。坚持以邓小平理论和"三个代表"重要思想以及党的基本路线为指导,坚持"为人民服务,为社会主义服务"的方向和"百花齐放,百家争鸣"的方针,弘扬主旋律,提倡多样化,把社会效益放在首位,为全党全国工作大局服务。整个评选活动将努力提高其科学性、权威性和群众性,发挥正确的导向和示范作用,使之有利于多出精品、多出人才,繁荣我国出版事业。

(2) 中华优秀出版物(图书)奖、中国图书奖的参选范围和条件。中国图书奖每两年举行一次,从全国各出版社出版的各类新书中择优评选。翻译作品可参加评选。有关党和国家的重要文件、文献汇编、党和国家领导人的著作以及有关其生活和工作的图书不参加评选;教材、教辅读物不参加评选;违反现行出版管理规定出版的图书不能报送。已获国家图书奖和中宣部"五个一工程"奖的图书不再重复评奖;由于"三大奖"各有侧重,曾申报而未获"五个一工程"奖、国家图书奖的图书仍可参评。评选条件主要依据图书的内容质量和发行数量、技术指标,兼顾印刷质量、装帧水平,全面综合评比,同时参考读者反映和书评文章的评价。中华优秀出版物(图书)奖每两年评选一次。

(3) 中华优秀出版物(图书)奖、中国图书奖的评奖程序。首先,出版社确定本社参选书后,填写评奖推荐表和出版社关于该书的编校质量检查表。经省、自治区、直辖市新闻出版局图书处和版协盖章同意(中央部委直属出版社请主管单位盖章)后,连同报刊评论文章、专家审读意见、读者反映情况和样书寄送中华优秀出版物(图书)奖、中国图书奖评奖办公室。评奖办公室将参选书分类,组织专家、学者和有关人员审读。其次,专家审读后,评奖办公室组织专家组共同讨论,提出初选入选书目。经评奖办公室综合平衡后,报评委会讨论确定初选入选书目。然后,确定初选入选书目后,由评委分组审读的同时,在《中国新闻出版报》《中华读书报》《中国图书商报》和《中国图书评论》上向社会公示,广泛听取读者意见,供评委参考。最后,评委会在广泛听取专家组和各位评委审读意见基础上,进行充分讨论,然后采取无记名投票方式选出中华优秀出版物(图书)奖、中国图书奖获奖图书,并向社会公告,召开隆重的颁奖大会。

到 2004 年,中国图书奖已经评选了 14 届。中华优秀出版物(图书)奖从 2005 年开始评选,到 2012 年,已经评选了 4 届,第 4 届中华优秀出版物(图书)奖结果于 2013 年 2 月揭晓。

4. 其他图书奖

其他图书奖项可分为三类。

第一类是由有关行业组织的专业类图书奖,如全国的少儿类优秀图书奖、全国优秀科普类图书奖、全国优秀青年读物奖、全国美术优秀图书奖(也称金牛奖)等。

第二类是由若干个省市的同类出版社分区域组织的优秀图书奖,如华东等地区人民出版社协作会议组织的华东地区优秀政治理论读物奖、华东等地区科学技术出版社协作会议组织的优秀科技图书奖、华东等地区文艺出版社组织的优秀文艺图书奖等。

第三类是以省政府的名义组织的优秀图书奖,如浙江的树人图书奖、以江苏省政府组织的出版政府图书奖等。与第二类图书奖相比,这类优秀图书奖有着更高的含金量。那种由若干个出版社联合组织、每个参评出版社都有份的皆大欢喜式的评奖,虽然不能否认其一定程度上的积极作用,但这种奖项不宜过多,过多了,会造成图书奖的贬值。

积极参加各类图书奖的评奖工作,特别是参加国家级图书奖的评奖工作,是检阅编辑出版工作的成效、打造图书品牌的重要手段,因此受到了广大出版社领导的重视。广大出版社积极参加各项图书评奖活动,努力提高图书得奖的概率。

做好图书奖的参评工作有以下几个要点。

（1）端正参评工作的指导思想。出版社参加图书评奖具有多重意义。首先是打造图书品牌的需要。通过参评，让本社的图书在全国评奖中取得好名次，可以以此提升出版社的形象。一个出版社的存在价值，并不是体现在出版利润上，也不是体现在固定资产上，而是体现在出版的图书品牌上，体现在标志性的出版物上。著名物理学家杨振宁一次在与国内某著名出版社的社长对话时，向这位社长提出了一个看似简单却非常深奥的问题："中国唐朝谁最有钱？"这位社长想了老半天，还是没法回答。杨振宁又问："中国唐朝谁最有学问？"这位社长不假思索地说出了一大串名字。这个对话引申出一个重要的社会命题：有钱的出版社，读者不一定记得住，就如同记不住有钱的人一样；出好书的出版社，却叫人难以忘却，如同很容易记得住有学问的学者一样。这表明出版社的存在价值在于出好书，在于出能够传之后世、留之后代的不朽作品。对出版社来说，图书评奖活动的举办，为出版社打造图书品牌。提供了难得的机遇，提供了自我表现的平台。其次是通过参加评奖提升出版社出版精品图书的能力。获奖图书都是思想精深、艺术精湛、制作精良的精品图书的代表。一个出版社能拿出若干种图书参评国家级图书奖，或是能有几种图书被选为参评国家级图书奖的候选书，本身就体现了出版社的出书水平。有普及才能有提高，参评图书一般都是精品中的精品，出版社的图书要在国家级图书奖的评选中获奖，必须要有一批精品图书作为基础。参评的目的虽然有获得荣誉的因素，但不完全是为了荣誉、为了名次，而是通过参加图书评奖，让自己的图书在全国精品图书的角逐中接受专家的评判和读者的检验，让本社的精品书在赛场上得到验证，同时，以参评工作为契机，提升出版社编辑的选题策划能力和水平。如有的出版社为了在图书奖中取得好成绩，集中出版社的人力、财力和物力，策划一些重点选题，对这些重点选题实行领导负责制，举全社之力，多次论证选题，反复修改策划方案，并在全国范围内实行选题招标，选择能胜任写作的一流作者；通过总结获奖图书的经验，促进全社图书整体质量的提高。为此，不少出版社都制定了参评图书奖的激励政策，对获奖图书的编辑实行重奖重赏，有效地调动了编辑策划精品图书的积极性。

（2）明确参评图书的要求。不同的图书奖，对参评图书的要求，既有相同的地方，也有不同的地方。以国家图书奖和"五个一工程"优秀图书奖为例，在坚持正确导向、坚持参评图书质量标准的前提下，这两个奖项的侧重点有所不同：国家图书奖对参评图书的要求主要是有重大的文化传播和积累价值，在中国图书出版史上能留下鲜明的印迹，如《中国少年百科全书》《八大山人全集》等；"五个一工程"优秀图书奖要求参评书能体现一定的政治导向、价值导向等,如《中国出了个毛泽东》《光辉的旗帜》《国家行动:三峡大移民》《中国读本》《省委书记》。因此,选择参评图书申报时,要仔细地研究各类图书奖的特点,加强参评图书申报的针对性,提高获奖的命中率。

（3）精心准备参评图书的申报材料。申报材料作为参评图书的附件,是参评申报材料的重要组成部分,在坚持实事求是的前提下,要对材料进行认真的选择与整理。首先,申报材料要突出重点。申报材料并不是越多越好、多多益善,材料过多,反而有可能把重要的材料给淹没了,因此,要重点选择那些能够说明参评图书特点和社会反响的材料。重点材料中包括图书的主要宣传材料(要附上原件),有关专家、学者对图书的评价材料,图书市场对图书的信息反馈,图书大致策划过程介绍,等等。其次是申报材料要有条理性。申报材料要有一个目录,便于评委翻阅;申报材料的排序要科学,在一般情况下,要按照图书策划出版的流程进行编排,使人看上去一目了然。有些出版社的申报材料是厚厚的一大本,由于缺少目录,增加了评委的阅读时间。再次是申报材料要简洁、朴实,没有必要制作得太豪华。有些出版社的参评图书的申报材料,封面用铜版纸制作,内文也全部用铜版纸彩色印刷,给人过于铺张的感觉,刻意的痕迹比较明显,这些应予避免。

第七节 优秀出版工作者和优秀编辑奖励制度

为了表彰优秀出版工作者和优秀编辑,提高广大出版工作者和编辑的社会地位,扩大出版工作者和编辑的社会影响,在国家新闻出版总署的领导下,由中国出版工作者协会、中国编辑学会等组织了对优秀出版工作者和优秀编辑的奖励制度,主要有三项,即中国韬奋出版奖、全国出版百佳工作者奖和全国优秀中青年编辑奖。

一、中国韬奋出版奖

中国韬奋出版奖是中国出版工作者协会于1984年提出设立的,其宗旨是纪念邹韬奋同志对我国出版事业的卓越贡献、弘扬出版界的优良传统、表彰和鼓励对我国出版事业做出重大贡献的出版工作者。中国韬奋出版奖由中国韬奋基金会设立,委托中国出版工作者协会主持评选。韬奋出版奖是获奖者先进事迹特别突出、获奖人数十分有限的一个奖项。

1. 评选对象

凡在新闻出版总署正式批准成立的出版社(含音像、电子出版单位),有国内统一刊号的期刊社,新华书店(含外文书店和古旧书店),出版科研、教育、外贸机构和省级及省以下新闻出版管理机关从事出版工作的业务人员和管理人员,以及上述单位的离退休人员,均可申请参加韬奋出版奖评选。

2. 评选条件

中国韬奋出版奖的评选条件主要有以下五项。

第一,努力学习马列主义、毛泽东思想、邓小平理论和"三个代表"重要思想,坚决贯彻执行党的基本路线、各项方针政策和中央关于宣传思想工作的一系列指示精神,政治上一贯与党中央保持一致,模范执行出版政策法规,在出版工作中有特殊成就和做出重大贡献者。

第二,模范遵守职业道德、廉洁自律事迹突出者。

第三,具有10年以上(含10年)从事出版工作的经历。

第四,出版单位现职领导(含副职)参评,所在单位必须是全国优秀或良好出版单位,或是获"全国优秀期刊"称号的期刊社。

第五,在职干部申报韬奋出版奖,必须先评上"全国百佳出版工作者"才能参评。2002年年底前已离退休的干部不受此限。

中国韬奋奖的评选办法还规定有下列情况之一者不得参加评选:一是有买卖书号、刊号、版号行为或参与其他非法出版、非法经营活动者;二是违背职业道德、受过处分者。

3. 评选时间

中国韬奋奖每两年评选一次,每届获奖名额10名左右,以现职工作人员为主,离退休人员入选比例不超过20%。评选候选人由两位中国出版工作者协会理事联名推荐,或由所在工作单位推荐,或本人自荐,以上均统一报省、自治区、直辖市出版工作者协会。由被推选人所在省、自治区、直辖市出版工作者协会研究确定推选名单并提供被推选人的先进事迹材料,在规定时间内向中国出版工作者协会报送推荐材料。各主干社团对各专业系统也可提出候选人,向候选人所在单位及地方出版工作者协会推荐,由所在单位及地方出版工作者协会推荐。

中央和国家机关各部门及各人民团体所属出版单位的出版工作者由所在单位推荐,单位一级领导干部在推荐前还须经上级领导机关审核同意。

4. 奖励办法

对中国韬奋奖的获奖者授予奖牌、奖状及奖金,并通过新闻媒介在全国通报表扬。奖金由中国韬奋基金会提供,每届的奖金数额另行规定。1987年4月,王仰晨、周振甫等10人当选为首届韬奋出版奖获奖人。1987年6月,中国韬奋基金会成立。1988年4月,中国出版工作者协会与中国韬奋基金会共同商定韬奋出版奖每两年举办一次,由中国出版工作者协会负责组织评选,奖金由中国韬奋基金会提供。

二、全国百佳出版工作者奖

全国百佳出版工作者评选表彰活动从1996年开始每两年举办一次,到2007年共组织评选了5届,每次评选100名。

1. 评选对象

凡在新闻出版总署正式批准成立的图书、音像及电子出版物出版社,有国内统一刊号的期刊社,国家和省级以上直属新闻出版系统管辖的书刊印刷厂、印刷物资供应单位、图书发行单位以及出版外贸、出版科研单位中从事出版工作的在职业务人员和管理人员,均可参加全国百佳出版工作者评选。担任领导职务和不担任领导职务的出版工作者均占一定比例(正处级以上单位正职干部参评总数不超过40%)。已经获得新闻出版总署和人事部共同表彰的"全国新闻出版系统先进工作者"称号的人员及已获得中国韬奋出版奖的人员不再参加"百佳"奖评选。各级新闻出版行政管理机关人员不参加评选。

2. 评选条件

全国百佳出版工作者入选人员须具备下列条件。

第一,努力学习马克思列宁主义、毛泽东思想和邓小平理论,坚决贯彻执行党的基本路线、各项方针政策和中央关于宣传思想工作的一系列指示精神,政治上和党中央保持一致,自觉执行出版政策法规,遵守职业道德,廉洁自律,有显著工作成绩者。

第二,敬业、爱业、业务熟练,在本岗位工作中有较高造诣和水平,符合下列条件之一者:

一是有较强的领导、管理能力。在人才培养、事业发展等方面发挥了重要作用,在其领导和管理下的出版单位,能坚持正确的政治方向,坚持把社会效益放在首位,坚持多出好的出版物,并取得较显著的社会效益和经济效益。

二是有较高的选题策划和编辑业务水平。编审的图书、期刊或音像、电子出版物,导向正确,思想性、学术性与可读性结合较好,为人民群众所喜闻乐见,具有较好的社会效益和经济效益。最近5年内有2种以上出版物在省级综合性出版评奖或全国专业出版评奖中获奖,或有1种以上出版物在全国综合性出版评奖中获奖。

三是有较强的经营能力。在出版物发行工作中成绩显著,取得较好的社会效益和经济效益。

四是有较高的印制工艺技术水平。在采用科学管理和先进技术提高出版物印制质量和社会效益、经济效益方面做出显著成绩。

五是出版单位正职负责人参评者,其所在单位一般应是新闻出版总署评定的优秀或良好出版单位。

所有参评者参加出版工作的时间不得少于10年,任现职应在2年以上(含2年)。

有下列情况之一的,有关出版单位负责人不得参加评选:一是最近5年内,该出版单位有买卖书号、版号、刊号行为;二是最近5年内,该出版单位因出版物严重违规被查处。

有下列情况之一的,有关的编辑、出版人员不得参加评选:一是参与买卖书号、版号、刊号活动;二是编发的出版物因严重违规被查处;三是参与其他非法出版活动。

印刷、复制、发行人员参与非法出版活动或收受回扣者,不得参加评选。

有其他违法违纪行为并被处罚者不得参加评选。

3. 评选办法

在中宣部、新闻出版总署领导下,中国出版工作者协会聘请出版行政部门、中国编辑学会、中国音像协会、中国期刊协会、中国书刊发行业协会、中国印刷技术协会、中国出版工作者协会电子出版研究委员会、中国大学出版社协会和出版单位的有关领导、专家组成评委会。评委会设顾问、主任、副主任若干名。各省参评工作在各省、自治区、直辖市党委宣传部、新闻出版局领导下进行,具体工作由省出版工作者协会等承担,共同组成评委会主持此项工作(尚未成立出版协会的,由党委宣传部、省新闻出版局指定一个部门负责)。评选表彰办法及候选人推荐表由各省出版工作者协会或有关专业协会负责转发给本省各参评单位。为了在全国范围内统筹考虑推选出"百佳出版工作者"候选人,从第三届起,评选采取"条块结合"的办法,中央和地方的出版单位分别提出推荐参评名单。

4. 奖励

对荣获"全国百佳出版工作者"称号的人员,由中国出版工作者协会授予奖牌和证书,召开大会进行表彰并通过新闻媒介进行宣传。新闻出版总署系统内被授予"百佳"称号者,优先列为新闻出版总署和人事部共同举办的全国新闻出版系统先进工作者评选活动的入选人选。其他系统可参照办理。对获得"全国百佳出版工作者"称号的人员,建议由所在工作单位视条件发给奖金或给予其他物质奖励。获奖者属于单位正职领导的,宜由其上级单位批准予以奖励;单位副职领导干部及一般干部获奖者,可由本单位给予奖励。

三、全国优秀中青年(图书)编辑奖

为了表彰优秀中青年编辑的业绩,培养编辑人才,提高编辑队伍的素质,促进出版事业的繁荣发展,中国出版工作者协会、中国编辑学会联合设立了这个奖项。首届全国优秀中青年(图书)编辑奖于1994年举办。

1. 评选对象

五十周岁以下(含五十周岁)的中青年图书编辑(不含助理编辑、不足五年编龄的编辑和社级领导),均可参加评选。已经获得由新闻出版总署和人事部共同举办的"全国新闻出版系统先进工作者"称号的人员及已获得"中国韬奋出版奖"和"全国百佳出版工作者"称号的人员不再参加全国优秀中青年(图书)编辑评选。

2. 评选标准

全国优秀中青年(图书)编辑入选人员须具备下列条件。

第一,坚持党的出版方针,遵守出版法规,并取得了突出成绩。

第二,坚持改革,勇于开拓创新,并有突出业绩。

第三,能独立完成图书编辑全过程的工作,并在选题策划、组稿、审稿、加工等方面有比较出色的成绩。

第四,编辑了一批好书、好作品并获得省、部级以上单位的奖励。

第五,有良好的敬业精神和编辑职业道德,并受到作者、读者的赞扬。以上标准要从严掌握。

3. 评选办法

每个省、自治区、直辖市推荐 2 名至 4 名,中央和国家机关各部门和解放军系统的各出版社推荐 1 名。评选实行群众评选和组织推荐相结合的办法。地方由省、自治区、直辖市新闻出版局、出版总社、出版工作者协会、省编辑学会组成评选小组。评选小组在各社群众评选的基础上,民主协商,采用无记名投票的方式产生推荐名单上报。中央各部门所属出版社,由每社若干人组成评选小组,本社如有中国出版工作者协会理事,应参加评选。在编辑室评选的基础上,评选小组无记名投票,产生推荐名单上报。中国编辑学会在各地各单位的理事,应参加各地各单位的评选活动。在各出版单位提名的基础上,由中国出版工作者协会、中国编辑学会组织有关专家、领导成立评委会,评选出本届优秀中青年(图书)编辑。

4. 奖励办法

对获奖的优秀中青年(图书)编辑,统一授予证书、奖牌,奖金由各地自定自发,同时在《中国新闻出版报》上公布获奖者名单。

第八节　图书审读制度

一、建立图书审读制度的意义

图书审读制度是图书出版社编辑工作的基本工作制度,是确保图书质量和效益的一项基础性的质量管理工作,是出版社图书质量管理的核心。出版社是内容产业,图书审读就是与图书出版的内容产业这一特点相适应的一项工作。一般的物质产品的质量检查,检查的是产品的性能、外形以及产品使用的方便性、安全性、美观性等硬性指标,而在图书质量的检查中,除了对图书印制质量的检查,重点是对图书内容的检查,并且通过对图书内容的审读,检查和考核图书编辑工作的成效。可以说,对编辑工作质量检查的重点,就是检查图书的内容质量,图书的内容质量过关了,其他质量问题则不难解决;图书的内容质量没有过关,或是内容质量不合格,其他质量即使达到了优秀,也没有任何意义。因此,在出版社的图书质量检查中,实行的是内容质量的一票否决制,内容质量没有过关,其他质量也免谈。

二、出版社审读与出版行政部门审读的区别

出版社的编辑每时每刻都在与各种以文字为载体的文化成果打交道,审读活动贯穿于出版工作的全过程。按照图书出版的流程,图书审读可分为成书前的审读、成书中的审读和成书后的审读。成书中的审读体现于编辑对书稿的修改加工,这将在后面专节论述。这里说的审读,与书稿加工过程中的审读是两个不同的概念。这里说的审读,偏重于对选题或书稿价值的评估和认定;而编辑在书稿加工过程中的审读,则是偏重于修改完善,其投入的工作量更大,花费的精力也更多。图书审读就其含义来说,包括两种审读:一种是出版行政部门组织的审读,属于管理行为;另一种是出版社自行组织的审读,是出版社的生产经营行为。这两种不同性质的审读有三个不同点。

1. 审读的目的不同

出版社自行组织的审读,是出版社加强内部图书质量管理的一个重要措施,是出版社的企业行为,目的是通过审读,强化广大编辑人员的图书质量意识,确保图书的质量,以提高图书的市场竞争力,打造图书的品牌形象,让出版社的图书成为读者信得过的产品。图书质量无小事,图书质量虽然反映的是出版社的内部管理问题,其实质却是政治问题。图书质量出了问题,不但影响出版社的声誉,还影响读者的合法权益,严重的还会影响到社会舆论导向。出版行政部门组织的图书审读则是出版行政部门依据国家法律、法规所赋予的管理职能,代表政府对出版物社会效益进行质量检查的有效形式。出版行政部门通过审读,对出版物是否符合党和国家的路线、方针、政策、法律、法规,是否有利于社会主义政治文明、精神文明和物质文明建设,是否符合广大人民群众的根本利益等方面作出具有权威性的评定。

2. 审读的环节不同

出版社的图书审读环节主要在成书之前,包括成书前的审读和成书过程中的审读两个环节。成书前的审读包括选题审读(作者的写作提纲审读)、书稿审读和图书付印前的审读。

(1)选题审读。选题审读主要是指编辑在选题策划和组稿的过程中,对作者提出的选题内容进行认真的审读,对选题的成书价值进行多方面的论证和评估。选题审读是编辑要把好的第一道图书质量关口,是编辑的首要责任和第一

责任,编辑对选题审读的质量,直接影响到出版社的出书结构、出书方向和出书效益,是出版社编辑工作中最为基本的环节。有的出版社出版导向错误的图书,主要原因之一就是编辑没有把好选题审读关,让有些不该出版的图书进入了出版社的选题执行程序。因此,选题审读时首先要有政治敏锐性,要根据党的宣传纪律和国家有关出版管理的法规,对选题的思想倾向、思想内容进行严格的审读,那些明显不符合有关政策规定的选题,要毫不犹豫地予以否决。有政治敏锐性的编辑,对选题有一种职业上的警觉,一看到有问题的选题,自然而然地会产生一种"抗体"。如某编辑接触到一个作者推荐的选题,内容是描写一对同性恋人的生活,这位编辑马上感到,这个选题需要慎重对待。经过向出版行政部门咨询,得知反映同性恋的题材不宜出版,于是避免了一次违背政策的事故。

(2)书稿审读。书稿审读是指编辑拿到书稿后,在对书稿作出取舍之前,对书稿进行全面的审读,以确定其价值。需要指出的是,编辑对书稿的审读和书稿加工过程中的审读是两个不同的概念,这里说的书稿审读,是指对书稿作出采用与否的决定之前对书稿的价值进行全面的评估。这个审读是编辑选题决策的基础,同时也为该选题进入出版社的论证程序做好必要的编辑流程准备。

(3)图书付印前的审读。出版社需要在原有审读之外再增加印前审读环节的,一般是这样几种图书。第一种是重点图书。出版社出版的重点图书,体现了出版社的出版水平,重点图书出好了,出版社的图书建设就有希望,重点图书能够在书架上立起来,出版社的图书也就在市场上站住了脚跟。因此,不少出版社对重点图书的出版往往投入更大的编辑力量,其中的付印前的审读,也是加大投入的具体表现。第二种是中小学教材教辅。中小学教材教辅,承担着教书育人的重大历史使命,其质量如何,直接影响到中小学的教学质量,因此国家对教材教辅有着非常严格的质量要求,规定了非常高的进入门槛。当然,中小学教材教辅质量提高了,也能成为出版社的品牌,因此需要出版社加大编辑工作的投入,在原有的编辑工作程序外,增加一道或几道程序,进行专项审读,这样才能确保中小学教材教辅质量的高水准。第三种是参加图书奖评奖的图书。各种图书奖,特别是国家级图书奖,都对图书的编校质量实行一票否决制,不论图书的文化积累价值有多大,编校质量不合格,则一律枪毙,因此参评前的审读把关显得尤为重要。第四种是其他需要增加印前审读环节的图书,一般指出版社即将出版的专业性比较强或是政治上比较敏感的图书。出版社的编辑和领导对有些问题感到还不是十分拿得准、还没有十分的把握时,就需要另外找有关专业人士审读,并根据专家的审读意见决定是否付印,为确保图书质量再增加一道防线。

出版行政部门组织的审读则是图书出版后的审读,是图书质量的事后检查。这两个不同的审读形式,是由出版社和出版行政部门不同的职责所决定的。出版社作为生产经营单位,在选题得到批准的前提下,总编辑对出版的图书拥有最终的决定权,总编辑签了字,图书就可以付梓出版,在一般情况下,出版行政部门不予干涉。出版行政部门作为政府授权对出版业行使行业管理职能的部门,从确保正确的舆论导向、维护广大读者的利益出发,有必要通过图书审读对出版社进入市场的图书的质量进行检查,从中了解图书质量的情况,了解整个图书出版的情况,掌握图书出版的动向。因此,根据新闻出版总署的规定,各省级新闻出版局都制定了图书审读的有关管理办法,对各个图书出版社图书的编校质量进行检查,并评出图书质量的等级。按照《图书质量管理规定》,图书的编校质量等级分为合格和不合格。

3. 审读的内容不同

出版社与出版行政部门组织的审读,不同之处主要体现在,出版社审读侧重于以特定的审视的眼光对以文字形态表现出来的作者的写作意图、写作思路、作品格调、作品的思想倾向、作品风格、作品的语言特色、作品的文化历史背景、作品对特定的读者群及社会产生的影响、作品的文化传播和积累价值等作出实事求是、恰如其分的客观性评价,并依据这个评价对作者的选题或书稿作出取舍。在特殊情况下,对一些专业性比较强或是比较敏感的选题或书稿,编辑在没有十分把握的情况下,也可以请有关专家、学者进行审读,请他们提出审读意见,供选题决策参考。出版行政部门组织的审读,侧重于对图书的思想倾向、思想观点、价值导向、图书的格调,以及图书的差错率等进行检查和评估。

三、图书审读的环节

按照出版社图书编辑工作的流程,图书审读可分为两个环节,一是选题审读,二是书稿审读。其中选题审读是书稿审读的基础,书稿审读是选题审读的延续。

1. 选题审读

选题审读有几个特点。一是预测性。图书从选题策划到成书出版,有一个过程,这个过程短则几个月,长则一年或数年,甚至十多年,而且图书市场处在不断的变化、发展之中,因此,编辑在审读选题、写作提纲时,要对当前某类图书的市场走势及未来图书市场的同类选题或图书的竞争趋势有一个大致的了解和估计,做到心中有数。二是虚拟性。一个选题,体现了作者的写作意图和写作构想,是作者头脑中对自己将要创作的虚拟形态作品的总体构思,因此其创作思路只能是粗线条的,是高度概括的,是高度抽象的。选题主要由选题名称、选题题材、选题内容、选题特点、选题的市场定位、选题的市场预期等要素组成,一般只有几百字。编辑对选题的审读,主要是根据党和政府的工作大局,根据自己对图书市场同类图书所掌握的情况进行预测,以此确定选题的价值。

2. 书稿审读

书稿审读的重点是对书稿的整体质量进行细致的检查。书稿的整体质量包括书稿的思想政治倾向、书稿的思想内容、书稿的格调、书稿的价值导向、书稿的艺术价值、书稿的文化积累价值等,以确认作者的书稿有无修改价值和出版价值。

第九节　图书校对制度

一、校对的作用和意义

校对制度,也叫三校一读制度。广义的校对包括专业校对和非专业校对(编辑校对、作者校对),狭义的校对指专业校对。校对是编辑工作的继续。专业校对应对原稿负责,消灭一切排版上的错误,发现原稿有错漏和不妥之处,应及时提交编辑部门解决。与编辑加工整理书稿不同的是,校对人员不能改动原稿,只能提出疑问,请编辑研究处理。如同专业校对不能代替编辑一样,编辑也不能代替专业校对。校对工作有自身的规律,是一门学问。原稿排版出现差错常有某种规律可循,专业校对人员的职业修养能使其独具慧眼,发现编辑、作者难以发现的差错。电脑排版和智能校对系统固然能减轻校对劳动,但不能完全取代人脑思维;校对方式将出现变化,但专业校对工作不能取消。著、编、校分工合作是出版事业发展的要求。出版社必须配备足够的具有专业技术职务的专职校对人员。轻视、取消专业校对工作,必然导致图书质量滑坡。图书编辑的专业校对是出版流程中不可缺少的环节,是编辑工作的重要组成部分,校对工作的成效如何,直接影响到图书的质量。近年来图书编辑工作的实践也表明,无论图书原稿形式如何变化,排版工艺如何演进,编辑过程和校对过程都是两个性质不同的过程,专业校对作为出版过程中一个重要环节,在任何时候都是不可缺少的。

二、加强校对工作的措施

1. 建立健全校对机构

建立和健全校对机构是现代出版生产的客观需要。校对工作是从编辑工作分流出来的,仍然是编辑工作的组成部分,是编辑工作的延续,是对编辑工作的监督、检查、补充和完善,在出版工作中行使独立的、不可替代的职能。"编校合一"是与出版工作客观规律相悖的。即使在原稿电子化,编辑、校对在电脑或磁盘复印稿上进行编、校的情况下,仍然需要专职校对的充分参与,会同编辑一起消灭书稿写作及录排上的各类差错。由于作者原稿电子化,无原稿可作比照,校对工作不再以传统意义上的"校异同"为主,而是以在新技术条件下实施的他校(广义上的"校异同")和理校("校是非")为主。但是,这一变化并不意味着可以取消专职校对,而是更应强化校对,加强校对"对编辑工作的监督、检查、补充和完善"的功能。这只是校对机制的转换、校对方法的改变,是校对的两大基本功能的消长变化,而不能成为取消专职校对、实行"编校合一"的根据。这一变化要求提高校对任职条件(向校对编辑或校审方向发展),全面提高校对人员素质,在提升、扩大校对功能基础上实行"编校合作",形成更密切、更完美的"编校合力"。

2. 明确校对工作与编辑工作的本质区别

校对的"校是非",与编辑对书稿修改加工的性质有着本质的不同。校对"校是非"的重点是文字、词语方面的错误,改正不符合国家标准的数字、标点符号、量、单位、专用名词等的错误用法,改正明显的政治性、知识性错误。在未经授权的情况下,校对人员对在校对过程中发现的问题,一般都以质疑的形式提出,由责任编辑认定与改正,书稿的最终修改权掌握在编辑手中。也就是说,校对的任务主要是两项,一是对明显不符合国家有关标准的文字、语法及数字、标点符号、量、单位、专用名词等差错和比较明显的政治性、知识性、导向性错误,直接进行纠正,以履行校对的职责;二是对在校对中发现的问题,以质疑的形式提出来,供编辑参考。

3. 合理配备校对人员

编辑与校对是相互衔接的两道工序,校对工作量是由编辑发稿量决定的,因此，校对人员的配备，应当与编辑人数保持合适的比例关系。按照编辑发稿量推算，编校人员的科学比例应为3∶1，校对人员至少也应当占编辑人数的1/5。聘请社外校对作为专职校对的补充，实践证明是可行的。但是，为了保证校对质量，聘请的社外校对人员，必须具有相应的专业技术职称和丰富的校对经验，且社外校对人员一般只能担任一校和二校，终校、通读检查和责任校对均应由专业校对（包括离退休校对人员）担任。社外校对队伍应保持相对稳定，并由出版社定期对他们进行培训，提高他们的素质。

4．建立科学的校对体制

校对主体多元化（作者、编者参与校对）与专业化（专职校对员校对）相结合、以专业化为主的校对体制，是保证校对质量的科学体制。为了有效地推行这一体制，充分发挥编、校相互协作又相互监督的作用，校对机构应归属于出版社，由总编辑或主管副社长直接领导。可将校对机构的名称改为"校对编辑室"，作为编辑部的一个专业部门，校对人员改称校对编辑或校审，这既可以为校对正名，又有利于推行校对主体多元化与专业化相结合、以专业化为主的体制。在校对机构的设置上，目前各出版社的做法不一，有的单独设立，有的放在总编室，有的放在审读室。

5．坚持"三校一读"校对制度

必须坚持"三校一读"责任校对制度，重要读物还需适当增加校次。"三校一读"必须多人交替进行，不能由一人独立完成。这是因为校对容易使视力疲劳，重复校对同一内容的书稿，难免注意力分散，由不同的人分别校对，易于发现前校的失误。因此，校对一部书稿至少要有两至三人。誊样和核红同样十分重要，稍有不慎，就会造成失误。为防止出差错，宜由两人进行，一人誊写、初核，另一人复核。在多人分别校对的情况下，宜指定一人担任责任校对，负责校样的文字技术整理工作，包括核对目录和书眉，检查标题、注释、索引等的顺序，改正笔误和非规范字，综合质疑送交编辑，等等，并监督、检查各校次的质量。终校要由有中级以上专业技术职务的专业校对人员担任。业余校对要由具有相应专业技术职务和校对经验的人担任，并要加强监督、检查和管理。"三校一读"是校对运作的基本制度，也是保证校对质量的基本方法。一般图书的专业校对应不低于三个校次，重点图书、工具书等，应相应增加校次。"三校一读"是校对次数的下限，校对管理人员可以根据书稿的性质和艰难程度以及排版质量，适当增加校对次数。终校（三校和通读检查）必须由本社有中级以上专业技术职称的专业校对人员担任，这一规定，应当成为校对运作基本制度的重要内容。校次不可随意减少,终校不可由非专业校对人员或初级专业校对人员担任(古籍、艰深的学术著作等,应由责任编辑或作者通读检查)。通读检查是校对工作的最后一个环节,担任通读检查的校对人员应严格把关,如果发现差错较多,应当追加校次。实践证明,校对工作的"三校一读"环节中的通读,是确保校对质量的最重要的环节。在校对中常常有这样的情况:一部书稿经过了三校,发现了不少差错,似乎已经没有什么问题了,可经过通读,又能发现不少问题,那些隐藏得很深的差错,在最后的通读中一个个都显了"原形"。这说明了通读环节的重要性。因此,可以说,在校对工作中,水平当然是必需的,但对校对工作严肃认真、一丝不苟的态度,往往比水平更为重要,更起作用。

近年来,随着电脑在编辑过程中的普遍使用,电脑排版在显示其优越性的同时,也出现了一些新情况、新问题。由于汉字录入时一键多字根、重码现象的存在,以及操作不慎或病毒污染等原因,校样上往往会出现字体字号差错、产生非文中符号和错别字、图表与正文不匹配、图空差错、打印机输出与屏幕显示不一致、改样错位,甚至校样消失等情况,特别是拼造非常用字时容易出现错改的情况。电脑排版即使清样无错,如指令失误,软片也会出现版式变动和文字、行款错乱等情况。电脑排版的校对工作要适应这种变化。一方面,校对人员要熟悉电脑知识和现有电脑设备的性能,以便掌握电脑排版的出错规律。另一方面,校对方式要作调整,如清样要做到一处不改才能出片,只凭"改正出片"往往出错;确需软片处理的,要核对软片;要通读软片或软片样;软片重制必须检查。

6. 校对的基本职责

一是对原稿负责,即比照原稿"校异同",要求消灭排版过程中的错漏;二是对读者负责,即不比照原稿"校是非",要求在消灭排版错漏的基础上,发现并协助编辑消灭原稿及版式设计中存在的差错。在不同的校次中,校对的方法和注意的重点应当有所不同。一、二校比照原稿校改校样,以"校异同"为重点。在原稿电子化、无原稿可作比照的情况下,以发现录排差错(如形似字、同音字误排)、非规范文字(如错简字、异体字、旧字形以及数字、量和单位名称不符合国家标准)和格式差错为重点,这实际上是扩大了的"校异同",即以国家有关规范标准作为比照物。三校与通读不比照原稿审读校样,以"校是非"为重点。根据《出版社工作暂行条例》规定的精神,校对员无权修改原稿,发现了原稿上的差错,只能用铅笔画出,并填写质疑表,至于应否修改和怎样修改,则由责任编辑决定。校对质疑及编辑排疑,均应记录存档,以供编校质量检查。有条件的出版社可以试行授权校对员直接校改的制度,但校改后须经责任编辑过目。

7. 坚持责任校对制度

责任校对制是从总体上保证校对质量的重要措施。出版社每出一本书,都要指定一名具有专业技术职称的专职校对人员为责任校对,负责校样的文字技术整理工作,监督检查各校次的质量,并负责付印样的通读工作。责任校对应对校对质量负主要责任。鉴于责任校对的责任比较重大,责任校对必须由具有中级以上职称或从事校对工作5年以上、具有相当校对经验的专职校对人员担任。责任校对应当参与一本书校对工作的全过程。责任校对的职责是:在各次校样上进行文字技术整理、核对付印样和其他有关工作;协助责任编辑解决校对质疑,并将质疑与排疑记录存档;参与终校和通读检查工作。责任校对应在书名页上署名,以示对本书校对质量负责,接受读者监督。

责任校对在文字技术整理方面要做的工作主要包括以下内容。

(1) 检查原稿和校样是否齐全,清点页码是否衔接。

(2) 根据发稿单分别核对封面和书名页,使其相关项目保持一致。

(3) 根据正文标题核对目录或要目,并附缀正文页码,每次改版后均须检查附缀页码是否准确,必要时还应该对校片。

(4) 检查正文的标题体系,使同级标题的题序连续,字体、字号、占行和位置保持一致。

(5) 检查书眉文字与正文标题是否一致,规格是否符合标准(通常双码排第一级题,单码排第二级题)。

(6) 调整脚注的顺序和版面,使与正文注码相对应。

(7) 协助责任编辑解决相互牵连的问题,如封面勒口上与正文有关的提示性文字,前言、后记、序言中引用或综述正文内容的文字等。

(8) 统一和规范用字。

(9) 检查插图与文字说明是否相符,位置是否准确。

(10) 检查表格和公式的格式是否正确。

(11) 汇总校对员提出的问题,请责任编辑解决。

8. 坚持定额管理制度

定额管理是建立校对质量保障体系的重要手段之一。它的特点是将所有校对工序加以量化,即确定合理的数量定额和质量指标,并形成一种数量和质量的相互制约机制,最终达到优质高效的目的。数量定额的确定应当掌握三条原则:一是不能超过人的视力、大脑反应的速度和持续承受时限;二是要根据本单位的具体情况和实践经验,采用平均先进定额;三是按照书稿的性质、难易程度和校对操作方法,分别规定不同的数量定额。数量定额通常分为日定额和月定额两种。

校对的目的是通过协助编辑补正原稿中的错漏,把图书差错减少到最低限度,最终完全消灭图书差错,提高图书的编校质量。在规定数量定额的同时,必须规定每一校次的质量指标,从而形成数量与质量的相互制约机制。质量指标的确定,通常以差错率来表示,即一个校次每万字中遗留差错的多少(通称万分比)。在原稿差错率不高于1/10000、排版差错率不高于15/10000的条件下,各校次的质量指标按差错率计分别为:初校不高于2/10000,二校不高于1/10000,三校(包括追加的校次、核对付印样、通读检查在内)不高于0.5/10000。原稿差错率高于1/10000、排版差错率高于15/10000者,增加一个校次。将当月所有付印图书的各校次实际差错率分别汇总,即为各校次的月度质量指标实绩;将每个校对员当月已付印图书的各校次实际差错率分别汇总,即为该校对员月度质量实绩。

三、校对差错率的统计

为了准确统计差错率,必须规定字数的计算方法和差错的认定标准。字数的计算方法以版面字数为准,即每面行数与每行字数的乘积。技术整理、核对付印样、读校和通读的字数分别按不同幅度折扣计算,其他版面形式(封面、书名页和单页插图以及连环画、画册等)的字数,也分别按不同幅度折扣计算。差错的认定标准,应当按照文字、标点、规范用字、量和单位、版面格式以及语法性、逻辑性、知识性、事实性和政治性差错,分别详细规定认定细则和计错分量。计错标准可分为"校对计错标准"和"编校质量差错认定细则"两种。字数的计算方法和校对计错标准,可参照《图书质量管理规定》及《编校质量差错认定细则》执行。

四、图书编校质量的分级标准

出版社要建立图书质量(包括内容、编校、设计、印刷等)审读检查制度,设置专门机构,配备资深的专职人员,经常或定期审读、检查本社图书。经检查达到良好、优质等级的图书,给予相关人员以一定的奖励;质量不合格的,给予相关人员以适当的处罚。图书编校质量的分级标准,在《图书质量管理规定》中有明确划分:差错率不超过1/10000的为合格;差错率超过1/10000的为不合格。

第十节　合作出版

合作出版作为出版社在深化改革、扩大开放的新形势下利用、开发、挖掘社会资源做大出版业的发展战略,近年来有了较大发展。具体表现为:合作出版的领域不断扩大,合作出版的形式不断创新,合作出版的空间不断拓展,合作出版的内涵日渐丰富,合作出版的成效愈加显著。合作出版的实质,就是出版社发挥其所独有的出版专有权的优势,与相关单位开展合作,把出版社的专有出版权优势、编辑加工等专业优势与相关单位的资金优势、人才优势、策划优势、渠道优势等结合起来,实现合作共赢。出版社的实力再强、资金再雄厚,其掌握的资源毕竟有限,而社会资源的开发和利用则是无限的。不少出版社在合作出版的过程中,通过优势互补,取长补短,把出版社的资源优势转化为产品优势和市场优势。作为合作出版主要对象的民营书业企业,也在合作出版中取得了迅猛发展,成为新兴的出版生产力。

一、合作出版的特点

合作出版的特点主要有以下两个方面。

1. 优势互补

出版社合作出版的对象主要有三大类。

一是党政机关(包括人大、政协等)。党政机关工作的性质,使其程度不同地掌握了地区、区域或行业的资源,包括制定政府法规、组织开展活动等,从而为出版社开展合作提供了巨大的资源整合空间。出版社以合作出版为连接点,将出版社的资源优势与合作单位的资源优势结合起来,就能在优势互补中形成新的优势。如有的出版社抓住某地区新领导上任后实施新的发展战略的契机,提供出版社的专业服务,以合作出版的形式,策划了一套介绍该地区人文历史的丛书,有效地宣传了地区的投资环境、旅游资源等特色。再如某出版社抓住某行业实施职工培训规划的有利时机,发挥出版社独有的策划和编辑加工优势,与该部门合作出版了行业职工培训系列教材,系列教材的内容切合行业实际,在为行业职工教育事业服务的同时,做大了出版规模。

二是民营书业企业,也即进行了工商企业注册的"非公有出版工作室"。这些民营书业企业的特点是机制灵活,对图书市场的感觉异常灵敏,善于捕捉图书市场的热点需求,并从中策划出有市场生命力的选题,同时还掌握了一定的图书销售渠道。这些民营书业企业唯一的不足,就是没有书号使用权,因此,通过与出版社合作出版的形式,实行优势互补,把自身的选题策划、市场推广、渠道畅通等优势,与出版社的书号资源等优势结合起来,成了这些民营书业企业的生存、发展之道。不少有实力的民营书业企业已经和正在成为出版社不可缺少的合作伙伴。

三是在著书立说方面有着比较迫切需要的作者群体。这些作者出于职称评聘、获取博士学位或是扬名立身等需求,想把自己散见于多种报刊的文章汇编成书,以此得到社会的承认。由于这些图书的印数较少,一般只有几百册、上千册,如果按照正常的渠道向出版社投稿,出版社显然难以承受出版带来的亏损,因此这些作者只能采取合作出版的形式,由作者承担所有的出版费用,包括书号管理费、纸张印制费和编辑加工费。有关调查表明,随着社会经济和文化事业的发展,此类图书的出版需求有增无减。

2. 化解风险

投资的收益与风险并存,投资主体在有可能获得预期收益的同时,也承担了一定的投资风险。投资效益发挥得好,就能收到预期的收益,投资效益发挥得不理想,也有可能面临亏损的风险。出版社用于图书出版的投资也是如此,带有不确定性。而合作出版则是化解风险的有效形式。收益共享、风险共担,是合作出版的基石。在合作出版的过程中,合作单位通过程度不同地承担相应的经营风险,在一定程度上为出版社化解或消除了经营风险,使出版社的投资效益得到确保。如某出版社收到一部反映新四军老战士的书稿,由于该书所需投入较大,加上读者面比较窄,存在一定的投资风险,因此该社找到当地的新四军研究会商议两家合作出版。新四军研究会觉得此书的出版有教育意义,为此申请了专项经费,既使出版社出版了有价值的图书,又化解了出版社的投资风险。

二、合作出版的类型

投资是合作出版的基础。在合作出版中,按照双方投资形式及份额的不同,合作出版类图书一般可分为三种类型。

1. 共同投资出版

共同投资出版即由合作双方共同投资。这种合作出版方式的特点是,合作双方都掌握各自的市场渠道资源,都有一定的资源优势,双方在合作出版中持有的份额基本相同,图书出版的稿费、纸张印刷费等成本由两家平摊,合作双方利用各自的区域渠道进行销售;或是合作双方各自承担纸张印刷费,利用各自的渠道进行销售。这类图书有两个特点:一是有一定的市场潜质,在市场推广到位、图书特色广为读者所知的情况下,以图书固有的内在价值吸引读者,聚焦读者的注意力;二是图书的市场适应性比较广,既适合在特定的渠道销售,又可在零售市场销售。如有些已故名人的作品集或是名人传记类图书,就既可在名人纪念馆销售,又可在零售书店作为常销书销售。因此,出版社在此类图书的出版中,可以利用纪念馆这种特殊的渠道资源,采取与纪念馆或相关单位合作出版的方式,实现销售渠道资源利用的最大化。

2. 资助出版

资助出版类图书的特点是专业性或行业性比较强,一般都面向特定的读者群,或是行业考试辅导书,或是职业培训教材,或是企业带有庆典意义的图书,等等。这类图书的选题通常由合作单位提供,出版社在得到相关单位资助的基础上进行投资出版。资助的形式也多种多样。或是由合作方在提供选题、书稿的同时承诺利用其掌握的销售渠道包销一定数量的图书,使包销书的数量达到图书出版的盈利平衡点,使出版社避免亏损;或是由合作单位提供书稿并负责图书的销售,由出版社负责图书的加工和印刷。如有些面向特定行业的考试辅导书,由于时间性、指向性都比较强,只能利用特殊的渠道进行销售。包销书也带有一定的投资性质,也能起到化解出版社投资经营风险的作用。

3. 独家投资出版

这类图书有两种情况。第一种情况是由出版社独家投资,由合作单位提供选题或书稿。在这种出版形式中,出版社一般有着比较强的选题策划、编辑加工和市场推广能力,有一支有市场竞争力的营销策划团队,能根据合作方提供的选题特别是重点选题的特点,进行有针对性的市场化操作,从选题的优化、书稿的精雕细琢,到图书的宣传、营销,都能进行有效的操作,实现选题效益的最大化,体现出版社生产、制作的主导优势。而合作方则是选题或书稿供应商。

第二种情况是,合作单位(主要是有策划能力和市场推广能力的民营书业企业)在对图书全额投资的同时,不但提供书稿,还对书稿进行排版、印制,并负责利用企业掌握的渠道进行销售。在这种合作出版形式中,出版社相对处于劣势，出版社除了有书号资源外，其他资源都比较匮乏，既缺乏优秀的策划编辑，又没掌握销售渠道，而且市场推广能力不强，因此只好把书稿的印制和图书的市场推广大权拱手让给合作方，出版社在这种合作出版形式中获得的收益，主要是书号管理费。有关调查表明，由于多种原因，这种合作形式目前成了出版社与民营书业企业的主要合作形式，不少民营书业企业由此壮大了经济实力，扩大了经营规模。目前全国70%的畅销书和绝大部分的品牌教辅书都是民营书业企业投资并操作的。如《明朝那些事》在天涯网连载后，受到网民的追捧，某民营书业企业总编辑市场感觉敏锐，认定这本书稿有畅销潜质。他及时赶赴广州，与作者签了协议，并预付了定金，承担了一定的经营风险。由于他眼光独到，操作有方，该民营书业企业与某出版社合作出版的《明朝那些事》问世后，一炮打响，成了畅销书，而且引发了持续的通俗历史图书热。这种合作形式表明，出版社的书号资源并不能成为社会财富，书号资源只有与相应的选题资源、策划资源、市场推广资源、渠道资源结合在一起时，才能转化为社会需要的产品，从而为社会创造出新的有效财富。

　　出版社与民营书业的合作，在优势互补中，使更多的社会资源成为出版社的有效资源，促进出版事业的繁荣和发展。但合作出版也在一定程度上造成了出版社的"两极分化"，少数出版能力弱小的出版社，在与民营书业企业的合作中，除了提供书号和履行必要的把关签字手续外，在选题策划、市场推广等方面基本上没有作为，成了"书号供应商"，存在着"空壳化"的倾向。而不少民营书业企业在合作出版中成了内容供应商，成了图书出版事实上的投资者，并在投资图书出版的过程中，提高了市场竞争力。

第五章

图书编辑工作的基本流程

第一节　申报选题

申报选题是图书编辑工作的起点,是图书编辑工作的基础。申报选题并不是简单地填填表而已,而是有着丰富的内涵,是一项重要的、富于创意的基础性工作。申报选题建立在周密的市场调查基础之上,因此市场调查与填写选题申报表成了两个相互衔接、缺一不可的环节,其中市场调查是申报选题的依据,申报选题则是市场调查成果的体现。市场调查的深度和广度,直接影响到选题的质量和效益。

一、开展市场调查

市场是编辑选题策划的基础,也是策划选题的出发点和立足点。编辑不应为策划选题而策划选题,而应为了适应市场的需要,为了用健康有益的精神产品去满足读者的需要而策划选题。也就是说,应该是市场调查在前,选题策划在后。市场调查的深度和广度,在很大程度上决定着选题策划的成效。实践表明,市场调查是一个系统工程,是一项综合性的工作,也是一项带有创造性的工作,在一般情况下,市场调查可分为三个步骤。

1. 确定市场调查的目标

市场调查的目标也就是编辑选题策划的主攻方向。每个出版社都有一定的专业分工,同样,出版社的每个编辑也有着各自的编辑分工范围。无所不为的出版社不存在,无所不能的编辑也是不存在的,无所不为的结果,必然是什么也不能为,无所不能的结果,也只能是什么都不可能。在出版社的专业分工问题上,虽然一些出版社在出书过程中突破了原有的出书范围,但那只是有限的突破,在一定意义上,专业分工并不完全是对出版社或编辑的限制,而是体现了集中优势力量出击的原理。只有做得精,才能做得深、做得广,任何一个出版社的发展,最早都是从某一类或是某几类图书的选题策划做起的,都是在某一类选题策划成功的基础上,在单个选题取得成功的基础上,向选题的纵深开掘,把单个选题优势扩展为多选题集群优势的。因此,每个编辑在开展市场调查的过程中,要根据自己的选题策划优势,选择若干个学科领域进行调查。如某出版社对编辑开展市场调查提出了比较具体的要求,要求编辑在策划某类选题时,先对这个学科领域进行一次专项调查,在对该学科领域学科建设的成果、学科建设的发展规划、学科建设的领军人物等情况了如指掌的情况下,写出具体的调查报告,作为申报选题的依据。该出版社制定的这一调研制度,既给编辑尤其是新进入的编辑造成了一定的压力,又产生了一定的动力,促使编辑特别是青年编辑深入市场,深入读者。通过开展深入的市场调查和撰写有说服力的市场调查报告,编辑素质有了很大的提高,策划了一批双效选题。这个事例表明,编辑在决定市场调查之前,必须先确定市场调查的目标,市场调查目标确定了,也就找到了调查的突破口。

2. 确定市场调查的对象

确定市场调查的对象,要服从图书策划的需要。在一般情况下,市场调查的对象不宜太笼统,要集中地分类型进行。最好是选择一个读者群比较集中的单位或地方,如可以到某一所中学或小学的一个年级或一个班级。集中调查对象,可以从中了解到社会某一类读者群带有的倾向性需要,了解倾向性需要的特点,了解对图书的选题、内容及形式的具体要求,这些都是编辑选题策划的重要依据。

3. 采集和运用市场调查的数据

在市场调查中,为了便于采集有关数据,可采取事先设计问卷调查表的方法。编辑将需要采集的数据反映到调查表格中,在一定的范围内,让读者填写。为了能收集到比较真实的数据,可采取匿名填写的方法,让读者在没有任何顾虑的情况下把自己的真实想法表达出来。这样才能为编辑提供来自市场的可靠数据。

二、填写选题申报表

编辑策划的选题基本明确以后,就可以着手填写选题申报表,选题申报表反映的是某一个已经确定的选题的具体内容,在填写中要注意两个要点。一是选题申报表的各个项目都要填写,不能出现缺项或是漏项。选题申报表的各个项目,反映了对编辑策划选题的具体要求,因此这些项目并不是可有可无的,在一定意义上也是对编辑的选题思路的检验。特别是选题名称、选题作者、选题内容、选题策划思路和选题规模这几个主要因素不能有缺项,不能出现空白。二是选题的各个项目必须如实填写，不能有虚假的内容。有的编辑在申报选题时，由于自己准备不足，在选题策划的必备要素不齐的情况下，为了应付过关，在选题表中想当然地填上自己编造的内容。这样做，既影响了出版社选题计划的实现，降低了出版社的选题计划质量，也不利于自身能力的提高和完善。出版社选题计划的质量和选题计划的实现率，建立在每个编辑的申报选题的基础之上，因此，编辑在选题申报中要树立整体观念，努力提高选题申报的质量，以自己出色的"这一个"，打造出版社整体的"这一个"。

第二节 制订年度选题计划

年度选题计划又称年度图书出版计划，表明了年度选题计划执行的严肃性和重要性。为了叙述方便，在此仍然沿用年度选题计划的说法。年度选题计划应该包括三个计划，即年度组稿选题计划、年度发稿选题计划和年度出书选题计划。这三个计划是相互衔接、相互影响、环环相扣的关系，前一个计划的实施、落实情况，直接关系到下一个计划的实施和完成。其中年度组稿选题计划是年度发稿选题计划的基础，而年度发稿选题计划又是年度选题出书计划的基础。在一个出版社，编辑只有在制订并落实了组稿计划的情况下，才能去进一步制订落实年度发稿选题计划，并通过实施、落实年度发稿选题计划，确保年度出书选题计划的实现。

年度组稿选题计划是制订全年选题计划的基础。一个选题，只有在组稿到位、作者落实的情况下，才能最后落到实处。年度组稿选题计划一般在每年的第三季度进行，为第二年的选题计划作准备。编辑策划组稿的选题在出版社组稿选题论证的过程中通过了出版社的论证，列入了出版社年度组稿选题计划后，编辑就可以开始组稿工作了。这样，到年底制订年度选题计划时，这些组稿选题就成了年度选题计划的基础。组稿选题计划由于仅仅是策划的起始阶段，因而其实现率不会很高，但组稿选题计划中已经得到落实的选题，就可成为年度发稿选题计划的组成部分。

年度发稿选题计划是在上一年组稿选题计划的基础上形成的，因此与组稿选题计划的完成、落实情况有着密切关系，年度发稿选题计划的选题，主要应该来自年度组稿选题计划,应该是年度组稿选题计划与年度出书选题计划的衔接。

年度选题出书计划,也就是年度图书出版计划。这个计划就是出版行政部门每年都以发通知的形式要求各个图书出版社完成的任务。年度图书出版计划与年度发稿选题计划的不同之处在于,前者是出版社正式上报的计划,这个计划一经批复,对出版社便形成了一定的制约。后者的选题虽然是前者的基础,但后者只是出版社内部的发稿计划,对出版社并没有制约性。成熟的年度发稿选题计划,是确定年度图书出版计划落到实处的必要的保证措施。

增补选题计划是出版社为适应年度不同时期市场需求的变化而提出的选题计划,因此一般时间性比较强,但成熟的增补选题计划,其选题方向一般都与出版社的出书版块结构相衔接,是出版社年度选题计划的补充、延伸和拓展。

第三节　　组织稿件

一、作者

选题计划确定之后,组织书稿就成了落实选题计划的关键。出版社的选题计划制订得再周密,其创意、设想再大胆,最终还要由与之相适应的作者来完成,因此,物色合适的作者,成了图书编辑工作中重要的一环。组织书稿的工作,在很大程度上表现为编辑与作者之间的交往,是编辑与作者沟通、合作的过程,是编辑与作者建立相互信任、相互促进关系的过程。编辑与作者的关系,在本质上是合作双赢的关系。作者既是出版社稿件的创造者和提供者,也是出版社图书编辑出版的受益者。作者与编辑的社会分工不同,优势也不相同,作者的优势在于创作,在于把头脑的奇妙、独特的构思变为文字,供出版社选择。编辑的优势在于对书稿价值的选择和判断,在于对书稿的专业化加工,在于把作者的文字转化为有精美的物质外壳的读者喜欢的精神产品。因此,作者的本事再大,知名度再高,其作品也必须经过编辑的神来之手,由出版社出版后,才能得到相应的社会承认和市场回报。值得重视的是,随着图书出版竞争的日趋激烈,对作者特别是优秀作者书稿的争夺将更加激烈,而作者与出版社的关系如何,在很大程度上取决于编辑的工作。在编辑与作者的关系中,作者一般是被选择的,而编辑更多的时候是具有选择权的,因此,编辑一般处于主导地位。在一定程度上,组稿的过程,就是编辑努力接近作者、团结作者、帮助作者、培养作者、经营作者的过程。组稿工作,说到底还是做人的工作,是与人打交道的工作。在出版社必须掌握的资源中,作者资源是出版社编辑工作最根本、最宝贵的资源,也可以说是编辑的"衣食父母"。离开了作者的创造性劳动,离开了作者的书稿,编辑工作就成了无源之水,无本之木。作者资源开发利用如何,在很大程度上决定着编辑工作的质量和成效。选题作为一种对图书内容和形式的构思,仅仅是编辑头脑中的虚拟图书形态,选题能否按编辑的策划思路转化成书稿,达到编辑策划的要求,关键在作者。因此,如何最大限度地开发、利用作者资源,将选题策划优势与相应的作者优势结合起来,进而实现选题效益的最大化,是当前编辑工作必须解决的重要课题。

(一)作者的特点

要有效地开发、利用作者资源,首先要了解作者的特点。一般来说,作者有以下五个特点。

1. 专业性

图书是传播和积累文化的精神产品,文化作为人类在社会历史发展过程中所创造的物质财富和精神财富的总和,体现了不同历史时期不同的文化传播和积累成果,是具有一定的专业文化知识水平的作者的创作成果。因此,图书作者必须是具有一定专业文化知识的专家、学者,而且在本专业的研究中具有一定造诣,其研究水平和研究成果在专业领域中处于领先地位,这样的专业人士写出的书稿,才能确保图书选题的质量。同时,作者还应具备一定的写作能力,有一定的语言文字驾驭能力,能用文字流畅地表达自己的思想见解,表达自己的构思和想象,表达自己丰富的内心世界,表达自己对人生的感悟和理解,使读者在阅读中,通过思维的还原,完整地理解作者的观点、构思、情怀、感受等。

2. 分散性

作者作为一个有专业知识造诣的人才群体,不可能集中于某部门、某单位,一般处于分散状态。作者的大多数分布在高校、科研单位和机关,但其他单位也潜藏着不少实力派作者。如畅销书《花季·雨季》的作者郁秀当时是个中学生,《幻城》的作者郭敬明当时是在校大学生。随着社会信息传播渠道的扩大、创作环境的宽松和成才途径的多样化,出版社的作者出现了非职业化的趋势,特别是网络的兴起,为不知名作者的创作提供了一个充分、尽情表现的平台,不少畅销书的作者,都是在网络写作中,在众多"粉丝"的拥戴中,被编辑发现而成为知名作家的。如《明朝那些事》的作者石悦原来是公务员,他在天涯论坛中写了不少关于明朝历史的随笔,引起了网民的极大兴趣,众多网民的回帖,成了他写作的动力,于是越写越觉得有东西可写,越写越想写,后来,在著名策划人的关注、运作下,《明朝那些事》成了畅销书。作者资源的分散性,是非职业化的体现。作者的分布也是不平衡的,任何一个社会群体,都有可能出现出版社所需要的作者,因此,编辑要放下身段,眼睛向下,广开视野,善于从社会的芸芸众生中发现有潜力的作者。

3. 可塑性

作者不是天生的,而是在写稿过程中,在编辑的指导或帮助下,通过了解市场需求、锻炼写作技巧、不断提高驾驭文字的能力而日渐成熟起来的。专家、学者并不等于作者。从出版的角度看,作者是具有一定的专业知识并掌握了一定写作技巧的专业人才,是编辑策划选题的具体实施者。专家、学者只是具备某一方面专业知识的专门人才,因此,从专家到作者,有一个适应、转化的过程。专家、学者要成为出版社的作者,就必须在出版社编辑的帮助下,了解图书市场的需求,了解特定读者群对自己作品的具体要求,这个要求包括写作的内容、写作的体例、写作的语言风格、写作的角度等。出版社出版图书的目的是为了满足特定读者群的特定需求,因此,作者写作的过程,在一定意义上也是不断向编辑的要求接近、不断向读者的期待靠拢、不断向市场的需求接轨的过程。在这一过程中,作者,特别是还没出名的作者,通过编辑的鼓励、引导和启发,从编辑所传递、反馈的图书市场的需求信息中,逐步了解市场,了解读者,并在了解市场和读者的过程中不断加深对自己创造潜能的认识,不断树立起新的创作信心。

4. 创造性

作者写作的过程,也是创造性思维发挥的过程。作者大都有这样的体会:写成的书稿,无论是在文化底蕴上还是在信息含量上,都大大超过原先的写作构思。原因很简单,作者的创造性思维在从写作构思向书稿的转化中得到了充分发挥。由此可见,作者写作并不是对编辑选题策划思路的被动适应,而是由编辑的选题策划思路所激发的创造性思维在一定的创造空间的尽情发挥。这样,作者撰写的书稿越多,其创造性思维发挥就越充分,创新能力也就越能得到提高。

5. 层次性

出版社的作者也是分层次的,既有有巨大市场号召力的畅销书作者,也有不为人所知的一般作者;既有已进入创作成熟期的中青年作者,也有刚刚入行的青年作者;既有已形成自己独特创造风格的作者,也有需要编辑在其创造过程中多加引导的作者。作者的层次性呈现的是一种"江山代有新人出"的趋势,原有的新人成为社会知名作家了,又有新的青年作者出现。正是这种层次性,为出版社提供了源源不断的创造队伍和创作新秀。

(二)作者的类型

按照作者在图书编辑出版工作中所起的作用,可将作者分为两大类。一类属于编辑主导型的作者,即在编辑的组稿过程中,编辑的选题策划思路对完善作者的创作思路、丰富作者的创作内容、提升作者的创作层面,起着十分重要的作用。也就是说,作者的整个创作过程,都是在编辑的积极参与下完成的。另一类属于创作主导型的作者。这类作者在创作和图书出版的过程中,其周围已经形成了一大批比较忠实的读者,在图书市场有相当的号召力和影响力,本身就是一个品牌、成为一面旗帜,达到了写一本,成一本,畅销一本的阶段。如目前在图书市场走红的易中天、余秋雨、池莉、杨红樱、郑渊洁、韩寒及一些影视界、演艺界、体育界、传媒界名人,都成了众多出版社追捧的畅销书作者,这些作者的书稿本身就带有畅销的"基因"。以余秋雨的散文为例,他的散文如今成了出版社的"摇钱树",基本上是出一本畅销一本。余秋雨教授创作不辍,且作品一直保持畅销的势头,这在文学走向疲软的时期是一种令人惊羡的现象。余秋雨的散文如此畅销的原因,首先是把散文选题集中在大量的古今问题上。为了满足读者的需求,他不仅提出问题,而且分析问题和思辨问题,环环相扣,层层递进,步步解说。其次,他的散文读者主要定位于有中等以上文化程度的各类人员,甚至包括军人、城市白领、流浪艺人、服刑犯人等。当今社会,真正主要的读者群集中在学校,谁掌握了这部分读者,谁就把握了大多数读者和图书出版的主动权。再次,有丰赡弘富的知识。如《行者无疆》记录了余秋雨游历过的欧洲26个国家、90多座城市。南欧:废墟,大海,流浪,历史常常在这里出发;中欧:森林,山丘,古堡,历史常常在这里隐蔽;西欧:热闹,精致,张扬,历史常常在这里转折;北欧:苍凉,寂寞,执着,历史常常在这里凝冻。在当代中国作家中,似乎还没有人有余秋雨这般丰富的阅历。他的行万里路对亚、欧大陆文明的实地考察,带有明显的"田野作业"的方式选择。独具的文采也是余秋雨散文畅销的原因之一。古人云,言之无文,行之不远。余秋雨的散文是很重视文采的。他的散文明白晓畅,朗朗上口,不拗口,不佶屈聱牙,注重文气、文势,起、承、转、合,峰回路转,或一气呵成,或一咏三叹,排比、反问、设问、递进等修辞格被运用得炉火纯青。因而,他的文字淳朴而不乏味,流畅而不油滑,庄重而不板滞,典雅而不雕琢。

二、向编辑主导型作者组稿

在向两类作者组稿的过程中,要区别不同情况,实行不同的组稿策略。对编辑主导型的作者,在组稿过程中要着重在沟通和引导上下功夫。这里要把握住三个环节。

1. 精心物色

物色作者是编辑的基本功,编辑要根据所策划选题的要求,寻找合适的作者。物色作者需要有交际艺术,编辑要重视提高自己的交际水平,积累自己的交际资本,在一定的圈子内形成自己的交际优势,形成对一流作者的吸引力。如某编辑发挥自己的专长,钻研经济理论,撰写经济理论文章,经常参加各种经济理论研讨会,在经济理论研究中达到了较高的水平,具备了与国内一些著名经济理论权威对话的资格,与他们建立了良好的关系和友谊。借助于这种社交优势,这位编辑所策划的几个关于经济理论热门话题的选题,都顺利地找到了合适的作者,取得了较好的效益。有的编辑将物色作者比作"功夫在诗外",表明了编辑在社交中表现出来的人格魅力和知识功底在社交中重要的、关键性的作用。由于作者的分布是不均衡的,编辑在高层次人才中物色作者的同时,也不能忽视在中、低层次的人才中发现有创作潜能的作者。不少编辑的成功实践已经和正在证明,名不见经传的"小字辈"中也不乏优秀的、有潜力的作者,关键在于编辑要有识人的眼光。如畅销书作家都梁的小说《亮剑》,书稿曾经在几家出版社受到冷遇,有的编辑甚至提出要作者赞助出版,有的要作者包销。解放军文艺出版社的编辑董保存慧眼识珠,认为《亮剑》是一部有价值的图书,并提出了具体的修改意见,帮助作者进行修改。小说出版后一炮打响,改编成的电视剧一度热播,编辑功不可没。

2. 悉心引导

编辑和作者由于职责不同,对书稿的期望值和要求也不尽相同。编辑作为出版社的工作人员,策划选题的目的是适应市场需求,在满足读者需求的过程中实现图书的社会效益和经济效益,获取相应的市场回报,因此编辑是对市场、对读者负责。作者撰写书稿的目的是使书稿达到出版社的出版要求,使自己的精神劳动成果得到社会承认,获取应得的报酬,因此作者是对出版社负责。编辑作为作者和读者的中介,必须在摸准市场需求的情况下,把有关图书市场信息明白无误地反馈给作者,引导作者按照编辑的策划思路进行创作。在这一点上,编辑在作者潜能开发中处于主导地位,这并不是因为编辑比作者高明,而是编辑和作者所要负责的主体不同。中央某出版社编辑引导作者创作的做法很值得借鉴。该社通过对农村读者需求的定性、定量分析和总结、归纳,对图书内容提出了"少讲为什么,多讲怎样做"的总体要求,并要求所有面向农村的选题都要体现这一要求。该社编辑在向一位权威牙科医生组稿时,这位牙医大叹苦经,说他撰写的牙医专著销路不畅,加之承担了出版社的包销任务,致使办公室堆满了待销积压的图书。该社编辑告诉牙医,只要按照编辑的策划思路去写,书肯定能畅销,作者不但不用包销,而且还能拿到稿费。在编辑的引导下,这位作者按通俗易懂、直白浅显的要求撰写了《牙病防治》一书,结果该书首印20多万册,而且以后年年重印,作者从出版社编辑的选题策划思路中尝到了甜头。编辑引导作者是一种双向沟通和交流。编辑在引导中,除了阐述自己的编辑意图和选题特色外,还要听取作者的意见,将作者意见中有价值的部分采纳到编辑的选题思路之中。所以,引导作者对编辑的选题策划思路进行论证,在论证中达成新的、更高层次的共识,也是编辑引导所应达到的目的。

3. 扬其所长

扬其所长是编辑开发作者资源的重要手段。作者因其经历、主攻方向、语言风格的不同,其创作优势也不尽相同。有的作者创造性潜能发挥较充分,创作优势明显,并在创造性潜能的充分发挥下,出了大批成果,成了名家。有的作者创作优势独特,但创造性潜能发挥不够充分,虽时有力作,但与上述名家相比,难以进入编辑视野。扬其所长就是要求编辑拓宽视野,着力发现、培养、开发青年作者,为其创造性潜能的发挥创造条件,使作者在创造潜能的发挥中产生更多的社会需要的精品。某出版中心一位编辑运用扬其所长开发作者资源的成功经验,引起了出版界的关注。该编辑从《文化苦旅》等散文集的畅销中,意识到这类融抒情、哲理、思辨于一体的新型散文,能给读者带来多重享受,读者既能从抒情中得到放松、陶冶情操,又能从哲理思辨的精彩议论中得到无穷回味。他从中预感到这类散文将在今后一个时期成为图书市场的主导,于是策划了"湮没的辉煌"这一选题,并四处找寻作者。一次,他看到《雨花》杂志上一篇散文,不由眼睛一亮,发现这位作者写的散文很有历史穿透力,正是完成这一选题的合适人选。不久,他又从《雨花》杂志看到该作者的第二篇散文,从而更加坚定了自己的想法。他通过《雨花》杂志了解到作者是某县文化馆的普通干部后,便登门拜访,向作者讲明选题策划意图,鼓励作者担当此任。作者是个年轻人,从未写过书稿,开始有些犹豫，在编辑的鼓励下，作者坚定了信心，准备搏击一次。之后编辑又与作者多次交谈，拟定了写作提纲。功夫不负有心人，由于这位编辑眼光独特，扬长有方，编辑出版的《湮没的辉煌》不但成了畅销书，还被评为"茅盾文学奖"。那位作者在颁奖仪式上说，他写散文只是一时兴起，原打算写完两篇后不再写了，没想到自己有这样的创作潜能。显然，这位编辑在开发作者资源中所起的卓越作用是不言而喻的，这种独具慧眼的开发艺术，正是出版界要大力弘扬和倡导的。这一事例表明，编辑组织稿件的过程，是与作者沟通的过程、与作者交心的过程，也是鼓励作者、给作者以信心和勇气的过程。

对于作者主导型的作者，则要在真诚和吸引力上下功夫，以编辑的人品和水平取得作者的信任，以出版社品牌的魅力吸引作者加盟和合作。

三、向创作主导型作者组稿

对作者主导型的作者，组稿的关键是想方设法拿到稿件，也就是说，编辑着重在沟通上下功夫，在与作者的交流中，提出自己对作品的独特见解，表现对作者所研究的课题的了解和认识的程度，以自己与作者在学术方面的共同见解作为接近作者的桥梁，想方设法地缩短与作者的距离，取得作者对自己及出版社的信任。这样，作者才会把书稿放心地交给出版社出版。

第四节 签订图书出版合同

一、签订图书出版合同的意义

编辑在出版社主要领导授权的情况下，代表出版社与作者签订的图书出版合同，是出版社与作者之间具有约束力的契约。图书出版合同一旦签订，对出版社和作者双方就都有一定的制约作用。编辑要熟悉有关出版著作权的知识，合同条款既要维护出版社的利益，也不能损害作者的利益。图书出版合同一般有两种形式：一种适用于作者已创作出来的书稿，该书稿经过编辑加工就可以出版，这种合同是一般的图书出版合同；另一种适用于尚未创作的书稿，根据出版社的约请，作者和出版社订立合同，然后根据合同创作出作品，这种合同是包含了约稿条款的图书出版合同。

二、图书出版合同条款包括的要素

图书出版合同的主要条款包括以下几个要素。

（1）著作权人要按合同约定的方式去创作书稿，并要按合同约定的日期交付书稿，书稿必须达到合同约定的标准。如果要对书稿作较大的修改，必须与编辑事先进行沟通，以确保书稿达到出版社所期望的出版要求和市场效益。

（2）著作权人要担保交付的书稿是自己独立创作的，并且不存在侵权或违约的情况。著作权人如果违反这种担保义务，就可能要对出版社承担损害赔偿义务。出版合同中如果没有这种担保条款，在发生侵权的情况下，出版社往往会被认为有过错，从而共同承担侵权责任。

（3）出版社负责对著作权人创作的书稿进行必要的编辑加工和出版，有关出版的一切费用以双方约定的方式进行运作，或是由出版社承担所有的出版费用，或是由著作权人承担一定的出版费用（资助类书稿除外）。出版社按合同约定的数额、日期和方式向著作权人支付报酬。

（4）出版社通过由著作权人签订的图书出版合同取得专有出版权。在合同有效期内，著作权人不得许可第三者以相同方式出版。根据《中华人民共和国著作权法实施条例》，专有出版权指在合同有效期内和在合同约定地区内，以同种文字的原版、修订版出版图书的独占权利。

（5）对专有出版权的地域应有明确约定。例如，是在中国大陆范围内，还是包括台、港、澳地区，还是全球范围，等等。如果没有专门约定，应认为只是中国大陆范围的出版权。

（6）合同中如果没有特别约定，著作权人还可保留表演、录音、摄制电影、播放、展览、改编、翻译或以其他任何方式使用其作品的权利。由于行使这些权利超出了推销或直接利用有关图书的范围，所以出版合同中不宜包括这些权利。如果出版社希望代理出版权以外的一些权利，比如翻译权，应在与著作权人签订图书出版合同时，在合同中明确约定。

（7）出版合同中还应考虑到图书发行后发生脱销现象应如何处理。《中华人民共和国著作权法》规定，图书脱销后，图书出版者拒绝重印、再版的，著作权人有权终止合同。按照此规定，著作权人在发现作品脱销后，有权向出版社提出重印或再版的要求。关于脱销，《中华人民共和国著作权法实施条例》有专门的解释,即著作权人寄给图书出版者的两份订单在 6 个月内未能得到履行,就视为脱销。如果在一定期限内出版社仍未重印或再版,或者明确拒绝重印或再版,著作权人就有权终止合同。也就是说,著作权人不能一发现脱销就单方终止合同,而是要给对方一个重印、再版的机会。

(8) 作品出版后,著作权人一般都有权得到一定数量的样书。著作权人可得样书以及能买优惠价图书的数量,都应在合同中明确约定。对于个别成本较高的画册、大型工具书等图书,样书的数量可以规定得少一些或者不给作者样书,但这不能由出版社单方面决定,而应由双方约定。

(9) 如果出版社与著作权人约定图书再版,出版社在再版图书之前,应征询著作权人有无修改意见。如果著作权人能在规定的期限内完成修改工作,出版社应按照修改后的版本出版。此规定对于科技作品尤为重要。因为科学技术的发展非常迅速,著作权人总是希望能够出版反映最新发展水平的作品。如果在短时间内再版、重印,比如仅隔两个月的时间,出版社也可以不向著作权人征询意见就再版、重印,但这也应当在合同中写明。

(10) 从我国的出版实践来看,大部分书稿都要经过图书出版社的编辑加工。图书出版社编辑从专业角度对书稿进行加工修改,目的是使著作权人的书稿更为完善,达到出版的要求。在一般情况下,著作权人创作出的作品不用修改就完全符合出版要求是不可能的,这种情况不可能会改变。这并不是著作权人的水平问题,而是著作权人与出版社编辑专业分工不同。正如作者的优势在构思和创作一样,出版社编辑工作的优势在于对书稿的驾驭和把握能力。不论作者有多高的水平,书稿经过出版社编辑的加工,增加了编辑工作的含量,就能使书稿实现程度不同的增值。不少著作权人尽管具有较高的创作素质,创作的题材也很好,但是他们不熟悉出版过程中对稿件的一些具体要求;而出版社的编辑由于长期从事这项工作,能够把创意新、题材好但是不完全符合出版要求的稿件加工成符合要求的稿件。当然,修改作品不免涉及著作权中的人身权。有时编辑觉得需要修改的地方,也许正是著作权人刻意写成而自己最为满意的部分,在这种情况下,编辑有必要征求作者意见,在意见一致的情况下对书稿进行完善。如果编辑不经著作权人许可就自己改动,就可能歪曲作品的原意。《中华人民共和国著作权法》既考虑到修改权是作者的权利,也考虑到出版实践的需要,因而规定,出版社如果要修改稿件,须经著作权人许可,并且在合同中写明。

(11) 在出版合同的约稿部分一般还规定,出版社在收到书稿后应立即通知著作权人,并且在一定期间内审读完书稿,作出是否采用的决定。如果需要修改，应及时退还作者修改。如果超过期限仍然没有通知著作权人，著作权人可能认为出版社已决定采用，或认为出版社不准备采用，而将稿件给其他出版社，由此产生全同纠纷。在实践中经常碰到这样的情况：出版社在收到作者的书稿后不及时审阅，迟迟不作决定，拖了三五年，甚至近十年，最后不出版了，只付给作者少量约稿费。这样做是对作者付出的劳动极不尊重的表现，往往由于图书市场的行情变化，作者的作品最终丧失了发表的机会。如果出版社不打算出版，应该及早通知著作权人，著作权人可以选择别的出版社出版。

（12）如果出版社主动约请著作权人创作的书稿经作者一再修改仍然达不到出版水平，出版社也应该根据合同约定或有关规定支付适量的约稿费。由于出版社（包括其上级机关）单方面的原因致使书稿不能出版，在著作权人无法请求强制履行的情况下，出版社除应向著作权人支付全部应付报酬外，还应赔偿著作权人因未出书而受到的损害。

（13）出版社在出版作品之后应将原稿退还给作者。从法律上讲，作品的原件，特别是美术作品原件，属于作者的个人财产。有的出版社由于保管不善，将作品原件损坏或者遗失，如果合同中没有免责条款，出版社应适当赔偿作者。赔偿的数额由双方协商，协商不成的，由司法机关裁判。有的出版社需要将原稿保留一段时间存档待查，而有的著作权人自愿放弃原稿的所有权，这些例外情况都应在合同中明确约定。

第五节　加工稿件

编辑对书稿的加工由两个基本环节组成：一是审读，亦即出版社常说的"三审制"；二是修改，也就是对书稿中的文字、结构的具体加工。实际上，在编辑对书稿的加工过程中，审读与修改是密不可分的，可以说是审读中有修改，修改中又有审读。这里为了叙述上的方便，还是分开来说。

一、审读书稿

出版社的审读活动贯穿于出版工作的全过程。在选题、组稿过程中的审读是事先审读，图书出版后的成书质量检查是事后审读。这里讲的审读，是作为编辑工作一个阶段的审稿，是对书稿整体质量的全面审读，旨在对书稿作出基本评价，决定取舍。审稿的基本职责是坚持为人民服务、为社会主义服务的方向，按照出版工作的方针和政策，对书稿进行评价、选择和把关，以促进优秀图书的出版，防止有害读物流入社会。

出版社编辑工作的"三审制"的实质含义是指编辑对书稿的加工。"三审制"是编辑工作的中心环节，是一种从出版专业角度对书稿进行科学分析判断的活动。选题获得批准后，选题就进入了编辑加工阶段。三审是指编辑的初审、复审和终审，这三个环节缺一不可。三审环节必须由三个不同的编辑来担任，任何两个环节的审稿工作不能同时由一人担任。在三审过程中，始终要注意政治性和政策性的问题，要切实检查稿件的科学性、艺术性和知识性。审稿是编辑工作的决定性环节，写成的书稿只有经过审稿被决定采用，才能传播和发挥效益。审稿是一种对书稿进行科学分析判断的理性活动，它不同于对图书的浏览和阅读，不是根据审读者个人的观点和喜好决定取舍，而是代表社会和读者对书稿作出理性判断。它也不同于研究者对研究资料的阅读，而是从出版专业的角度，对书稿内容由表及里、由浅入深、全面反复地进行审视，以作出正确的取舍判断。即使是名家的书稿，也要认真审读，轻视、放松甚至放弃审稿，无异于放弃编辑责任、取消编辑工作。审稿与加工整理相互联系又各有分工，一般应先审稿，经确认采用后再加工整理。

"编辑"一词，最基本的含义是对稿件和资料的收集、组织、审读、选择、修改、补充、编排、设计，"责任编辑"对所加工、整理、审读的出版物承担一定的责任。作者写出来的书稿一定要经过编辑加工才能出版，这是因为书稿是由作者个人创造的，反映的是作者个人的思想观点、思想体系和独特的风格，具有个体性，而图书的出版是面向社会、面向广大读者的，具有明显的社会性。个性与社会性是一对矛盾体，解决这对矛盾只能由编辑来完成。也就是说，要将书稿变为受读者欢迎、产生良好的社会效益的出版物，必须经过编辑对书稿的认真加工这样一个劳动过程。编辑负有为社会、为受众对书稿进行遴选、纠谬、增益等使命，编辑加工的目的就是鉴别、选汰、整理、加工、修改，使书稿达到应有的出版要求。

审稿就是"审读书稿"，出版单位根据出版要求对作者的书稿进行责任编辑初审、编辑室主任复审、总编辑或主管副总编辑的终审工作，层层把关，决定稿件的取舍。审稿要分步骤进行，一般可分两步进行：先初读，再细读。第一步初读，浏览全稿，了解和掌握书稿的大体情况，如其内容不属于本社界定的出书范围或在政治内容、学术内容上存在严重差错,则需退稿或退修,这种书稿不存在下一步的细读环节。反之,对于能细读的书稿,必须思想高度集中,仔仔细细审读。天下大事,必作于细,不能放过书稿上细枝末节的差错。所谓书出精品,必是字斟句酌、精雕细琢的结果。

阅读的方式多种多样,可以是动态的,也可以是静态的,它不受时间、地点的影响和限制。阅读可以信马由缰,粗览——一目十行,不求甚解,了解个中大意就行;细读——品味把玩,大处落墨,择其感兴趣处仔细咀嚼。审稿是对书稿的客观评判,要求编辑以高度的责任感、理性的心态、冷静的头脑对书稿进行科学的分析判断。编辑要以质论稿,不论贵贱亲疏,即便是名家的书稿,也要认真审读。编辑的职责与审稿的目的决定了审稿必须"锱铢必较"、精益求精,不能粗枝大叶、敷衍塞责。古往今来,每一篇华章的诞生、每一部优秀著作的问世,无不饱含着编辑的智慧、心血和汗水。图书中规范的语言文字后面,有编辑默默无闻的奉献。审稿中的加工、整理、修改、去粗取精、去伪存真必须是在对书稿的充分消化、理解的基础之上进行的,体现了编辑的创造性劳动。出版物是传播知识的主要媒介,"开卷有益"既是鼓励人们读书的格言,也是社会对出版物提出的基本要求。它要求责任编辑必须承担起传播正确知识的责任,也就是说,责任编辑应保证自己所责编的出版物导向正确、学术价值高、内容准确、文通字顺、标点符号使用得当等,否则就会误人子弟,甚至贻害社会。

出版社的审稿应坚持三级审稿制度,即责任编辑初审,编辑室主任复审,社长、总编辑(或由他们授权的具有正、副编审专业技术职务的人员)终审。三级审稿缺一不可,因为只有经过多人多次审读,才能使认识深化,使判断符合书稿实际。在三审过程中,要始终注意政治和政策性问题,同时切实检查书稿的科学性、艺术性和知识性。三审的要求各有侧重。初审是三审的基础,一般由具有编辑专业技术职务的人员或具备一定条件的助理编辑人员担任责任编辑。责任编辑必须逐字逐句地认真审读全稿,对书稿的政治倾向、思想品位、学术或艺术价值、科学性、知识性、结构体例、文字水平等各个方面进行把关,对其质量、社会效益和经济效益进行评价,要善于发现书稿中存在的问题,并提出取舍意见和修改建议。复审应审读全部书稿,并对初审报告中提出的问题提出自己的解决意见,作出总的评价。终审则根据初审和复审意见,对书稿内容,包括思想政治倾向、社会效果、是否符合党和国家的政策规定等方面作出评价。如果书稿涉及敏感问题,选题属专项报批的,或初审和复审意见不一致的,终审者可通过通读书稿对书稿是否采用作出决定。有些重要的书稿可组织审读、讨论。有些本社编辑难以判断的专业性很强的书稿,经过社内审读后,还需请社外专家审读。翻译书稿要由有关的外语专家校订。

1. 初审

初审应由责任编辑担任。责任编辑在通读书稿的基础上,主要负责从专业的角度对稿件的社会价值和文化学术价值进行审查,把好政治关、知识关和文字关,还要写出初审报告,并对稿件提出取舍意见和修改建议。初审报告是衡量编辑人员对书稿内容和质量掌握程度的标尺。简单地重复书稿内容,加上几句空洞的评语,既没有对书稿的中肯评价,也不见对书稿问题的处理意见,这样的初审报告显然是不合要求的。初审报告应有比较深入的分析和论述,要体现编辑的专业眼光和专业水平。

初审报告一般由五个部分组成。第一部分是书稿的内容提要,简要地介绍书稿的基本特点和基本内容。第二部分是对书稿的整体评价,包括对书稿的篇章结构、行文风格、编排体例及书稿的政治观点、思想倾向和学术品位、社会价值和文化学术价值等进行评估。第三部分是编辑的修改加工情况,说明对书稿的哪些地方进行了修改或调整,对比较大的修改,还要作出一定的具体说明。第四部分是对书稿的取舍意见,通过对书稿的全面分析和评估,肯定书稿的可取之处,同时实事求是、准确无误地指出书稿中存在的问题,表明自己对书稿中存在问题的认识和看法。对书稿中存在问题的认识和看法,最能够体现一个编辑的编辑水平,体现一个编辑对书稿整体内容的驾驭和把握能力。因此,能不能准确地指出书稿中存在的问题,并在编辑加工的过程中予以解决,是对编辑能力和素质的挑战。一个称职的编辑,应该善于发现书稿中存在的问题,并将自己发现的问题与作者进行沟通,与作者交换对这些问题的看法,与作者充分商量,并在与作者达成共识的基础上,进行妥善修改处理。实践表明,编辑工作的含量,在很大程度上体现在对书稿的取舍与处理之中。第五部分是对书稿的结论性意见。在认真审读书稿的基础上,责任编辑提出自己对书稿的总体的倾向性意见。在这五个方面中,关键是提出书稿中存在的问题,这既是编辑审读加工的难点,也是编辑加工的重点,是最见编辑功力的。

一般来说,书稿中存在的问题,按照问题的类型,可分为五大类。第一类是政治方面的问题。在这一方面主要看书稿的内容是否符合党和国家的有关方针政策,是否符合当前的工作大局。有的书稿看起来没有问题,但与当前的工作大局不符合,这同样是个不容忽视的问题。还有政治思想倾向方面的问题,包括对一些敏感问题的提法是否与党的宣传口径保持一致等。第二类是知识方面的问题。编辑要尽量使书稿中所涉及的知识准确无误,体现一定的科学性。第三类是编排体例方面的问题。在书稿结构及标题等的设计上,应该做到体例一致、首尾一致,保持书稿体例的连续性和一贯性。如书稿每个章节的节题,要么都有,要么都没有,不能出现有的章节有节题,有的章节没有节题的现象。第四类是语言文字方面的问题。编辑应该进行认真细致的文字加工,做到字斟句酌、反复推敲,把语病、错别字等减少到最低限度,达到文字通顺、语言连贯、逻辑严密的要求。第五类是书稿中有关人名、地名等专有词准确性的问题,应该做到反复核对,再三检查,确保内容和形式的完美结合。

初审报告也有一定的格式。以对书稿的结论性意见为例,责任编辑对书稿的采用与否并没有处置权,而应由复审或终审者来决定。严格地说,初审报告是责任编辑写给复审者和终审者的请示,因此在行文中应该把握分寸。有的责任编辑对自己承担的职责认识模糊,没能准确地把握自己作为编辑工作的身份和所承担的职责,从而在初审报告中出现了这样的语言:"书稿达到了出版要求,可予发稿。"其实这是一种越权行为。责任编辑只有对书稿的编辑修改权,并没有对书稿的采用权,对书稿的采用权掌握在出版社的社长、总编辑手中,或是由社长、总编辑委托进行终审的人员手中。因此,准确的写法应该是这样的:"认为书稿达到了出版要求,请予(建议)复审。"至于采用与否,则是复审、终审人员的职责。

2. 复审

复审应由具有正、副编审专业技术职务的编辑室主任一级的人员担任。复审应审读全部稿件,并对稿件质量及初审报告中提出的复审意见作出总的评价,同时要回答和解决责任编辑在初审报告中提出的问题。

3. 终审

终审应由具有正、副编审专业技术职务的社长、总编辑(副社长、副总编辑)或由社长、总编辑指定的具有正、副编审专业技术职务的人员担任(非社长、总编辑终审的书稿的审稿意见,要经过社长、总编辑审核)。终审主要根据初、复审意见,负责对稿件的内容,包括思想政治倾向、学术质量、社会效果、是否符合党和国家的政策规定等作出评价。如果书稿涉及国家安全、社会安定等方面的内容,属于应当备案的重大选题,或初审和复审意见不一致的,终审者应通读稿件,在此基础上,对稿件能否采用作出决定。

4. 编辑工作三审制之间的关系

在编辑工作的三审中,初审、复审和终审必须由不同的人来完成。有的出版社图省事,将初审和复审合并,由责任编辑一人完成,或是将复审和终审合并,由编辑室主任完成,使三审制流于形式,这样不利于书稿质量的提高,使图书质量得不到保证。三审制应该由具有相应专业技术职务的编辑分别进行,一个也不能省。在一定意义上,三审制是一个环环相扣的系统工程,体现了图书编辑工作的规律,其中初审是三审制的基础,起着第一道也是最基础的把关作用,一般的思想倾向、语言文字、书稿体例等问题,都应该在初审工作中解决。复审在三审中起着承上启下的作用。复审既是对书稿进一步的把关,又是终审的基础,责任编辑在初审中提出的问题,在一般情况下,应该在复审环节得到解决。也可以说,复审在通读书稿的基础上,除了继续在内容上把关外,重点是解决责任编辑在初审中提出的问题,这些问题解决得如何,解决得是否到位,在很大程度上体现了复审的编辑水平,体现了复审是否尽到了复审的职责。除非有十分重大的问题,一般的问题都不应留给终审解决。到了终审这一关,主要是对书稿的政治思想观点等大的问题进行最后的把关,并对复审意见进行评估,最后签字付印,也就是说,终审的主要职责是在确认复审意见的基础上,对书稿是否付印、是否进入书稿的印制阶段作出最终决定。

二、修改书稿

修改书稿一般可分解为统一体例、润饰文字、订正观点和核对数据四项具体工作。

(一)统一体例

统一体例是书稿加工的最基本的任务。统一体例,对单本书而言,就是要按照书稿加工的基本要求,对书稿的篇章结构、段落之间的衔接和过渡等问题进行规范化的处理,使之符合图书质量的标准和要求。

1. 结构

首先是看全书的结构是否紧凑、严谨,章节安排是否合理,层次是否清楚,是否既有系统性,又突出主题,与主题无关或可写可不写的内容,应删去。如果审稿时发现节以下段落划分不合理,可以作必要的合并或分开等处理,也可以加几句承上启下的语句。但是,如果要对结构做大的改动,必须征得作者的同意。

其次是看前言和后记是否规范。前言、后记是指作者、译者用来向读者交代有关本书情况的说明文字。前言在正文之前(一般在目录之前),后记在正文之后。属于前言的有:序言或序,前言,引言,代序,编者的话,翻译稿的原序(作者序)、译序(译者序)、修订稿的原版序(初版序)、修订版序(再版序、二版序等);凡例或例言、体例说明等;出版说明、再版说明、重订说明等。序言一般由作者自己撰写,用以说明编写意图、资料来源、编写经过、编写人员分工、主要内容介绍、本书的特点以及有关的科研动向、写作背景等情况,目的是帮助读者了解全书概况,指导读者正确阅读。当然,序言也可以请人写。序言中通常提供推荐意见,提出评价的观点,指出该书的特点及优缺点,介绍主要内容,借以帮助读者领会该书的主旨。序言也可选用某一文章,称为代序。对于翻译稿,译者可写译者序或译者的话,也可请人写序,称为中译本序。译者序一般根据正文内容,联系实际情况,对译文作必要的分析和评价,用以指导读者阅读,一般列在原序之前。对于修订、再版的书稿,修订版序主要说明该书初版以来的情况、新版所作的重大修改及修改的原因,以帮助读者了解新旧版的主要差别和重大改进或增补之处。修订版序一般与初版序同时刊出,放在初版序之前;修订版序中已对初版情况作了说明的,也可以不附初版序。凡例则是主要说明编排的程序和形式、内容选择标准、查阅的方法以及对符号、注释、缩略语和有关插图、表格、附录的说明等。凡例一般用于工具书、辞书等。后记也是书稿的组成部分,一般可分为后记、跋、代跋、结束语、再版后记、编后记等。后记主要是交代有关该书的编写、出版过程和补充性内容,如阐述结论性意见,作者谈认识、体会和感想,以及有关科技方面问题的探讨、回顾与展望等。跋是写在书稿后面的评价、鉴定、考释之类的短文。

优秀的编辑在书稿结构的修改中,都融进了自己的智慧和创意。以中国青年出版社出版的《红旗谱》这部当代文学名著为例。作者梁斌是1926年入党的老革命,写了几十年才完稿,可谓是花费了毕生的心血。作者最初把书稿投寄给某地方出版社,但被退稿,之后他抱着一线希望转投中国青年出版社。该社编辑慧眼识珠,认为这是一部难得的上乘之作。在修改中,编辑将原书稿中间一章的一句开篇话"平地一声雷"挪作整书开篇的第一句,掷地有声,振聋发聩。此书出版后,作者梁斌先生感动得号啕大哭。这部20世纪60年代颇为轰动的作品,是由责任编辑推翻了原书稿结构,和作者一道研究,重新拟定写作提纲,重新创作而成的。这一事例表明,编辑对书稿的修改在一定意义上也是一种再创作,不同的是,编辑属于后台劳动,功力体现在书稿内容中,读者看到更多的是前台的作者。

2. 标题

标题是标明图书某部分内容的简短语句,它通过不同层次表现图书的形式结构,其特点是层次分明,能体现全书的内容和结构。标题的作用,除了作为书稿的表设外,还可体现书稿的层次性及各层次之间的逻辑联系。对标题进行规范化处理的关键,是要在理解各级标题所含的层次的基础上,对标题进行科学规范的分级处理。一部书稿通常可以有若干级标题,如一级标题、二级标题、三级标题、四级标题、五级标题等。一般而言,可设篇、章、节、条、款等层次,常用的序号(除篇、章、节外)有一、(一)、1、(1)等。按照国际标准,序号可统一用阿拉伯数字表示。如第一章的第三级标题可表示为1.1.1;如果有绪论等形式的内容,则用"0"作为序号。此外,按标题位置,标题可分为居中标题、边题、插题。居中标题大多数用于一、二级标题,即章、节标题;边题大多用于三、四级标题,有顶格排和空格排两种;插题即段首标题。

3. 目录

为了便于读者检索正文和了解全书内容纲要,把书中各级标题按次序或类别加以排列,并标上相应的页码,这就是目录。它一般排在正文之前、前言之后。目录的项目有序言、绪论、篇号篇题、章号章题、节号节题、小节号小节题、参考文献、附录、索引等。目录的详细程度要看书稿的性质和内容的复杂程度而定。一般书稿列到二、三级标题,但有的书稿总目录为简单的章目,后面分章再列详细目录。论文集的目录,还须列出每篇文章的作者名(一般不超过三人)。

(二) 润饰文字

文字材料的信息,是通过文字记录的。南朝学者刘勰说过:"夫人之立言,因字而生句,积句而成章,积章而成篇。"他提出著书立说的三条基本要求:章无疵,句无玷,字不妄。清代学者戴震说得更明白:"经所以载道、所以明道者,词也;所以明词者,字也。学者由字以通其词,由词以通其道。"材料的思想文化内容,需要通过正确的文字符号准确地表达。要正确记录、传播、传承思想文化,就要正确用字、用词、造句。用字、用词或造句的错误,会影响思想文化的准确表达,影响思想文化的传播和传承。

1. 文句

书稿中文句的通顺与否,关系到作者内容表达的准确性,同时,影响到读者的阅读效果。如有的学术类书稿侧重于对学术观点的阐述,对于语法修辞问题往往容易忽视,因此,时常会发现文句不通之处。此时,应在准确领会内容的前提下,结合上下文进行修改。对于含意不清、难以理解的句子,应提请作者修改。

2. 汉字

书稿的汉字要求字迹清晰、工整,使用国家语言文字委员会最新公布的《简化字总表》中规定的简化字,禁止使用非规范的汉字和自造的汉字。由于汉字是由象形文字演变成的方块字,结构相似、偏旁相同的字很多,每个汉字具有形、音、义三要素,又多单音节字,因此,极易造成差错。常见极易混淆的汉字有以下几种类型。

一是字形相似的汉字。例如:工土士,己已巳,木未末,向何伺同,戊戌戍,抢抢抱,干千于,升开,天天夫,暖暖,茬茌,折拆,等等。

二是形似音似的汉字。例如:殴欧,喧暄,候侯,梁粱,竟竞,博搏,摸模,即既,等等。

三是形似音异的汉字。例如:炙灸,栗粟,盲肓,管菅,查杳,拔拨,半丰,等等。

四是音同形异的汉字。例如:蓝兰,壮状,绩迹,辞词,意义,付副,等等。

五是音同义近的汉字。例如:震振,廷庭,长常,嘉佳,爆暴,等等。

编辑加工修改书稿时,要根据每个字的含义和用法认真对待,应勤于查阅词典和有关资料。

有文字"清道夫"之称的《咬文嚼字》杂志的编辑部组织专家审读了近3000种图书、1000种期刊和100种报纸,整理出了"最常见的100个别字"。

1. 按(安)装
2. 甘败(拜)下风
3. 自抱(暴)自弃
4. 针贬(砭)
5. 泊(舶)来品
6. 脉博(搏)
7. 松驰(弛)
8. 一愁(筹)莫展
9. 穿(川)流不息
10. 精萃(粹)
11. 重迭(叠)
12. 渡(度)假村
13. 防(妨)碍
14. 幅(辐)射
15. 一幅(副)对联
16. 天翻地复(覆)
17. 言简意骇(赅)
18. 气慨(概)
19. 一股(鼓)作气
20. 悬梁刺骨(股)
21. 粗旷(犷)
22. 食不裹(果)腹
23. 震憾(撼)
24. 凑和(合)
25. 侯(候)车室
26. 迫不急(及)待
27. 既(即)使
28. 一如继(既)往
29. 草管(菅)人命
30. 娇(矫)揉造作
31. 挖墙角(脚)
32. 一诺千斤(金)

33. 不径(胫)而走
35. 不落巢(窠)臼
37. 打腊(蜡)
39. 兰(蓝)天白云
41. 再接再励(厉)
43. 黄梁(粱)美梦
45. 水笼(龙)头
47. 痉孪(挛)
49. 罗(啰)唆
51. 萎糜(靡)不振
53. 名(明)信片
55. 大姆(拇)指
57. 凭(平)添
59. 修茸(葺)
61. 磬(罄)竹难书
63. 声名雀(鹊)起
65. 搔(瘙)痒症
67. 谈笑风声(生)
69. 有持(恃)无恐
71. 追朔(溯)
73. 金榜提(题)名
75. 趋之若鹜(鹜)
77. 洁白无暇(瑕)
79. 渲(宣)泄
81. 弦(旋)律
83. 不能自己(已)
85. 竭泽而鱼(渔)
87. 世外桃园(源)
89. 醮(蘸)水
91. 装祯(帧)
93. 坐阵(镇)
95. 灸(炙)手可热

34. 峻(竣)工
36. 烩(脍)炙人口
38. 死皮癞(赖)脸
40. 鼎立(力)相助
42. 老俩(两)口
44. 了(瞭)望
46. 杀戳(戮)
48. 美仑(轮)美奂
50. 蛛丝蚂(马)迹
52. 沉缅(湎)
54. 默(墨)守成规
56. 沤(呕)心沥血
58. 出奇(其)不意
60. 亲(青)睐
62. 入场卷(券)
64. 发韧(轫)
66. 欣尝(赏)
68. 人情事(世)故
70. 额首(手)称庆
72. 鬼鬼崇崇(祟祟)
74. 走头(投)无路
76. 迁徒(徙)
78. 九宵(霄)
80. 寒喧(暄)
82. 膺(赝)品
84. 尤(犹)如
86. 滥竽(竽)充数
88. 脏(赃)款
90. 蛰(蛰)伏
92. 饮鸠(鸩)止渴
94. 旁证(征)博引
96. 九洲(州)

97. 床第(笫)之私　　　　98. 姿(恣)意妄为
99. 编篡(纂)　　　　　　100. 做(坐)月子。

这100个别字都是规范汉字,但经常用错,而且出错率比较高,所以具有典型意义。分析这100个别字,可以找到错用别字的主要原因。有学者对这100个别字进行了初步分析,找到错用别字的四个原因。

(1) 没有掌握汉字简化的规范。100个别字里,有些是没有掌握汉字简化规范而造成的。如"重叠"错作"重迭","天翻地覆"错作"天翻地复","啰唆"错作"罗唆"。

(2) 不明了成语的含义。常见成语里错用同音或形似别字,主要原因是不明了成语的含义。如"川流不息"错作"穿流不息"。川的意思是"江河","川流不息"形容行人车马如同流水络绎不绝。穿本义是"破透",无"流水"义。

(3) 缺乏汉语词汇典故知识。汉语词汇有不少词语含有典故,缺乏典故知识是误用别字的重要原因。如"悬梁刺股"错作"悬梁刺骨"。"悬梁"典出《汉书》:"(孙敬)好学,晨夕不休,及至眠睡疲寝,以绳系头,悬屋梁。""刺股"典出《战国策》:"(苏秦)读书欲睡,引锥自刺其股,血流至足。"后用"悬梁刺股"形容发愤读书。错作"悬梁刺骨"就不知何义了。

(4) 因误解字义而误用别字。这是误用别字最主要的原因,别字中有三分之二是误解字义造成的。如"优哉游哉"错作"悠哉游哉",因误解"优"的含义而致误。优,本义"饶",即吃饱了。"饶"的第一引申义是"有余",如"有余力""有余暇"。"优哉游哉"里的"优",是"有余暇"的引申义"悠闲"。"优哉游哉",又作"优游",形容悠闲自得的样子。"优秀"是"优"的远引申义。只知"优"的"优秀"义而不知"优"的"悠闲"义,故误用。再如"宣泄"错作"渲泄"。宣,本义"大室",即敞亮的厅堂。由"敞亮"引申出"明白""公开""传布"等义。"宣泄",即吐露(公开)心中的积郁从而达到舒散的目的。渲,国画的一种画法,即用水墨或淡色涂抹画面,起烘托效果。由"烘托"引申出夸大地形容,如"渲染"。渲字无"发泄"之义。人们看到"泄"有三点水,便误用"渲"。

(三) 订正观点

订正观点也是编辑的重要职责。编辑不一定比作者高明,但编辑有资格修改作者的文章,因为编辑所处的位置十分特殊,与作者考虑文章内容、处理文字表述的角度不一样。编辑既要考虑表达又要考虑接受,要对两个主体负责。订正观点包括两个方面。

首先是确保书稿的正确导向,使其符合党和国家的有关方针政策。如图书上出现民国纪年,应止于1949年,如遇到1949年之后的"民国纪年",应作相应技术处理。对台湾地区施行的"法律",应表述为"台湾地区的有关规定"。对少数民族不能随意使用简称,如"维吾尔族"不能称"维族","蒙古族"不能称"蒙族"。"内蒙古自治区"可称"内蒙古",但不能称"内蒙"。在有些国际组织的成员中包括国家和地区,涉及此类国际组织时,不得使用"成员国",而应使用"成员"或"成员方"。不能称"穆斯林国家"或"穆斯林世界",而应称"伊斯兰国家"或"伊斯兰世界"。不能使用"伊斯兰原教旨主义""伊斯兰原教旨主义者"的说法,可使用"宗教激进主义"或"宗教激进主义者"等说法。

其次是纠正带有错误倾向、容易产生误导的观点。在一般情况下,一些带有比较明显错误倾向的观点,编辑比较容易发现和纠正,但一些似是而非的观点,特别是初看不太容易发现、深究起来才能发现有明显不妥的观点,则需要编辑以其锐利的目光去鉴别和发现,并进行正确的处理。如有部歌颂在全国抗击"非典"斗争中做出巨大贡献的英雄人物的书稿中,在描写一位局长几天几夜都扑在抗击"非典"第一线,坚决不下火线的事迹时,写到了一个细节:这位局长为了夺取抗击"非典"的全胜,连自己大学刚毕业的儿子找工作之事也顾不上,没时间找人想办法安排,结果他的儿子只好跑到深圳外资企业去打工。表面上看起来,这位局长的事迹确实感人,但仔细一想,作者却在歌颂抗击"非典"斗争英雄的同时,宣传了一种与时代精神格格不入的思想。一是通过找熟人、拉关系,为儿子安排个好工作的做法不值得提倡,更不能作为先进事迹进行宣传。作者在这里,不仅不以此为怪,反而还为这位局长抱不平。其二,如今大学生毕业后都是自谋职业,在外资企业打工,本身就是一种值得提倡的就业形式,无可厚非。书稿中的观点虽然谈不上有很大的错误,但是与当前改革开放的形势不相吻合。这样的观点,看起来是对局长的称赞,其实是起了贬低作用。因此,对一些看起来是小事,却不宜提倡的诸如此类的问题的处理,正是编辑在书稿加工过程中需要认真等待的问题,同时也说明了书稿加工无小事。

(四)核对数据

核对数据也是书稿加工过程中的重要工作。核对数据一般要注意几个问题。一是数据明显不符合事实,且这些不实的数据通过查询有关工具书等资料马上可以得到准确的答案。二是书稿中的有些数据前后出现两种以上的"版本",在这种情况下,编辑单凭自己的经验和感觉,难以作出决断,只能通过询问作者、核对数据予以解决。需要指出的是,这个方面,编辑绝不能自己想当然行事,认为这个数据应该是怎样的,而应该本着实事求是、严肃认真的态度,由作者来纠正。三是有些数据的运用不符合常理,但又不能确定到底应该是什么数据。遇到这种情况时,编辑可以带着疑问,向有关专家进行咨询,求得比较完满的解决。

第六章

图书选题策划的特点和原则

第一节　选题策划的特点

图书选题是编辑对准备提出申报出版的图书的总体构思和策划,是依据党和国家的方针、政策和全党全国工作大局的需要,根据社会各个学科的研究状况和产业发展状况,根据来自读者的实际需求,根据图书市场变化发展的趋势,根据所在出版社的图书结构及自身的选题策划优势,对所收集、感受和领悟到的有关信息进行提炼、筛选、过滤、遴选和升华的结果。出版社编辑人员的构思和策划,对制订选题计划起着十分重要的作用。单个的和系列的选题计划,是编辑构思和策划的产物;年度的和长远的选题计划,是社长、总编辑和全社员工总体构思和总体策划的产物。成功的选题策划,是出版精品图书的基础,同时又反映了编辑人员的创造性劳动。因此,积极主动地策划选题,是编辑的基本职责。

一、选题策划的个体性特点

选题策划是一种完全个体化的高级脑力劳动,选题策划的含量和质量,体现了编辑创造性劳动的水平,体现了编辑创造性思维的品质,体现了编辑对出版资源的开发、利用、整合的能力,体现了编辑的职业素养,同时又给编辑提供了充分表现的舞台。一个编辑的水平有多高、思路有多新,其所策划的选题的质量就有多高。在编辑的诸多素质中,对选题策划起主要作用的素质是对事物的观察力、对选题的把握能力和对信息的过滤能力。

首先是对事物的观察力。事物是客观存在的,不以人的意志为转移。事物既不因人的忽视而消失,也不因人的重视而强化。就事物而言,客观事物一直以其本来面貌而存在。作为一个编辑,对各种与选题策划有关的事物要有一种洞若观火的观察力,在事物刚显端倪时,就能从中捕捉到有价值的选题策划元素。如在2003年"非典"肆虐期间,有的编辑以非凡的观察力,从突如其来的"非典"疫情中,预感到社会将产生一种新的群体性、爆发性需求,于是不失时机地策划了有关防治"非典"知识的图书,受到了市场的欢迎。

其次是对选题的驾驭能力。在一般情况下,选题的文化含量越高、选题的时空跨越度越大,选题涉及的信息文化资源越多,对选题的驾驭难度就越大,因此,需要编辑具有与选题相适应的驾驭能力和驾驭水平。

再次是对信息的过滤能力。互联网问世后,随着各种信息在网上的海量复制和传播,社会信息流量急剧增长,信息数量成几何级增长。信息发布的数量大大超过了人们的心理接受阈值,造成了信息传播的过剩,使相当一部分信息的传播成了无用功。信息传播的无限扩容与读者接收信息有限性的矛盾日益突出。与信息传播的大量过剩相反,人的注意力是一个常数,是有限的,在一定时间内,人不可能同时关注所有事物,而只能是有选择地关注,相对于信息资源的无限增多和相对过剩,注意力成了稀缺资源。编辑对信息有过滤能力,就能通过对信息的分析和判断,从海量信息中找到自己所需要的与选题策划相关的信息,加大自己的有效信息量。

二、选题策划的选择性特点

从一定意义上说,选题策划的实质是文化选择。选题与新闻一样,并不是来稿必用,而是有一定的选择性。作者有创造的自由,写什么,不写什么,有选择的自由;作者即使写错了,也没有什么错。而编辑就不一样,编辑作为出版社的工作人员,手上掌握着对选题和稿件生杀予夺的大权,作者的书稿也只有经过编辑的文化选择,在选择中被编辑所采用,才能在社会上得到传播,产生一定的舆论导向作用。编辑对选题的选择有三个特点。

1. 责任性

选择与其说是编辑的一项工作,不如说是编辑的重大责任。选择是宇宙间普遍运动规律之一。中国近代的先哲,把达尔文的进化论学说概括为"物竞天择,适者生存",这其中的"择"字,似乎蕴藏着自然界优胜劣汰、新陈代谢、进化发展的既复杂又简单的奥秘。人类社会的变化发展,虽然最终受生产力与生产关系的矛盾运动的决定性影响,但大到政体、国体的决定,小到社会生活每一事项的决策,都处在不断选择的过程中。许多职业都在干着选择的工作:教师选择讲课的内容与方法,演员选择演出的节目与方式,服装师选择服装的款式与面料,营养师选择食谱与原料。而编辑的选择,是一种肩负着重大历史使命与社会职责的政治任务,是一种为传承人类文明建设的不朽成果而努力的重要的社会性工作。与其他职业的选择相比,编辑选择的对象更为广阔,可以说是无所不包,无边无际,不受时间和空间的限制。只要是有文化记载的历史,都可成为编辑的选择范围;只要是有人类文化活动的地方,都进入编辑选择的视野。编辑从事的文化选择所产生的社会影响既广泛(波及数以千万甚至成亿的人,并突破了地域空间的限制),又深远(能跨越时代与历史的鸿沟),且巨大(精神的力量是无穷的),因此,编辑工作中的选择,并不仅仅是一个环节,也不单是编辑技术的问题,而是关系到社会文明建设的伟大成果能否代代相传的问题,是关系到全人类优秀文化建设成果的延续传播和沉淀积累的问题。编辑对精神生产的调节,往往是通过对文化需求的发现,用策划选题、组织稿件的方法来发挥作用的。编辑为社会提供了一个好选题、一本好书,可以为精神生产增加一条生产线,为精神消费开辟一个新的领域。如商务印书馆在20世纪末推出的"世界学术专著出版规划"及"世界学术专著系列",对全国学术界积极投入世界学术名著的翻译和研究,对先进思想的传播,起到了巨大的动员和组织作用。

2. 导向性

编辑的选择,从产生的社会影响来说,实质是一种有效果的导向。在西方,"把关人"或"守门人"的概念最早源于有传播学四大奠基人之一之称的库尔特·卢因于1947年写的关于如何决定家庭食物购买的一篇文章。他观察到,信息总是沿着包含有"门区"的某些渠道流动,或者根据公正无私的规定,或者根据"守门人"的个人意见,对信息或商品是否被允许进入渠道或继续在渠道里流动作出决定。在现代社会大众传播渠道中,编辑就是一个非常重要的"把关人"。编辑的选择,既引导受众(读者、听众、观众),又引导作者,并以整体的选择行为,影响了社会文化的流向。马克思在《〈政治经济学批判〉导言》中指出:"消费对于对象所感到的需要,是对于对象的知觉所创造的。艺术对象创造出懂得艺术和能够欣赏美的大众,——任何其他产品也都是这样。因此,生产不仅为主体生产对象,而且也为对象生产主体。"这说明,生产也为对象生产主体的规律适合于包括物质生产和精神生产在内的一切生产领域。在精神生产方面,马克思虽然只举了艺术的例子,但是根据他所阐述的基本原理,我们可以而且应该作出这样的推论:自然科学研究对象创造出懂得自然科学和能够运用其知识、技能的大众,社会科学研究对象创造出懂得社会科学和能够运用其知识、技能的大众……然而文学艺术、自然科学和哲学社会科学研究等是分门别类、流派纷呈、风格各异、内容与形式日新月异的,一个时期内何种能够成为风尚,能够创造出尽可能多的懂得它的主体,本身和社会的原因固然重要,其中编辑的选择也是一个不可忽视的必要条件。

自有大众传播媒介以来,任何具有固定的物质形式并采用印刷或电子技术进行生产繁衍的精神产品,如要合法地、精益求精地最大效果地进行传播,从而为大众所接受进行,就必须通过编辑的选择和加工。编辑作为中介进行选择的作用非常重要。编辑按照一定标准选择出具有特定信息意义的文化成果进行大众传播,并采取连续、密集地宣传和评介等增加强度的办法,如果这种传播正好暗合某类受众的需求,那么,就能影响读者的兴趣、爱好、风尚、习惯及追求目标,形成相应的社会热点。如近几年在我国图书市场出现的励志类读物热、家教类读物热、健康类读物热、通俗历史读物热等,都是通过选择造成某类图书的密集型传播,对受众产生导向作用的例证。

  编辑以一定的标准进行的选择同时也影响着作者的创作。编辑是以受众需求的名义进行选择的。不同层次的受众实际上是不同审美情趣、不同观点及风格的策源地。不同的受众层、受众群明显的需求差异,以及不同编辑群体的个性差异,形成了不同编辑出版部门的不同基调及风格。以某种基调和风格为标准进行选择,会对作者产生导向作用,甚至能养成一批具有新的创作方向和习惯的作者。就作者而言,这种被导向可能是自愿的,因为作者本人不是生活在真空中,而是杂处在人群中,他也受社会的影响,也有内在的某种倾向;同时,作者经过审度,认为编辑的某种选择标准的确是符合受众的需要和社会的要求的,因而心甘情愿地接受编辑的引导。另一方面,由这种选择而造成的社会承认,使编辑的选择带有比较明显的导向性,并在一定程度上影响着作者的创作方向和创作进程。因为编辑所作出的选择,在一定程度上决定着作品能否进行大众传播,作者如果想使自己的创造性劳动的价值得到实现,使自己凝聚着多年甚至毕生心血的作品能得到社会承认,以商品的形态在大众传播和商品流通渠道上进行流动,就必须向编辑的选择标准靠拢。有些作者虽然保持了自己的创作个性,但最终也必须自觉或不自觉地调整甚至改变自己的创作方向和创作思路。久而久之,有的作者也会因此而养成新的习惯。在中外出版史上,这种例证不胜枚举。

  我们当然不能过分地夸大编辑的选择所产生的导向作用,但也不能低估这种导向对社会各方面所产生的各种影响与作用。中外编辑出版史都告诉我们,成功的编辑范例,在开启民智、启发一代人的思想解放,从而促进社会变革方面,起着不可估量的作用。编辑通过对最先进的科学思想信息的选择、聚集、优化,充分发挥传播过程中的导向作用,从而有效地促成受众世界观与方法论的量变与质变。中外无产阶级的导师大多当过编辑。其实,中外历史上的许多改革家和前驱者,都十分重视编辑通过选择而形成舆论的社会地位与职责,并努力参与实践。所谓舆论,正是编辑在无数的信息中敏锐地挑选出的关系到国家、社会、民众的重大问题的那些信息,进行最能引起读者关注的编排,从而激起公众形成一种共同的思想和感情。美国《华盛顿邮报》的编辑,在众多的消息中,首先选择了记者罗伯特·伍德沃德和卡尔·伯恩斯坦关于"水门事件"的有关报道,并把它们放在最引人注目的版面位置,接连不断地进行编排,组织评论,轰动了国内外,制造了舆论,产生了一系列不可遏止的事件,直到尼克松下台。我国的编辑通过选择而进行引导,在促成以"改革""开放"思想为精神支柱的社会凝聚力方面,在推动政治、经济、文化、教育、科学等迅速而健康地发展方面,都起了不可忽视的作用。

3. 效率性

编辑的选择能产生一定的社会效率,这种社会效率,正是建设现代化社会所急需的。图书的内涵是十分丰富的,你把它看成是一种单一的产品,它的空间就小;你把它看成是一种体验、一种过程、一种资源、一种纽带,它所承载的空间就会成倍放大。把这种认识投射到工作中去,就会产生效益。选题是图书的基础,图书的质量和效益,取决于选题的质量和效益,取决于选题产生的效率。现代社会被称为信息社会,有人用"爆炸"一词来形容现代社会信息之丰富、来势之凶猛、威力之巨大,不无道理。信息之传播与获取,对于政治、经济、军事、文化、教育、科学等健康而迅速发展的重要作用,已不断被实践所证明,为越来越多的人所认识。但是,任何一个人的精力与时间总是有限的,其他许多条件的限制也总是普遍地、客观地存在的。一个人用他全部的生存时间去获取全部信息不仅做不到,而且也没有必要,因为社会不能没有分工,每个人都有各自不同的事要做。同时,个人要在星云密布般的信息群中找到自己最急需的有用信息,并非易事。于是,由各类专家组成的各种信息资料的咨询和情报机构便应运而生了,编辑无疑是最古老、最富效益、最有广泛影响的,能较迅速、及时地提供人们所需优化信息的一种行业。

选择产生高效率这个命题,早已为古今编辑出版史所证明。如《诗经》是我国第一部诗歌总集,由大思想家、教育家、编辑家孔子从3000多首古诗中选编而成。由于前人和孔子的正确选择与编定,"诗三百"显示了它的实用与借鉴价值。一方面,它比较全面而准确地提供了历史资料和民情、民风,有益于当政时参照;另一方面,"不学诗无以言",它又很好地满足了当时贵族阶级美化言语、借诗喻志以及举行典礼、参加讽谏时的需要。"诗三百"跨越历史的鸿沟,一直流传至今,而没有被选进的其他古诗,则湮灭在历史的尘埃之中。这也显示出编辑选择的一种巨大力量。选择的效率首先取决于可供选择的对象的量与质的厚实程度,以及可供参照的信息获取与掌握的程度。一般来说,可供选择的对象数量越大,选择的余地就越大,也就越有可能筛选出最优的作品或选题。但是,就像大国的运动员不一定能在比赛中战胜小国的运动员一样,可供选择的对象质量如何乃是关键性的问题,精神生产更是如此。另外,编辑如果掌握有关信息不够,参照系残缺不全,当然也就无法正确分辨出选题是创新的还是重复、平庸的,是为社会所赞成、鼓励的还是排斥、反对的,是为读者所需要的还是将被冷落的,等等。

选择的效率决定于编辑选择的观点与方法科学与否。编辑工作的所有选择都需要编辑有锐利深邃、洞若观火的眼光,它能使受众对世界的某人、某事、某物、某现象有个准确真实的认识,否则,轻者造成人力、物力、时间、金钱的浪费,重者造成文化的劫难。从这个角度来说,编辑应努力学习马克思主义哲学,因为历史唯物主义和辩证唯物主义的观点和方法,能帮助编辑在选择时少犯或不犯片面性的错误,提高全面性和准确性。图书选题计划与作者人选是两个影响到出版社社会效益与经济效益,并关系到出版社生存与发展的关键环节。这两项工作的共同处在于都是选择,前者是选择选题,后者是选择作者。选题产生的效益,自不待言;选人产生的效益,则必须认真研究对待。有了好的选题,如果没有最佳或恰当的作者,轻者事倍功半,重则前功尽弃。有位老编辑说,一部书稿,作者改了又改,编辑仍不满意,伏案改动,劳累不堪,不免怨气冲天。其实,造成这种现象,主要责任在于编辑。由于编辑没有物色到最佳作者人选,既造成作者的苦恼,也给编辑带来被动。所以,成功的编辑都对自己的作者群有充分的调查了解和分析研究,还不断获取自己圈外的新作者的有关信息,为自己的选题计划选取最佳的作者,努力提高大众传播的效率。在这个方面鲁迅是一个榜样。如在编印《北平笺谱》时,鲁迅邀请郑振铎参加,因为郑振铎是一位对艺术有很高的鉴赏力,且交游甚广,又住在北京的文艺史家、收藏家和出版家,实为共同编印《北平笺谱》的最佳人选。赵家璧主编《中国新文学大系》时,为各卷所挑选的编选与导言撰写人员(总序:蔡元培;《建设理论集》:胡适;《文学论争集》:郑振铎;《小说一集》:茅盾;《小说二集》:鲁迅;《小说三集》:郑伯奇;《散文一集》:周作人;《散文二集》:郁达夫;《诗集》:朱自清;《戏剧集》:洪深;《史料·索引》:阿英),也是现代编辑出版史上编辑选择作者的一个典范。

4. 倾向性

编辑的选择,当然要客观、公正甚至自由,但绝不是绝对的客观、绝对的自由,而是通过选择表现出一定的倾向性。真理走过头,就成了谬误。世界上没有绝对的客观,只能说某种主观认识,由于有科学的世界观与方法论作指导,更符合客观真实一些。这并不是马克思主义才承认的真理,不少资产阶级哲学家或其他学者也都认可甚至深刻地阐明过这个道理。以倾向性最隐蔽的小说创作来说,美国芝加哥大学教授、当代著名的文学批评家布斯所著的《小说修辞学》中一个主要观点就是:小说是作家创造的产物,纯粹不介入,纯粹客观显示,只是一种奢望,根本做不到,在小说中,提出它们的行动本身就是作者的介入。存在主义的创始人萨特也说过,小说中的任何东西都是作者操纵的表现。创作如此,更何况有明确的社会传播目的的编辑的选择?选择本身就是一种倾向,通过选择的取舍,把重要的保留下来,把不重要的、不客观的摒弃掉,这本身就是强烈倾向的表露。编辑的选择对社会所产生的约束与影响,由此可见。

三、选题策划的专业性特点

编辑策划选题,并不是什么都去策划,什么领域都去涉足,而是有一定范围,世界上也没有什么都懂、什么都能策划的编辑。确切地说,编辑成功的选题策划都是在其所熟悉的专业范围内进行的,因此专业性是选题策划的一个基本条件。

首先是编辑知识结构的专业化。在一个出版社,由于每个编辑所学的专业知识不同和所熟悉、研究的领域不同,每个编辑的创造优势不尽相同,选题策划方面的主攻方向也各不相同。这些不同点有利于出版社编辑群体之间的优势互补,使编辑在优势互补中取长补短,形成新的竞争优势。

其次是出版领域的专业化。出版社原有的专业分工已被打破,但没有专业分工不等于不要专业分工,现在出版社的专业分工,已出版行政部门的划定变为出版社的自主选择。无所不能的出版社是不存在的,四处出击的结果,往往是一无所获。任何一家出版社,特别是成功的出版社,都有其优势出版领域,有其形成一定市场影响的图书品牌。图书的背后是编辑,一个出版社能出版什么样的图书,在很大程度上由编辑的策划优势所决定。编辑对哪个领域比较熟悉,比较有感觉,比较有研究,比较有把握,这个领域就成了编辑的主攻方向,成了编辑的用武之地。因此,出版社的选题策划要建立在编辑人才合理配置的基础上,以自己的人才优势、选题策划优势、学科积累优势等,吸引一流的作者加盟,吸引一流的作者把自己的作品交给本社出版。作者,特别是一些全国知名的作者,特别珍惜自己的创造性劳动成果,他们都愿意把自己的作品交给最合适的出版社出版。如一个擅长写小说的作者,一般不会把小说交给一家科技出版社出版,哪怕该出版社出的价码很高。因此,在选题策划中,要通过坚持有所为有所不为,体现出版社的专业特色和竞争优势。

第二节　选题策划的原则

一、选题策划的市场含量决定图书价值

图书产品的价值在于产品的内容,即产品的文字符号系统所传递的适应特定读者群需要的文化信息。文字符号系统由产品的信息编码方程(即选题策划思路)和产品的文字符号组成,产品的文字符号系统一旦确立,产品的大量拷贝则不成问题。图书的选题策划思路作为图书文字符号系统的设计方案,作为编辑头脑中所构思的图书虚拟形态,其价值在于选题策划思路的市场含量,也就是选题策划思路是否与图书市场的特定需求相吻合,是否有预期的市场潜质。因此,选题策划的市场含量在图书产品的批量生产中起着决定性作用。图书产品的批量生产是复制拷贝。编辑可以拓宽思路,展开想象的翅膀,放纵自己的创造性思维,在选题策划的多维空间任意驰骋,大胆创新。正如一位资深编辑所说,图书选题策划,只有想不到,没有做不到。也就是说,在选题策划中,只要编辑形成了独特而明晰的选题思路,新产品的雏形就出来了,而且,在导向正确的前提下,选题思路越是创新出奇,越是闻所未闻,越是有奇思妙想,就越有市场价值。

二、选题策划以信息为基础

选题开发的实质,就是编辑对信息资源的整合,就是编辑以其感觉和预测到的特定的市场需求模块为目标,有选择地对有效的选题信息进行整合,使相关信息资源在一定的文化主题集合下的整合中产生满足读者需要的新的信息意义,并在满足和激发读者需求的过程中产生新的市场价值,得到相应的市场回报。如今,编辑越来越重视提高对信息的捕捉和感知能力,越来越重视以敏锐的信息触角将社会信息转化为选题策划的有效信息。出版资源在本质上是信息资源,图书所载的知识和信息是否有文化积累和传播价值,在很大程度上取决于选题策划思路的创意,取决于图书选题的市场含量。因此,如何有效地开发信息资

源,按照所感觉和预测到的市场需求,将信息整合成具有特定信息意义的精神产品,是选题策划的基本原则之一。

选题策划是对信息资源的创造性的二度开发。加大选题策划的有效信息量的关键,在于提高对信息的捕捉和感知能力。接触信息与感知信息是两个不同的概念。如今我们正处在信息社会,信息渠道增多,信息流量剧增,社会信息的传播、流通量已大大超过人们对信息的心理接受阈值。有人做过统计,在电视、广播、报刊、网络、短信、户外广告等无休止的轮番轰炸之中,一个人每天可收到的信息不少于 3000 条,一星期下来,至少有 20000 条信息在试图争夺人的注意力。正如美国英特尔公司前总裁葛鲁夫所说,"整个世界将会开展争夺眼球的战役,谁能吸引更多的注意力,谁就能成为 21 世纪的主宰"。从这个意义上说,编辑每时每刻都在以不同的方式接触信息,但接触信息并不等于感知信息,编辑所接触的信息,只有在被真切地感知的情况下,才能成为为编辑所占有、掌握的信息,才能成为选题策划的有效信息。如果编辑对所接触的信息熟视无睹、充耳不闻,接触的信息再多,对其也没有任何帮助。同样是外出组稿,信息感知能力强的编辑,能将所有的工作、休闲时间都变成自己的有效时间,乘坐火车时,别的编辑以看书消遣时间,他却与邻座主动攀谈,从中了解信息,以此增加选题策划的有效信息量,扩大选题策划的思维空间。

有个事例很能说明问题,两位编辑按拟订的计划各自外出向作者组稿,A 编辑有较强的信息感知、捕捉能力,途中利用一切机会向有关人士请教,以获取的信息对自己原有的选题思路进行补充、修正,使选题更有特色,因而获得了较好的效果。B 编辑则是为组稿而组稿,不善于利用所接触的信息,选题思路仍停留在原有水平上,因而相比之下较为逊色。正如一位出版界的资深人士所说,我们现在缺少的并不是信息,缺少的并不是接触信息的渠道,缺少的正是对信息的捕捉、感知能力,缺少的是有效信息。大千世界中,可供编辑开发、利用的信息资源可说是无时不在、无处不有,关键是编辑能不能敏锐地捕捉信息,能不能真切地感知信息。一个优秀的策划编辑,其感觉器官随时处于接收状态,善于从司空见惯中发现不同寻常之处,善于化平淡为神奇,将大量的社会信息转化为选题策划的有效信息。一个称职的编辑,对外界的信息应该有敏锐的快速反应能力,要关注周围世界的变化、发展情况,善于从选题策划的层面梳理各种信息渠道,及时将相关信息转化为选题策划的有效信息,既要善于从常规渠道收集信息,更要善于从非常规渠道收集信息。

有价值的选题信息往往是在不经意间获得的,或是与别人随意交谈中听到的信息,或是电视节目中的一句台词,等等。有些信息看起来不起眼,但只要有心,将获取的信息策划到位,往往能成为热点选题。某出版社出版的畅销书《午夜日记》的出版缘由,就来自于互联网上的一则信息。该社编辑从网上看到一条信息,得知叶利钦总统卸任后准备撰写回忆录,他预感到这本书出版后将有很大的市场潜质,于是马上向总编辑报告,将这一选题列入重点选题范围,随后又设法找到了叶利钦回忆录的版权代理商,很快达成了协议。该书后来二次重印,发行量达 8 万多册。还有一个出版社编辑从杂志中获取有效信息的案例也很有说服力。这位编辑的体会是要做有心人,要善于将所接触的信息转化为选题策划的有效信息。他主要策划医学类的选题,平时养成了阅读医学类报刊的习惯。他在阅读《大众医学》杂志时注意到,该刊从 20 世纪 90 年代初起增加了一个"新花样",即在杂志目录前增加了一个图文并茂的"保健处方"。这些处方都由名医撰稿开方,以精到的语言,对日常保健、常见病防治等读者关心的热门话题进行提要式点评,并配以生动有趣的漫画插图,增加了可读性。该编辑举一反三,策划了《看图识·治·防百病》这一图书。书中精选了 100 种常见病的"保健处方",每种病都配一幅插图,插图的人物造型形象生动、神态亲切可人,增加了亲和力,图书投放市场后一销而空。还有一家出版社出版的畅销书《大败局》,也起因于编辑对信息的敏锐感知能力。该编辑在浏览报纸时注意到,有家党报开设了一个探讨中国企业失败的现象与原因的独特专栏,该编辑预感到这是一个有市场需求的选题,便及时与作者取得联系。经过多次磨合,《大败局》在图书市场深受欢迎。再如,在北京申奥活动中,某出版社从中预感到,如果北京申奥成功,将给图书市场带来巨大的商机,于是事先策划了有关英语的选题,并选定了作者。北京申奥成功的消息公布后,该编辑马上组织作者撰写,以最快的速度不失时机地推出了《交际英语 100 句》,抢先占领了图书市场,并为陆续推出的英语系列读物作了有效的铺垫。

三、以选题全程策划主导图书市场

图书选题策划不仅是对图书选题形态的策划,而且包括对图书选题构思、组稿及成形、物化全过程各个环节的策划。近年来,不少图书出版社根据图书市场需求的变化发展趋势,加大了图书选题策划的营销含量,赋予图书选题策划以新的内涵,使图书选题的运作机制与图书市场的动态变化保持一致,实现了无缝对接。

社会主义市场经济条件下日益激烈的图书市场竞争,赋予图书选题策划以新的编辑工作内涵。成功的选题策划,不仅包括图书的框架结构设计、编排体例设计和作者的物色,还包括图书的书装形态(品相)设计、图书宣传、市场推广等环节。近年来在出版界异军突起的人民文学出版社、长江文艺出版社、二十一世纪出版社等运作双效书的经验表明,选题全程策划是图书生产过程全流程的策划,包括图书虚拟形态策划、物色相对应作者的策划、书稿修改完善策划、图书书装形态(品相)策划、图书宣传策划、公关活动策划、市场推广策划等,这些不同生产环节的策划环环相扣,相辅相成,相得益彰,形成了一个完整的策划过程。编辑在选题论证阶段提出的选题构想,并不是选题策划的终结,更不是选题策划的全部,只是选题的雏形,只是为选题的物化和成形的进一步完善提供了一个基础。编辑独到的选题策划思路,只有在选题成形、物化的全过程中,在与作者、美编、印制人员、发行人员等相关人员的互动中,根据各种反馈信息,不断对自己原先的想法进行调整和修正,才能使策划思路越来越接近市场终端的实际需求,越来越贴近读者、贴近生活、贴近时代,使出版社在选题成形、物化中的投入,得到相应的产出,进而实现出版效益的最大化。有关调查表明,图书选题策划从图书虚拟状态的策划转向图书生产全流程的策划,已经成为图书营销的趋势。

中央某出版社出版的引进版图书《哈利·波特》畅销全国的营销实例,堪称全程策划的典型案例。该社在精心选择引进的图书品种、精心物色一流译者的同时,对图书编辑出版实行全流程的周密策划,确保了图书的市场终端效益。

首先,在版权购买阶段,出现了两个热点。一是当时国内有多家出版社与英国出版商商谈《哈利·波特》中文版在大陆销售的版权,到底花落谁家,一时成了业内人士关注的悬念。二是某出版社后来在多家竞争中胜出,该社抓住在多家出版社购买版权的竞争中一举夺魁的契机,展开了宣传,使《哈利·波特》中文版的出版引起了读者的注意。

其次,该社又别出心裁,以公开招标的形式选择《哈利·波特》中文版的销售代理商,邀请国内主要民营书店召开专题订货会,全面介绍《哈利·波特》的情况,并请与会的销售商递交地区推广方案,最后从多家代理商地区推广方案的比较中确定了三家代理商。该社选择代理商的做法,作为出版界的新鲜事,再次引起了关注,既提升了图书营销水平,同时又在一定程度上吊足了销售商的胃口。

再次,在图书选题的成形、物化阶段,该社使用了国内罕见的国际流行开本(小16开),正文使用专门调色、配制的彩色纸印刷,封面则烫色起凸并压制形态各异的特殊纹路,使用镶有纯银片的防伪纸做内封,每册书还配一张异形裁切的精美书签,同时制作了印有哈利·波特形象的魔术杯、魔术棒、魔力贴,赠送给小读者,以吸引更多的注意。

最后,在选题的市场推广中,该社策划了梯级营销方案,与网络合作,与某图书网签订了网上预订及销售协议,利用网络优势促进销售,在图书栏开通的第一天就收到网上订单100多份。同时,又与另一家网站合作,开展与《哈利·波特》有关的网上讨论和网上游戏,提高读者的点击率,利用互联网的高科技平台,为《哈利·波特》营造时尚氛围。图书出版后,他们把主攻方向对准了9岁至18岁的青少年,并抓住人们度"国庆长假"的契机,发起宣传攻势,选择特定的时间,在全国主要城市的重点书店同时举行《哈利·波特》的首发活动,所有参加活动的书店在首发当天统一将图书上架销售,并在当地的媒体统一刊出该社策划的系列广告语,如"哈利·波特:跳出书包的小魔术师""哈利·波特:我身边的小骑士""善良、神奇的哈利·波特:世界儿童的好朋友"等。在加强地区推广的同时,该社还在全国第11届书市期间,在书市展馆悬挂巨幅宣传画,并且邀请全国儿童艺术剧院的专业演员扮成哈利·波特的形象与读者见面,成为书市一大亮点。由于选题全程策划到位,整个出版过程的不同阶段,都有各自的策划点,各个策划点形成了"超文本"的"链接",使出版社用于出版《哈利·波特》的投入实现了最大化产出。到目前为止,《哈利·波特》系列已出版了7种,销售了1000多万册。该出版社的经验表明,周密而到位的全流程策划,能使出版社的投入得到成倍的产出。

四、选题策划资源的开发没有穷尽

出版产品的资源不同于物质产品的资源。物质产品的资源是消耗性的实体资源,如木材、钢材、矿产品等,这些材料资源在生产中转化为其他形态和结构的物质,原有的物质形态不复存在,因而是非再生资源;而且产品的产量与物质的消耗成正比,产品生产越多,则资源消耗越大。而出版资源在本质上是信息资源,信息资源是一种无形的虚拟资源,书稿中的文字符号系统,作为信息资源,可以作为数字化形态在虚拟空间保存,可以脱离纸张载体而存在,而且无论怎样大批量复制,其以数字化虚拟形态保存的文字符号系统不会有任何损耗。选题策划的过程,在一定意义上说,就是以捕捉、提炼到的市场需求为出发点,以特定的选题策划思路,对信息资源进行整合、开发,使之在整合中产生新的信息意义,并以成形的图书去不断满足、激活、升华读者需求的过程。在这一过程中,信息资源并没有因整合、开发而失去原有的价值,只是在按一定的选题策划思路进行的重组中产生了新的信息意义。

出版的信息资源作为人类社会实践的产物,产生于社会实践之中,只要社会实践仍在进行,出版资源就会源源不断地形成。出版资源好比是一棵巨大的文化信息之树,树的主干可生出许多分枝,而每个分枝又可生成新的分枝,新的分枝又可长出新的分枝,只要社会实践没有终止,新的分枝就会源源不断地形成。以社会变革时期人们在观念的碰撞、裂变中产生的各种社会文化现象、社会热点问题为例,这些课题中,每个课题都可以派生出若干个具体课题。例如,深化国有企业改革本身就是丰富的出版选题资源,从中可开发出不少有价值的选题,如国有资产的保值增值、国有企业的穷庙富方丈现象;而国有企业的穷庙富方丈现象又可进一步分解为国有企业领导体制、国有企业领导人的选拔任用、国有企业的财务监管机制等子课题。由此可见,出版信息资源再生的特点,决定了出版信息资源的开发、利用是没有穷尽的。出版社编辑现在缺少的并不是信息,而是对信息的感知、捕捉和利用、开发的能力。出版信息资源同时还是一种共享资源,出版资源不仅是出版社所在地的人文历史、地理环境、风土人情等,也不仅是与出版社有联系的作者的书稿,可以说,凡是读者感兴趣,具有一定的文化传播、积累价值并能在重组中实现升值的信息资源,都是出版生产的对象,都可以成为编辑策划选题的素材。

读者的需求没有穷尽,信息资源的组合也不会有穷尽。信息资源的基本元素就是文字符号,汉字的不同组合,能产生不同的信息意义,策划的信息组合方式越是创新出奇,越是具有"语言霸权"的传播和渗透优势,出版资源的升值越是可观。因此,在出版资源的占有上,每个出版社编辑可说是机遇均等的,都有着可任意驰骋的虚拟空间。在与读者需要的变化、发展曲线相适应的情况下,出版社编辑可以不断刷新选题策划思路,对信息资源进行重组,使静态的出版资源在动态的策划开发中实现最大限度的升值。

五、选题的策划可向相关领域无限延伸

现代出版业的竞争,已经从业内市场跑马圈地式的拼抢转向对社会资源的整合。近年来,不少出版社发挥出版业横跨多种产业的边缘性优势,以不断延伸的产业链,向相关产业拓展,在更大的利益共赢时空中聚敛资源、调集资源、链接

资源,在社会资源最大化的配置中,有效地降低出版业的交易成本,取得了更为可观的投入、产出效果。

编辑的特殊作用来自出版业的生产模式。出版业生产加工的原材料是无形的信息资源。与有形的原材料相比,信息资源可以根据媒体的不同特点和受众的不同需要接受不同层次的加工,可被同时加工成不同的产品形态,并在重复加工利用中实现反复增值,实现信息资源使用效率的最大化。如一本畅销书出版后,在实现图书产品形态价值的同时,还可以在报刊和网站进行连载,同时还可衍生出其他产品,如改编成电影、电视剧、话剧等,进行创造性的重复加工。而信息资源可多次、重复加工并在多次、重复加工中实现增值的特点,为图书向相关领域拓展和延伸创造了有利的条件。

经济全球化的发展趋势,使出版产业与整个社会经济发展的关联度不断提高。出版产业与相关产业之间的联系更加紧密,给出版业的发展带来了前所未有的机遇,出版产业的发展已经进入到新的竞争时代,在这种新的竞争业态下,出版业单靠自身积累的滚雪球方式,单靠有限的出版物市场份额,很难形成规模化的经济。新的竞争业态,要求出版业发挥边缘性产业的优势,延伸产业链,以共赢的方式扩大合作,链接更多的社会资源,在社会资源最大化的利用和配置中,扩大自身的发展规模,加快自身的发展速度,生产出更多的社会需要的财富。

与其他实体经济产业相比,出版业具有明显的边缘性特征。按照我国对三个产业的划分标准,出版业当属第三产业,但其生产、销售等又横跨第二产业,由此形成了出版业特殊的产业链:其产品处于上层建筑部类,其产品的载体及复制设备(如纸张、印刷机械、光盘生产线等)却属于第二产业。出版的边缘属性形成的特殊的产业链,具有与相关产业"嫁接"的优势,出版产业链的延伸,可以使出版业在由主业市场向边缘市场拓展中,在边缘性市场的开拓中形成更多的产业的支撑点。如畅销书作为出版主业的主打产品,在出版业的发展中起着领跑的作用,畅销书的产业链在为出版产业创造获利、就业等商机的同时,还在出版资源多层面、宽领域的整合中不断向相关领域延伸,形成了多点支撑、功能互补的产业供应链。而且,这个产业链延伸的每个支撑点,都有着巨大的开发潜力,在有效的"化学聚合"反应中,不断制造出新的社会需求,培育出新的市场空间,并在不断拉动相关产业发展的过程中,为自身的发展开拓出新的市场空间,创造出新的市场机会。

图书的产业链功能表明,出版业有着非常可观的产业升值空间。开发产业链的过程,就是通过对出版资源进行最优化的配置,将各种相关的社会资源在利益共享的多赢格局中有机地组合在一起,制造出新的市场需求,实现出版投入的最大化收益的过程。畅销书作为出版主业的拳头产品,在整个产业链的延伸中起着类似发动机的作用。有市场潜力的畅销书,能产生源源不断的推动力,不断打造新的产业链条,以延伸的产业链促进经济的发展。在跨媒体运作方面,日本的经验值得借鉴。以宠物小精灵为例。宠物小精灵是日本任天堂公司开发的游戏软件中的一个主要角色,他们在开发宠物小精灵游戏软件的同时,运用跨媒体经营的策略,同时开发了宠物小精灵的漫画连载、游戏卡片和动画片等,不断把宠物小精灵推上新的营销台阶,形成了宠物小精灵的音响系列、发条系列、毛绒系列、游乐场系列等10个系列的85款形象。在宠物小精灵衍生产品的生产中,成功地打造了独特的品牌形象。比利时一家出版社在图书品牌经营中延伸产业链,把图书出版的优势用够、用足的经验也值得借鉴。该社以经营蓝精灵品牌为主打,把艺术家皮埃尔·居里福特塑造的深蓝色肤色、三个苹果高的原创童话作品主人公的品牌优势发挥到了极致。在以25种语言、5000多万册的数量在全球出版"蓝精灵"系列漫画图书的同时,发挥图书出版的产业价值链优势,把"蓝精灵"系列漫画改编为电影和系列动画片,动画片已经出口到60多个国家,深受各国小朋友的喜爱;同时还向企业转让了"蓝精灵"形象的商品使用权,含有"蓝精灵"形象的雨伞、牙刷、服装等商品成了小朋友的最爱。通过出版物品牌的延伸创新,把虚拟的"蓝精灵"形象打造成比利时的"国宝"。这家出版社的经验表明,在跨媒体经营中不断创造新的延伸业态,是图书出版产业的优势所在,也是转变出版业增长方式、做大做强出版产业的重要途径。国外出版社在出版《哈利·波特》图书过程中延伸的产业链,也创造了惊人的财富。《哈利·波特》系列拥有的数以千万计的"哈丝"成了宝贵的市场资源,美国时代华纳公司看中了该书的产业延伸价值,买断了《哈利·波特》的拍摄权和商品化经营权,取得了大大超过票房价值的收益。电影开拍之前,可口可乐公司、医药巨头强生、玩具制造商乐高、游戏商EA等分别以数千万美元的价格购得哈利波特系列玩具、文具、药品等的特许经营权,还有80家公司向时代华纳购买《哈利·波特》衍生产品的特许经营权,衍生产品涉及1000多种商品,包括饮料、玩具、文具、游戏、服装等。仅此一项,就为时代华纳带来数十亿美元的收入,使哈利·波特的形象像人们熟悉的米老鼠、加菲猫一样,出现在成千上万种商品上,带来了无限的商机。从出版开始,到影视产品,再到成千上万种特许经营商品、主题公园,以及哈利波特旅游业,"哈利·波特"已经从小说中的虚拟人物发展成为一个价值超过千亿美元的产业。

畅销书作为出版社的主打产品,在出版效益的实现中,起着经济支撑点的作用,但出版畅销书并不是出版社的全部出书内容,从出版社开发产业链的角度看,畅销书的出版,只是为开发出版产业链提供了基础。

六、建立科学民主的选题论证机制

(一)建立科学民主的选题论证机制的意义和作用

选题策划需要营造脑力震荡、智慧碰撞的氛围。选题作为编辑头脑中的图书虚拟形态,是编辑创造性思维的产物。编辑创新能力越强,创新的思维空间越广,创造性思维发挥越充分,选题的策划含量就越高,选题就越有市场竞争力。实践表明,选题决策的科学化和民主化,是提高选题质量、优化选题结构的必要条件。出版社组织的对选题的两级论证,并不是可有可无的,而是确保选题质量的必要程序,体现了选题策划的规律。在选题论证中,编辑们围绕选题内容的各抒己见和畅所欲言,能激发编辑创造性思维火花的相互碰撞,对编辑创造性思维的深化和延伸,起着"催化"和"增效"的作用。现代创造性思维的研究成果表明,在出版社进行选题集体论证的过程中,会形成一种"场效应"。在"场效应"的作用下,每个人平时接收的以潜意识形式储存的信息和知识积累,能得到最大限度的释放。具体表现为参加选题论证的编辑受论证会氛围的感染,大脑皮层形成相应的优势兴奋灶,有关区域的脑细胞异常活跃,在别人你一言我一语、七嘴八舌发表的对选题思路看法的激发下,原先储存的潜意识(即记忆痕迹)接连在脑海中闪现,不断形成新的念头、新的思维、新的灵感、新的创意;大家相互启发、相互提示、相互印证,甚至相互驳斥、相互质疑,编辑头脑中原有的选题见解和选题思考,在别人的肯定、推敲、斟酌、引证、否定、反问等信息反馈中不断得到充实、完善,同时不断产生新的选题构想和选题思路。不少编辑都有这样的体会:原先比较模糊、笼统的选题构想,在集体论证的多向度、多维度的信息交流中,会逐渐地清晰和具体;原先自认为十分完美的选题构想,在别人多视角、多层面的论证中,会发现不少缺陷;原先坐在办公室苦思冥想而不得其解的选题难点,在集体论证群体智慧的启发下,会豁然开朗,会发现思维突破的"新大陆"。

(二)选题论证的主要内容

选题论证是一项系统工程,包括了六个方面的内容。

1. 从讲政治的角度进行论证

选题策划有着鲜明的政治性,选题策划思路作为精神产品生产的基础,必须在政治上、思想上无条件地与党中央保持一致,必须体现党和国家的有关方针政策,这是选题论证的首要任务。因此,首先要论证选题产生的社会效益,看选题的思路是否适合当前的形势需要,是否体现了为大局服务的思想,是否弘扬了主旋律,是否紧密配合了党的中心工作。从讲政治的角度来说,不同时期的中心工作,对选题有着不同的要求,这些中心工作可分为几种情况。第一,一些重大的节日。重大节日的时间是固定不变的,而且每年都有,编辑必须要有节日意识,利用节日资源策划选题,如每年的国庆节、"五一"劳动节、"七一"党的生日、"八一"建军节等。第二,有些多年一遇的重大的纪念日,是党和国家中心工作的重要组成部分,为这些重大纪念日营造氛围,应该成为编辑的首要工作,如2012年的纪念香港回归15周年纪念日等。第三,党和国家的重要会议的召开和重要政策的出台等,都对选题策划提出了要求,如2012年召开的党的十八大会议。从讲政治的高度出发,出版社在图书选题策划中,必须把对这些重要的节日、纪念日及党和国家重要会议、重要决定的宣传,列入重点选题计划。

2. 从出版社的图书结构方面进行论证

图书结构体现了一个出版社图书产品的质量和效益,体现了出版社对市场竞争的适应能力和市场竞争优势。成熟的出版社,都有与自己的编辑人才优势、选题策划优势和发展目标相适应的出书结构,不可能见什么出什么,更不可能捞到什么出什么,而应该有体现自身特色的出书计划,按照这个计划,一步一步地实现自己的出书目标。因此,每个编辑策划的选题,都应该符合所在出版社的出书结构,是所在出版社出书结构的有机组成部分,是所在出版社出书结构的进一步优化,是所在出版社市场竞争优势的具体体现。图书市场的竞争,越来越多地表现为选题特色的竞争,选题特色是在做专、做精、做深的基础上形成的。做专就是做出自己的专业特色,占领专业高地。同样的少儿读物,能把少儿读物的要素体现得更充分,就能更吸引读者。做精就是对图书质量精益求精,无论是内容质量还是印装质量,都要追求一流的水准。做深就是向选题的纵深挖掘,做到人有我特,人特我新,人新我专,形成自己的优势。在市场竞争中,出版社要生存和发展,必须打造自己的产品线,形成自己的优势版块,这个优势版块中,既包括重点图书及常销书和畅销书,也包括根据不同时期的市场需要推出的一些适应短期性市场需求的图书。出于个人的喜好或是认识上的局限,编辑有可能出现游离于出版社的出书结构进行选题策划的现象,因此,出版社组织选题论证,必须从出版社整体发展的角度,对编辑提出的选题思路进行修正和完善,将编辑个体的选题策划思路纳入出版社的整体选题策划思路之中,使之成为出版社选题结构的有机组成部分,成为出版社市场竞争优势的体现。有的出版社领导对编辑提出的选题缺乏宏观上的控制力,对编辑的选题策划没有提出明确的要求,没能进行有效的指导,社里没有形成浓厚的学术氛围,编辑策划选题基本上处于"各自为政"的状态,这种情况使出版社的选题计划成了一份缺乏特色的拼盘,成了一份大杂烩,里面什么东西都有一些,却做不专,做不精,做不深,做不出影响和品牌。强调选题策划与出版社的出书结构相适应,正是为了更好地张扬出版社的品牌形象。

3. 从作者层面进行论证

作者的作品特别是原创作品的质量如何,在很大程度上取决于作者的水平、创作潜力及对编辑选题策划思路的理解和把握。因此,对作者的论证,成了选题论证的重要内容。对作者的论证包括三个方面的内容。

一是作者的水平。作者的水平即在相关领域的已有研究成果或已达到的水平,包括作者已发表的作品以及所发表作品的社会影响。

二是作者的创作实力和创作潜力。创作实力是指作者的创作处在一个什么样的创作期,是进入了创作的黄金期,还是进入了创作的成长期,或是进入了创作的衰退期。具有同样知名度的作者,由于所处的创作期不同,其创作的效果会出现很大的差异。如一个处在创作黄金期的作者,即使其资历浅一些,年纪轻一些,其所蕴涵的创作潜力会促使其创作出高质量的作品。

三是作者落实情况。由于多种原因,目前有的出版社编辑申报的选题中,作者没有得到落实的占了一定的比例,致使选题计划得不到有效的落实。有的编辑申报的选题,虽然所写的作者有名有姓,而且有一定影响,但没有落到实处,有的只是作者口头上随意的承诺;有的没有得到作者的肯定答复,编辑就想当然地写上了作者的姓名。有关调查表明,一些出版社年度选题计划执行率不高的主要原因,是作者没有得到很好的落实。原先的在选题申报中出现的知名作者,因最后落实不了,则退而求其次,选用二流、三流甚至不入流的作者。作者的质量降低了,选题的质量也不可能不受影响。有的选题因作者没有落实,最后不得不予撤销。因此,在出版社的选题论证中,对作者的论证,是不可缺少的重要方面。在作者与选题相对应的前提下,作者对完成选题的肯定性承诺,是落实选题计划的最重要的基础。编辑申报重点选题,不但要落实作者,还要对作者的创作实力和创作水平进行评估,在确保作者质量的基础上,确保选题的质量。

4. 从读者定位方面进行论证

在图书市场日益细分的趋势下,选题的读者定位是否得当,成了选题成功的关键性因素。过去常说的老少皆宜、雅俗共赏的情况,如今已不太可能出现。随着社会政治、经济的发展,社会分工日益细化,新的职业不断出现,新的读者群也随之出现。图书的读者分流势在必行,或是按年龄分流,或是按职业分流,或是按兴趣分流,或是按时尚感觉分流,或是按业余爱好分流,等等。读者的分流,促进了图书市场的细分,一种图书要赢得市场,必须要有非常精确的定位,而且是越精确越好,越精确就越准。在选题论证中,要求编辑策划的每一个选题都要有非常明确的读者对象,要详细说明这个选题是给谁看的,是适应哪一类读者群的需要的。如是少儿类的选题,要说明针对哪一个年龄层的读者群,最好要精确到某一个具体的年龄段,或是具体到某一个年级,这样的选题,才是有市场潜力的有效选题。

5. 从资金投入方面进行论证

　　选题作为出版社的项目,一经确定和批准,便成了出版社的投资项目。任何投资项目都有一定的市场风险。对于编辑策划的选题,出版社要予以一定的投入,少则几万元,多则几十万、上百万元,甚至上千万元。因此,选题申报也要量力而行,将出版社用于选题申报和实施投入的资金和力量,建立在切实可行的基础之上,建立在出版社的经济实力可以承受的范围之内。这样,就需要每个编辑对申报选题的投入及可能得到的市场回报进行预测,测算出选题投入所需要的资金,写出具体的投入预算方案。出版社承担的资金由两大部分组成,即直接成本和间接成本。直接成本包括纸张、印刷等费用,间接成本包括稿费、宣传费、管理费等,如实行版税制,出版社承担的风险更大。出版社一旦与作者签订了版税合同,确定了版税的起印数,就必须按照版税合同中确定的起印数向作者支付版税,即使图书的销售册数低于版税合同中规定的起印数,出版社也必须按约定的起印数支付版税。

　　由此可见,出版社的投入与经营风险成正比关系,投入越大,投入的方式越是具有不确定性(与作者签订有起印数的版税合同),投资回报越是难以预测,出版社所要承担的风险就越大。出版社的选题投入当然不可能没有风险,因此需要将所承担的风险建立在其能承受的范围之内。有的出版社在选题论证中缺乏成本预算概念,在选题策划中只注重选题的文化积累价值而忽视经济承受力,致使出版社用于选题运作的投入超出了财力范围,使选题计划难以得到有效的执行,选题实现情况不理想。因此,出版社在选题论证中,要把选题的资金投入作为选题论证的重要条件。在一般情况下,在选题投入方面要形成比较合理的结构,在选题结构中,要将长线产品与短线产品结合起来,将投入比较大的产品与投入比较少的结合起来；在用于选题投入的资金中，既要有用于出版长线产品的必要资金，也要有用于出版短线产品的资金。长线产品主要是指投入比较大的学术著作、丛书、套书等，这些产品虽然在短时期内难以收回投资，但从出版社的长远发展和品牌积累来看，是必需的。如有的出版社投入几百万元策划出版《莎士比亚全集》《季羡林全集》《世界历史》《故宫博物院藏品全集》等，虽然为此投入了巨额资金，但这些图书后来都得到了可观的回报，或是被评为国家图书奖，成了出版社的标志性出版物，显示了出版社的品位，有效地提升了出版社的品牌形象，或是对外输出了版权，既传播了中国优秀文化，又获得了可观的版税收入。如某地方美术出版社投资的《八大山人全集》出版后，在全国美术界引起了较大反响，出版社在全国美术出版界的地位迅速得到提升，一些图书经销商由此改变了对该美术出版社的看法，将该出版社视为信得过的合作伙伴。出版社的长线产品也不都是赔钱的，赔钱的长线产品毕竟是少数，有些长线产品，只要做得好，不但可以收回成本，还能盈利，只是收回成本并盈利的时间较长而已。短线产品则是指出版社能在短时期内收回成本并盈利的项目，如能在市场掀起购买热的畅销书等，或是能在出版后多次重印的图书。长线产品和短线产品比例的合理化，有助于出版社形成良好的选题投资结构，为实现可持续发展打下良好的基础。

6. 从市场空间预测方面进行论证

任何选题都有一定的市场空间，这个市场空间，就是实现选题的社会效益和经济效益的条件。对选题市场空间预测的准确程度，直接影响到选题价值的实现，影响到出版社选题的投入、产出比例。这个市场空间虽然是未知的，但可以从对现有的读者需要及需要变化发展曲线的分析中进行推测。因此，在选题论证中，要重视对市场空间预期的判断，将出版社对选题的决策建立在对选题市场变化发展空间准确预测的基础之上，对那些市场前景可观、市场进入空间较大的选题，要优先予以通过，以确保选题的实现效益，确保出版社的投资效益。对那些已经饱和或接近饱和的市场领域，要谨慎进入，应选择新的突破口。

总之，出版社领导要充分发挥集体论证"场效应"的作用，让选题在反复"过电""放电"的过程中锤炼得更加成熟，更富有市场竞争力。选题的两级论证都是不可缺少的。

首先是编辑室的选题论证。编辑室的选题论证是出版社制订选题计划的基础。编辑室作为出版社的基本单元，是每个编辑具体的工作环境，虽然人数不多，但由于编辑们的选题策划方向比较一致，共同的语言比较多，彼此之间比较了解,发表意见比较随意,容易形成研讨的氛围。编辑室论证成功的关键,是充分发扬民主,鼓励每个成员都充分发表意见,对选题评头论足,鼓励对别人的选题提出自己的看法或质疑。同时,要允许选题策划编辑进行解释或阐述,在面对面的交流和沟通中,通过成员之间的策划优势、信息优势的互补,营造一个充满智慧、创意、点子的精神财富共享空间,促使每个编辑不断发现自己选题策划的不足之处,不断完善选题策划思路,丰富选题策划的联想,拓展选题策划的空间,在畅所欲言的宽松环境中,使每个成员的积极性和创造性得到最大限度的发挥。

其次是出版社组织的选题论证。出版社组织的选题论证也是重要的一个环节。出版社的选题论证,是关系到编辑选题命运的论证,因此更要充分发扬民主,给每个编辑充分的陈述其选题策划思路的机会。在选题论证中,特别要关注有争议的选题。有价值或是有市场潜质的选题,往往会产生争议,而那些四平八稳的选题,虽然不会引起很大的争议,但也不太可能有很高的效益。因此,对有争议的选题,出版社领导不要轻易否定,更不要轻易"枪毙",要通过建立选题答辩制度,给编辑陈述其选题策划思路的机会,为有价值选题的脱颖而出创造条件。对有争议的选题进行答辩,有助于打破编辑选题策划的惯性思维,优化编辑的思维品质,拓宽编辑的思维空间。有市场潜力的选题,因其策划思路独辟蹊径,操作往往有一定的难度,而且还会存在一定的风险,一下子不容易被人接受,会产生一些不同意见。某出版社编辑思想活跃,策划了一个全新的选题,因该选题的前期投入较大,有些风险,在论证中产生了争议,为"保险"起见,社领导"砍掉"了这个选题,该编辑只得将这个选题推荐给其他出版社,结果为别的出版社带来了效益。这个事例表明,对有争论的选题,出版社领导不要急于"判刑",可组织一些有针对性的答辩,在答辩中进一步论证,寻求选题在市场的预期支撑点,以形成更切合市场实际的共识,这样既能防止财富外流,又有利于调动编辑的积极性、创造性。某出版社为了更好地调动编辑的积极性和创造性,制定了选题答辩制度,在选题论证会上因意见不一致未获通过的选题,如果提出该选题的编辑要求复议,则由社领导组织有关人员召开答辩会。首先由编辑再次陈述其选题思想,接着回答有关人员提出的问题,最后由答辩小组成员以无记名的方式进行裁决。这种做法产生了积极的效果。首先是使一些有争议、有价值的选题在答辩中获得了"新生",并使编辑原有的选题策划思路在答辩中得到了拓展和完善。其次是使编辑感到自己在出版社受到了充分的尊重和信任,感到自己在出版社大有用武之地,增强了内聚力。此外,还能在答辩中发现一些编辑人才。有些编辑平时少言寡语,可在答辩中谈锋犀利,对答如流,令人刮目相看。国内一些成功的出版社,其在选题决策中的一个成功的经验,就是在选题决策中充分发扬民主,营造一个人人畅所欲言、人人敢于发表不同意见的民主氛围。有些出版社在选题决策中对有争议、有良好市场预期效益的选题实行无记名投票制度,充分体现了选题决策的民主性。实践证明,这种方法有助于调动广大编辑策划选题的积极性和创造性,可防止因个别人的偏见而把有价值的选题扼杀在摇篮中。

七、选题立项是出版社的投资行为

(一) 选题立项是出版社的投资行为的原因

出版业是内容产业,选题策划是出版社核心竞争力的体现,也是图书编辑工作的基础。选题的营销创意和策划含量,在很大程度上决定着出版社发展的规模和效益。图书选题具有双重属性,图书既是能在知识、文化信息的传播和积累中产生一定社会舆论导向作用的精神产品,又是能在图书生产的投入、产出中为出版社带来经济效益的物质产品。因此,图书选题的实质是出版社的投资项目,是一种市场资源。出版社的选题项目能否实施,受到书号的制约。书号资源不同于一般的市场资源,在国家对图书出版社实行审批制,特别是对图书出版社使用的书号实行总量控制的特定政策环境下,书号作为一种国家垄断的市场资源,能取得高于社会平均利润率的生产利润率,因而成了出版界的稀缺资源。"买卖书号"屡禁不止的一个很重要的原因,就是出版行业外的资金看中了选题投资的高市场回报率,因此变着法子向出版业渗透,与出版社分食出版利润。书号所具有的特殊市场价值,表明图书选题的策划、申报和论证,不是单纯的编辑业务,也不是编辑的个人行为,而是关系到出版企业的生存、发展的重要投资行为。编辑对选题的策划,既是文化选择,是对选题的文化积累和传播价值的判断,同时也是对出版资源的开发和对企业投资项目立项的策划。出版社组织的选题论证,就是对出版社投资项目是否立项的论证。出版社作为一个自负盈亏的文化企业,在经营方式上与其他企业一样,都是在企业产品的低投入、高产出所获取的市场回报中,创造出版生产的增加值,从增加值中获取利润,积累资金,打响品牌,不断扩大再生产,从而得到发展。这种投资项目(指面向市场的图书)具有一定的风险性,选题经过申报、论证和批准列入出版社的年度图书出版计划或是增补选题计划后,出版社在选题成形、物化的实施过程中,就要投入一定的人力、物力和财力。编辑要想方设法去物色与图书选题内容相对应的作者,如果是比较畅销的书稿,出版社还得预付一定的资金。书稿完成后,出版社要根据所预测到的未来图书市场的需求指数,事先确定图书的印数,并在图书印刷中预付一定的资金;如果是以支付版税的形式出版,出版社还要根据双方的议定向作者支付版税。在图书投放市场前,出版社还要组织图书宣传工作,开展有关活动。这样,在图书进入终端市场销售并得到回款之前,对于大多数选题特别是面向市场的选题的实施,出版社都要投入一定的资金。如果出版社所出版的图书在销售中获得了预期的效益,出版社就从图书的市场回报中获得了扩大再生产的能力;反之,如果出版社出版的图书在市场上无人问津,或是叫好不叫座,选题投资收不到回报,发展就会受到影响。有关调查表明,出版界的图书库存呈逐年增长趋势,表明不少出版社对选题的投入成了"无用功",造成了出版资源的浪费。

有关调查表明,一些出版社面向市场的图书获利少或出现亏损的一个主要原因,就是选题策划的理念滞后。一些出版社领导和编辑选题策划的理念还停留在计划经济时期形成的传统编辑出版模式的层面上,他们对图书选题文化属性的认识比较清楚,知道图书选题必须要有一定的文化含量,要有文化的积累和传播价值,但对选题作为投资项目属性的认识还比较模糊,因此,在选题策划中,对选题应具备的文化传播和积累价值的要素考虑比较多,而对选题应具有的作为投资项目的要素则考虑比较少,造成选题投资项目要素的欠缺。

有的编辑片面地认为选题策划就是设计图书的框架结构和物色作者,提出的选题策划方案中,通篇或主要都是讲选题的学术价值及其作者的层次等,至于如何降低选题运作的成本、如何量入为出地将选题投入建立在出版社经济承受力的基础上、如何确保选题的投资效益、如何通过细分市场争取目标读者等投资要素,则是没有或很少涉及。有的编辑对选题策划的认识简单化,把图书选题申报等同于学术研究课题申报。选题申报之前,到一些科研单位和高校走一走,了解一下那里的专家学者有什么科研课题和写作计划,然后把他们的科研课题或写作提纲改一改,就成了自己的选题策划方案。他们不愿意在选题策划思路与图书市场需求的衔接上下功夫,不愿做深入细致甚至是艰苦的市场调查,对图书市场的动态信息流缺乏整体把握的能力。他们或是对图书市场正在或将要形成的需求热点缺乏应有的敏感,或是不善于将图书市场的需求点转化为选题策划的亮点,或是不善于从特定读者群需求轨迹的变化曲线中预测出图书市场的潜质,以想当然行事,跟着别人的感觉走,缺乏创新的敏感,选题思路脱离市场实际,与读者需求大相径庭,致使选题在成形的过程中出现了"负面"变形,成为一堆废纸,造成不该有的浪费。有的编辑甚至把选题策划当成儿戏,年底到了,为了完成任务,便凭空想出几个选题,选题申报表填写的所谓作者、学术价值、发行量等都是子虚乌有,这种"空对空"的选题,当然不可能有实现率。据了解,有的出版社的年度选题计划实现率连30%都达不到,主要原因是"三无"(即无策划思路、无确定的选题名称、无确定的作者)选题在出版社选题论证中"蒙混过关",拿到了不该给的"通行证"。

这种情况表明,一定的文化、知识、信息要素和投资项目要素的结合,是成功的图书选题策划所必须具备的,二者不可缺一。其中,文化、知识、信息要素是选题的基础和灵魂,而投资项目要素则是实现图书选题的市场价值和扩大出版再生产的关键。图书选题作为投资项目,必须不断地得到投资回报收益,形成投入最小化和产出最大化的运作机制,这样投资才能不断地进行,以积累资金、增强经济实力、扩大再生产。如果出版社的选题投入大于产出,或是光有投入没有产出,图书不为市场吸纳,无人喝彩,积压图书占用的资金超过了出版社的资产负债率,出版生产就难以继续进行。

选题投资项目的立项是关系到出版企业生存、发展的重大决策问题,其基本要求就是量力而行,量入为出,将出版社用于选题制作的总投入与出版社现有的人力、财力和物力资源结合起来,使出版社制订和要实现的选题计划建立在所能承受的经济基础之上,使出版社所承担的经营风险建立在对市场的科学预测的基础之上。这样,才能确保产品的市场竞争力,做到策划一个,成功一个,打响一个,形成有市场生命力的选题结构。有的出版社虽然每年的出书品种不少,但由于不少选题并不是按照投资项目的要求进行策划的,缺乏投资项目的要素,光考虑选题的内在价值而忽略投入的产出效益,光考虑要形成出书规模而忽略量力而行的原则,从而使选题计划的投入规模超出了出版社的策划力量和资金承受力,导致选题的策划含量不足,选题的质量和效益下降,增加了出版社的无效库存。有的出版社领导在选题论证中,为了照顾关系,给那些不具备投资条件的选题发放"许可证",结果造成了不该有的经济损失。从企业投资的角度来说,对于这种投资立项的失误,决策者应该承担经济责任。

(二)建立科学规范的选题运作机制

将选题策划从单纯的文化产品选择、设计提升到出版社项目投资立项开发的层面,并不是一个提法的改变,而是体现了在发展社会主义市场经济的新形势下,传统编辑出版向现代编辑出版转型的必然发展趋势,适应了出版产业发展的历史性需要。建立科学规范的选题运作机制,要从以下三个方面着手。

1. 变"三合一"为"三分离"

"三分离"即选题的提出、策划和书稿案头加工相对分离。目前大多数出版社实行的选题的提出、策划和书稿案头加工"三合一"的编辑制度,难以适应市场经济条件下出版业竞争激烈的新形势,产生了不少弊病。在不少出版社,选题策划是每个发稿编辑的任务。事实上,并不是出版社的所有发稿编辑都具备选题策划的能力。如有的编辑比较擅长交际,社会活动能力较强,对各种信息有着敏锐的感知力,善于从社会热点中演绎出新的选题思路,策划的选题在市场上有着较高的"命中率",能为出版社创造良好的效益,让这样的编辑集中精力从事选题策划,更有利于发挥他们的优势。有的编辑文字功底比较扎实,擅长对书稿进行精雕细琢的"裁剪",使图书的编校质量得以保证,这样的编辑无疑是做案头工作的最佳人选。显然,在出版社编辑各有所长的情况下,让每个发稿编辑都承担策划选题、执行选题的任务,必然会影响出版社的投入、产出效益。

出版社现行的选题提出、策划和案头加工"三合一"的编辑工作制度,是在计划经济条件下形成的,在当时有一定的合理性。在"皇帝的女儿不愁嫁"的计划经济时期,编辑可以不问市场,只管编书。近年来,虽然图书市场竞争激烈,但有些出版社在经济上还是有两个"旱涝保收"的支撑点:一是以以销定产形式在本地市场发行的教材教辅获得的利润,利润率虽然不高,但起码回款有保证;二是以包销出版、资助出版等形式向合作出版单位收取的书号管理费,这种形式,出版社基本上不需要什么投入,没有库存,没有管理费等开支。这两个支撑点,成了不少出版社在激烈的市场竞争中"生而不死"的根本原因。而一般图书的经营,由于带有一定的市场风险,不少出版社都是亏本经营,或者是微利经营,因此对一般图书的创利不抱多大希望,致使"三合一"的制度得以延续。有的出版社虽然每年出版新书(一般图书)一二百种,但图书盈亏相抵之后,则是基本持平或亏损。一般图书经营微利或亏损,一个重要原因,就是选题缺乏策划含量,缺乏对投资项目的科学论证机制。有的编辑在出版社"纸上谈兵"式的论证过程中,虽然把"选题策划"思路讲得头头是道,图书却经不起市场的检验,受到读者的冷遇。选题的提出、策划和案头加工"三合一"的体制,成了出版社一般图书微利或亏损的主要原因。这种"三合一"的体制还在一定程度上造成了出版社人力资源的浪费。有些策划能力强、善于以变应变从读者优势需求变化中捕捉有效信息策划畅销书选题的编辑,虽然在选题策划中有着明显的优势,但由于考核目标包括完成一定的审稿字数,被案头工作占用了不少时间,因此其作用的发挥受到了一定的限制。而那些策划能力较弱、比较适合做案头工作的编辑,为了完成选题策划任务,只能硬着头皮填写选题申报表,其选题的质量可想而知。有的编辑虽然年年都策划选题,但选题思路与市场走向不合拍,策划的图书得不到预期收益,在出版社,这种"选题亏损型"的编辑不在少数。当然,这个责任也不能完全由他们承担,在一定意义上这是制度使然,因为有些人就是适合做案头编辑,关键还是在于出版社是否能合理分工。

选题的提出、策划和案头加工是编辑工作的三个必备环节,这三个环节的工作性质不同,对编辑的素质要求也不尽相同。在三个环节中,选题策划是在较高智力层面上进行的创造性脑力劳动,对编辑工作的成效起着关键性的作用,因此对编辑的素质要求比较全面。选题策划要求编辑对图书市场要有敏锐的反应能力,要善于将市场信息转化为选题策划的有效信息,还要懂得一些成本核算、市场推广等知识,能对选题的运作进行全程策划。书稿的案头加工则要求编辑有比较扎实的文字功底和一丝不苟、严细成风的工作态度。选题的提出好比是对开发新产品的建议,不应该也没有必要只局限于编辑,而要发挥出版社全体员工的积极性,鼓励他们为选题开发献计献策,在更大的空间界面开发选题资源。针对这三个不同的编辑工作环节的不同特点,有些出版社尝试着对出版社的人力资源进行科学配置,把一部分有策划能力的编辑从案头发稿工作中解脱出来,让他们集中精力策划选题,根据市场变化情况,策划出与市场合拍的选题,优化出版社的选题结构;同时,让一些有较强文字驾驭能力的编辑担任案头工作,并鼓励出版社的所有员工都参与选题策划,鼓励全体员工提出自己的选题建议,对提出的选题实现了双效益的员工,则给予奖励。

选题策划的成功实践表明,成功的选题策划,并不是拍拍脑袋就能想出来的,而是"长期积累,偶然得之"。平时的"积累"是"得之"的基础,或是产生于某一瞬间的思维火花,或是来自一次不经意谈话中所得到的灵感。出版社不同岗位的员工,每时每刻都在以不同的方式与外界进行着信息的交换,他们获取的信息中,不乏与选题策划有关的信息,从政策上鼓励他们参与选题策划,有利于提高出版资源的开发利用率。如有的大学出版社将选题开发放在首位,依托母校的学科优势和作者队伍优势,确定该社重点发展的若干个选题策划方向,并对这些策划方向的策划编辑力量进行科学的配置,以选题策划带动图书质量和效益的提高,提高了选题的单位产量,取得了比较显著的效益。有一家地方出版社规定总编室主任为编辑室的策划编辑,负责对本编辑室编辑提出的选题进行策划,此外还鼓励出版社人人参与选题策划,调动了广大员工的积极性和创造性。这些成功的经验,为出版社实行选题的提出、策划与案头加工的分离,提供了可资借鉴的思路。

2. 实行选题全程策划

选题策划作为出版社投资项目的策划,其策划的成效如何,并不是指选题策划的方案如何完备,或是选题策划的思路怎样新颖,而是体现在选题成形投放市场后产生的效益。因此,成功的选题策划方案,并不是选题策划的结束,而仅仅是选题策划的开始,完整意义上的选题策划,应该贯穿于图书生产的全过程。成功的选题策划思路,不仅包括选题的框架结构、编排体例的设计和对作者的物色,还包括图书的成本核算、书装形态设计、图书宣传定位诉求点的确定、市场推广活动的开展等。

具体地说,选题全程策划包括四个方面的内容,即选题成形前的图书虚拟形态策划,选题成形中的图书体例、版式及书装形态策划,选题成形前后的宣传诉求点策划和公关造势策划、市场推广策划,这些不同生产环节的策划环环相扣,形成了一个比较完整的策划过程。编辑在选题申报论证阶段提出的选题构想,并不是选题策划的全部,只是选题的雏形,只是为选题在物化和成形过程中的进一步完善提供了一个基础。编辑的选题策划思路再独到,再有创意,也只是编辑的主观设想,需要在选题成形、物化的全过程中,以多种形式征求作者、读者、美工、财务、印制、发行等相关人员的意见,吸取他们的意见和建议,不断对原有的选题策划思路进行调整和修正,这样才能使选题策划思路减少盲目性,增加可行性,越来越接近市场终端的实际需求。近年来,一些出版社以重点图书选题为选题全程策划的突破口,根据不同的图书出版生产环节,将选题策划思路分解为不同的选题策划点,使整个选题成形、物化的过程都围绕既定的选题策划目标进行,提高了选题投资项目投入和产出的比值。

3. 建立出版社的投资项目论证机制

出版社的投资项目是否可行,投资能否收到预期的产出,并不取决于编辑的主观意愿,而在很大程度上取决于投资项目进入市场后所产生的竞争力。一些出版社的成功经验表明,要确保出版社选题投资的市场收益率,必须建立对选题投资项目的论证体系。论证体系由投资项目的策划方案和投资项目的论证制度两部分组成。

第一,制订投资项目策划方案。这个方案不同于选题策划方案,在内容涵盖上比选题策划方案更为全面,一般包括八个要点:一是选题的价值评估,包括选题的文化积累和传播价值;二是选题的市场竞争力评估,包括该选题在全国同类选题中所处的位置及所具有的优势(或是在全国同类选题中处于领先,或是已有一些同类图书,但还有一定的市场空间,在选题思路上具有独创性);三是选题作者的创作水平和创作潜能评估;四是选题的书装形态,即图书的品相评估,包括选题制作的封面和内文用纸、开本及装帧、版式设计的风格等;五是选题投入的经济预算,包括选题制作所花费的直接成本和间接成本;六是选题的品牌价值评估,即如何把图书打造成出版社的品牌图书,挖掘图书品牌的附加值,提高读者需要的满足系数;七是图书宣传的诉求点评估,在图书的特点与特定读者的需求相结合的基础上,策划能打动人心的诉求点,增强图书的文化亲和力;八是建立图书的销售渠道,确定图书的代理商。

第二,建立和健全出版社对选题投资项目的评估论证机制,实行以双效益为核心的选题投资项目表决机制。出版社对选题投资项目的决策,是事关出版社生存与发展的重大决策,不能光考虑选题的文化积累价值,更不能以领导的个人兴趣和好恶为依据,应在确保选题社会舆论导向正确的前提下,以实现出版社的整体利益最大化作为选题投资项目的决策依据。对那些有较高的投入产出比值、市场回报率较高的选题投资,应优先予以立项;对那些投资的预期效益不明显,或是投资规模超过出版社承受力,有较大市场风险的选题投资项目,则应坚决撤销或暂缓立项。在重视"短、平、快"的短线选题投资项目立项的同时,更要重视长线选题项目的投资,将畅销书选题与长销书选题结合起来,形成选题投资的梯度结构。如某出版社在开发《汉译大众精品丛书》《大众文化丛书》等系列畅销书的同时,着眼于长远发展,斥巨资对长线产品进行风险投资,与有关研究所合作,确定了《现代经济简明词典》(300万字,十卷本)、《中国近代史》(500万字)、《西方哲学史》(350万字)等选题投资项目。该社在选题投资策划中注重权威性,使之成为同类图书不可替代的产品,形成了明显的销售优势。

4. 建立图书选题数据库

在信息时代,一定的高科技支撑,是开发选题资源的必备条件。国内外的一流出版社的经验表明,建立选题数据库,能为提高选题资源开发利用率提供快捷、便利的操作平台,编辑可以按照事先设定的检索条件,对图书进行任意检索,如对图书的库存进行检索、对图书的累计发行量进行检索、对图书的实现利润进行检索等,这有利于对有价值的选题进行二度开发。据了解,目前有相当部分出版社计算机中录入的选题都是以单个的文档形式保存的,这种保存方式既不利于查找,也无法进行不同要求的检索,而且随着选题数量的增多,查找越来越困难,工作量不断增加。因此,迫切需要设计一种选题管理系统的软件,建立图书选题数据库,并将选题管理从选题申报环节向整个选题投资运作的流程延伸,包括选题物化、成形前的申报、论证等数据,选题物化、成形中的编辑、制作、宣传等数据,选题物化、成形后的发行量、库存、销售款回笼、实现的利润等数据,实行动态数据反映,并建立系统的局域网,实现选题数据库的资源共享,从而从根本上改变目前出版行政部门与出版社之间、管理决策层与生产经营层之间及出版社不同部门之间的信息不对称状况,提高出版社的经营管理水平和管理效能。

第三节　选题策划大趋势

　　出版产业是内容产业,"内容为王"的流行说法,形象地概括了出版业的特点,而出版社的"内容"能不能在市场上称"王",在很大程度上取决于图书选题策划的市场含量。出版社之间的差距,在一定程度上是由不同的选题策划思路和选题策划水平造成的。选题策划思路的创新,在图书出版中,起着主要的甚至是决定性的作用。从一定程度上说,出版产业,是在不断提高选题投入和产出比值的过程中逐步得到发展的,出版社从选题策划、成形、物化、销售中得到的市场回报率越高,出版社的效益就越是可观。光有资金,不使资金在投入、产出的资金运动中升值,不善于用小钱生大钱,不善于以有效的投资换取高回报,再多的资金、再好的装备,也会坐吃山空,消耗殆尽。在出版界不乏这样的情况:在同样的资金、装备等条件下,有的出版社由于选题策划思路缺乏个性和特色,老是跟着市场感觉走,用于选题策划、成形的投入得不到应有的产出,一般图书的利润少得可怜;有的出版社善于扬长避短,发挥优势,在市场竞争中找到了选题思路的突破口,形成了具有市场潜质的选题策划优势,推出了一批读者叫好、市场叫座的畅销书,出版社很快在可观的投入和产出中使出版规模和效益上了一个新的台阶。二十一世纪出版社把郑渊洁的"皮皮鲁"系列打造成超级畅销书,并在打造超级畅销书的过程中壮大实力、做大规模的事例有一定的典型性。著名作家郑渊洁创作的"皮皮鲁和鲁西西"系列在某出版社"待"了十多年,只出版了十多个品种,平均每种销售2万册,总共销售不到30万册。该书花落二十一世纪出版社后,该社在"皮皮鲁总动员"这个品牌的统领下,将郑渊洁的作品以不同颜色为标志分批推出,有"银红系列"(10册)、"橙黄系列"(10册)、"蔚蓝系列"(10册)。同时,在书的每篇正文之前专门增设了开篇词"皮皮鲁有话说",以

"皮皮鲁"这个品牌形象来贯穿全套图书,增强这套图书的整体感。同时,组织了周密的市场推广和宣传活动,把郑渊洁的童话作品整合成《皮皮鲁总动员》系列,责任编辑陪同作者到南京、杭州、成都等十几个城市开展签名售书活动。每到一地,编辑与当地的新华书店和媒体密切合作,组织作者与小读者见面,回答小读者提出的问题,与小读者开展面对面的交流活动,成功地缩短了作者与读者的心理距离,起到了十分明显的市场预热作用。该社编辑还组织了别开生面的"皮皮鲁十周岁生日"活动,把童话中的主人公搬到现实生活中,对其生日进行真实庆祝,巧妙地掀起了一波又一波的宣传热潮,有效地激发、激活了读者的积极性。在近六年的时间内,创造了骄人的业绩,品种增加到 70 余种,总销售达 2800 多万册,销售码洋近 4 个亿,而且这些品种都是有效品种,没有积压,没有库存,还带动了其他一般图书的销售。这个事例表明,出版社目前缺的不是选题资源,而是选题资源的整合、创新思路,在缺乏选题资源创新思路的情况下,再好的选题资源,也有可能被白白浪费。

选题资源只有在富于创意的开发、整合中才能转化为生产力。选题策划与选题资源是相辅相成的关系,丰富的选题资源,是选题策划的基础,离开了选题资源,选题策划就成了无源之水和无本之木;而选题资源只有经过策划,在富于创意的策划中经过整合,才能转化为社会需要的产品。成功的选题策划在挖掘和开发选题资源的过程中,不断把选题资源转化为精神产品,并在策划的过程中不断拓展资源整合空间,不断形成新的选题资源开发、整合空间,加快了选题资源转化为出版产品的过程。近年来崛起的一些出版社,从在经济上捉襟见肘,一跃而成为年图书码洋几个亿、创利几千万的强社,主要原因,就是敢于在选题的"无人区"开拓,形成了"人无我有,人有我新,人新我特,人特我专"的选题策划思路,以有别于他人的"这一个",在图书市场占有了一席之地。而缺乏创新的平庸选题,则会使出版社处于被动局面。如某出版社经过选题论证,投资 300 多万元,策划出版了一套面向市场的丛书,由于对市场预测不准,结果造成了积压,出版社血本无归,背上了经济包袱。应该指出的是,目前有为数不少的出版社的利润主要来自依靠以"以销定产"形式发行的教材、教辅,一般图书基本上是微利甚至亏损。这些出版社当然也出了不少一般图书,但由于选题策划缺乏创新,再加上发行等原因,导致图书大量积压,用于一般图书的稿费、管理费、纸张费、印刷费等投入得不到应有的产出,导致正常的出版再生产难以维持。在这种情况下,如果拿掉这些教材、教辅,出版社就会濒临倒闭、破产。

因此,重视选题策划的投入,加大选题的策划含量,已经成为出版竞争的趋势,成了提高出版社核心竞争力的根本措施。有市场竞争力的选题,并不是编辑拍拍脑袋就能产生的,而是通过对大量信息进行筛选、剖析,通过对图书市场进行深入细致的调查,经过反复比较、多次论证而形成的。选题策划成了图书编辑最基本的工作,选题策划贯穿于编辑工作的全程,选题策划不仅体现为编辑的选题构思形态,还体现在整个选题物化、成形的过程中。因此,选题策划的基本原则,就是编辑根据形势的需要,针对一定时期的市场需求,提出图书出版的构想或构思,按照这个选题策划思路,在整个选题物化、成形的过程中,根据市场反馈的信息,不断对原有的选题策划思路进行修正、充实、完善。

一、选题策划模式的改变

现代选题策划模式,已经从单纯的物色作者向发现、培养、开发、经营作者转变。不少出版社的编辑努力发挥编辑在作者和读者之间的桥梁和纽带作用,把物色作者与发现、培养、开发和经营作者结合起来,在物色作者的同时,对有创作潜力的作者进行有针对性的培养和指导,引导作者进行创作,帮助作者经营自己的作品,促进了作者队伍的成长。

开发、经营作者包括五个方面的内容。一是善于从学会、协会、大学、科研所等发现作者。如 20 世纪 30 年代,开明书店以立达学会和文学研究会为基础,汇集了叶圣陶、茅盾、林语堂、巴金、冰心、丰子恺、周建人、朱自清等一批知名作者。二是通过参加各种研讨会,从中了解有关专业的发展动态,善于从学者讨论的话题中发现作者。三是订阅报刊,从报刊作者中发展有潜力的图书作者。如畅销书《死亡日记》的选题,就是著名编辑金丽红从《北京青年报》一则不起眼的消息里发现的。她看到这则消息后,如获至宝,设法找到了危在旦夕的陆幼青。在金丽红的鼓励、帮助下,陆幼青赶在逝世前完成了书稿,把珍贵的精神遗产奉献给了社会。四是关注网络。编辑要善于利用网络强大的超文本、超链接搜索功能收集作者的有关信息。如《哈利·波特》的选题,当初就是编辑从网络上发现的。五是善于发现、开发有写作潜力的新作者。如著名编辑金丽红在向崔永元和鲁豫约稿前,先观察了几年,等到作者写书条件成熟了,才向他们约稿,并先请其进行口述,之后对口述进行整理,反复地听,从中寻找市场感觉。崔永元的口述,她开始听得不满意,于是请他重讲,讲了又听,还是不理想,于是再讲,这样反复了好几次,直至她感到满意。在多次的口述中,作者对书稿的写作和把握能力有了较大的提升。

二、选题策划过程的改变

选题策划的过程已经从阶段性的策划转向全程策划,表现在两个方面。一是编辑不但要精心加工文稿,修改和完善文字,还要懂得基本的成本核算,要明了文字、印张、定价与读者承受力的关系,学会倒推法,从读者对图书价格的承受力确定图书的印张和文字。显然,如果编辑不懂这些知识,对图书的定价只能是盲目的,而盲目定价的图书是不会有好的效益的。二是编辑不但要参加物色作者和组稿、编辑加工的工作,还要全程参与图书的市场推广策划工作,使编辑意图在整个出版过程中得到较为充分的体现。如某出版社在出版《哈佛女孩刘亦婷》的过程中,责任编辑全程陪同作者到全国一些大中城市进行巡回演讲,每到一地,就与当地的新华书店、妇联及新闻媒体等取得联系,向媒体提供有价值的新闻线索,进行了周密的策划,确保了演讲成功,有力地拓展了市场。可以说,近年来一些成功的畅销书,都是编辑全程策划的结果。

三、选题策划方式的改变

在策划方式上,从单纯的文本策划转向市场推广策划,实现了与市场的对接,编辑在精心加工书稿的同时,与发行人员密切配合,制订出图书的市场推广计划。如某出版社出版的《哈利·波特》系列在策划过程中,编辑与发行人员积极配合,对市场进行预热,策划制造了几家出版社争夺版权的话题,进行市场营销方案评比;同时,在同一时间在全国几个地方同步发行图书,在网上组织对该书部分段落进行翻译评比。在"哈5"出版之前,针对网上由翻译爱好者自发翻译的译文,为了防止内容的进一步泄露,编辑因势利导,开展译作征稿活动,挑选一些难度适中的章节、段落,让读者翻译,最后请专家评选,对优秀译作进行奖励,巧妙地把译者的积极性引向出版社预设的目标,变不利因素为有利因素,在图书出炉之前制造了声势,有效地加大了市场的关注度,为图书的畅销营造了氛围。

四、选题策划空间的改变

策划空间由单一的纸介质策划转向跨媒体策划,在策划纸介质的同时,策划衍生产品、周边产品。如接力出版社在出版杨红樱的《淘气包马小跳》的同时,还将图书改编为话剧到学校演出,还与影视公司合作,将《淘气包马小跳》系列图书改编为 100 多集的电视连续剧。同名电视连续剧的热播,又扩大了《淘气包马小跳》系列图书的影响,形成了良性互动。

五、选题策划主体的改变

策划主体从体制内为主转向体制外和体制内并存。近年来,随着政府对民营书业企业政策的放宽,有越来越多的民营书业企业发挥其机制灵活、市场反应迅捷等优势,参与选题策划和市场推广,与出版社开展多方面的合作,而且,在某些领域,如畅销书和教辅读物领域,民营书业企业成了选题策划主体。有关调查表明,目前 70% 以上的畅销书和有市场影响力的品牌教辅,都是由民营书业企业策划、打造和投资的。从民营发行企业到民营书业企业,这个称谓的变化,不光是文字不同,而且有着深刻的含义,表明我国民营书业已经与出版社共创社会主义文化大业。民营书业对选题策划的参与,不断发展壮大了民营书业,对出版社选题策划水平的提高也起到了非常重要的促进作用。不少出版社在与民营书业合作出版的过程中,提高了选题策划含量,提升了选题策划水平。这表明,出版业选题策划的历史,就是国有出版社与民营书业牵手合作、共同发展的历史,是民营书业与出版社优势互补、互相促进的历史,也是民营资本与国有资本不断融合的过程。

第七章

图书选题策划的基本内容

第一节　优化选题结构的策划

一、优化选题结构的意义

出版社的图书结构,是出版社的竞争优势、经济实力和编辑人才、作者资源优势的综合体现,图书结构是由选题结构决定的,选题结构的优化与否,直接关系到出版社的可持续发展程度。江泽民在党的十四大上提出"加强管理,优化结构,提高质量"的十二字方针,这一方针揭示了出版发展的内在规律,把优化结构提到了重要的位置上。在优化结构中,选题结构的优化是基础性、根本性的工作。

二、选题的个体优化和整体优化

选题结构的优化包括选题的个体优化和选题的整体优化,是两者的有机结合。衡量选题结构是否得到优化,就是看选题策划是否具有创造性。策划过程本身就是一种创造性劳动,它就像工程技术人员设计蓝图、科学工作者制订研究计划,如果设计的蓝图是平庸的,制订的研究计划是肤浅的,最终就不可能建成独具特色的工程,也研究不出开创性的科技成果。

选题的个体优化指对每个选题都认真策划,认真筛选,争取达到优秀或比较优秀的标准。这种标准可以大致归纳如下:符合出版方针、任务,对社会经济、政治、文化建设有积极作用;符合读者需要,有益于提高人们的思想道德素质和科学文化素质,能满足人们日益增长的精神需要;有一定的学术价值、艺术价值和实用价值,能传播、积累人类的优秀文化成果;有时代特色,符合社会发展的要求和趋势;在图书的内容、形式方面能开拓创新,有鲜明的个性特色,内容积极健康,有显著的社会效益和经济效益;等等。当然,不能要求每个选题都符合上述要求,但至少要符合基本要求,同时在某一方面有比较突出的优势。

选题的整体优化也叫系统优化。系统优化以选题的个体优化为基础,同时要求选题结构合理化。其基本要求是:正确处理选题的门类、序列、层次问题,使出版社的图书选题保持合理的比例和内在的联系,而不是支离破碎、东拼西凑;

突出重点,使重点书选题在整体出版计划中占主导地位,体现出版社对发展、繁荣文化事业的贡献;发挥优势,创造优势产品,形成出书的特色和风格。优化选题重在设计,重在策划,只有策划出优秀选题以后,才能有选择的余地。如果策划的选题质量不高,就不得不迁就现状,难以达到优化的目的。此外,还要下决心剔除平庸重复的选题,撤销陈旧过时的选题,砍掉人情选题、关系选题。只有这样,才能保证选题的个体优化和整体优化。

三、增强创新意识

要使选题得到优化,最重要的就是要在选题策划中增强创新意识,使每一个选题都具有独创性,这对出版社树立品牌、提高知名度、提高社会效益和经济效益都具有重大的意义。精神产品自身也要求进行选题策划时要用创新思维来统率整个策划过程。精神产品具有个别性、独创性,忌重复雷同,不断创新是精神生产的基本要求。图书出版更是如此,每一种图书都应该有独创性,出版重复雷同的图书毫无意义,而且造成出版资源的浪费,损害出版社的声誉。因此,选题策划是出版活动中创新的重要环节,而且是根本性的环节,选题创新了,图书才能创新。出版社要鼓励和激励编辑人员克服因循守旧的思想,发挥积极性、创造性,不断开拓选题领域,选取新的角度,革新图书的内容和形式,策划有独创性的选题。选题创新来自火热的社会实践,来自社会实践、社会生活的发展、科学文化的进步和读者新的阅读需要。编辑及时掌握这些方面的信息,并在此基础上进行创造性的策划构思,就能策划出有独创性的选题来。作者作为精神生产的主体,其写作构思和编辑的选题策划构思有密切的关系。不少有价值的选题就是作者提出来的,或者是编辑和作者交流思想、互相启发之后提出来的。物色有新思想、新知识,在科学文化领域勇于开拓创新的作者,对于选题创新有非常重要的作用。

第二节　图书定价策划

图书定价也需要策划。图书的定价如何,直接影响到读者的购买欲望和购买冲动;图书定价只有在与特定读者群的心理价位相适应的情况下,才能吸引读者购买,定价过高或过低,都不利于图书销售。定价过高,超出了读者的心理预期,读者会觉得不划算,由此转向其他读物;定价过低,具有一定收入水平和较强购买力的读者,会觉得"分量太轻"。在图书营销中,不少出版社编辑开始实行倒推定价的方法,即以读者为出发点,针对目标读者群的购买力,确定图书定价;根据图书的定价决定图书的成本,并由此确定图书的字数和版式,确定图书的用纸。实践表明,不同购买力的读者群,有着不同的价格上限,这个价格上限可以通过分析和预设得知。如某出版社出版的《谁动了我的奶酪》能创造出销售100多万册的业绩,其中的定价起了关键性的作用。该书的定价为16.8元,人称"黄金定价"。在只有区区几万字的小本子成为畅销书的策划过程中,这个恰到好处的价格,起到了不可缺少的作用。

在出版社图书的定价构成中,印制成本占22%左右,出版管理成本(包括编校、营销、管理等)占15%左右,稿费占8%左右(版税一般要占到10%),利润占10%左右,流通环节占40%左右,其余占5%左右。其余部分是指出版社的风险规避措施,如防止退货、库存。读者的心理价位是个客观存在,而且不同的读者群有着不同的心理价位,按照这样的结构比例,只要了解到特定读者群的心理价位,编辑就可以根据这个价位确定图书的内文和四封用纸,确定图书的字数,把图书定价建立在读者认可、接受的基础上。

第三节　　书名的策划

书名是选题内容和图书价值的集中体现。进入以互联网为标志的信息时代,互联网所传输出的海量信息,在促进社会信息流量几何级激增的同时,又在一定程度上造成了信息传播的不对称,人们在讨厌无用的信息垃圾的同时,对社会有效信息的需求量大大增加。千方百计地吸引和夺取读者的注意力,成了图书畅销的前提。

图书书名不仅仅是图书的标志,还集中体现了图书的市场定位、个性和特色。一个内涵丰富、底蕴厚实、形象生动、鲜活易记的图书名称,能把图书的特色等信息要素艺术化地传递给读者,使读者得到愉悦的审美享受,在图书与读者之间产生微妙的心理感应和情感共鸣,并使读者从书名的解读中激活需求,产生购买行为。如今,越来越多的图书出版社重新认识图书名称的信息编码——解码功能,发挥书名的解读效应,加大书名的营销策划力度,以抢眼的书名抢占读者心理市场的制高点。

一、吸引读者的注意力

现代读者心理学的读者注意分配效应表明,读者在浏览图书时,最先映入读者眼帘、引起读者注意的是图书的书名。在图书内容与读者需求吻合的前提下,精彩的内容加上富有视觉冲击力的书名,能产生增值效应,有效地锁定读者的目光,使图书进入读者的选择范围。也就是说,在读者对众多图书的选购意向中,与图书内容相匹配的书名成了在争夺读者注意力中起决定性作用的先导因素。某出版社出版的畅销书《大败局》能在半年中取得重印 7 次、发行 16 万册的佳绩,与编辑对书名的几次更改从而使图书的卖点更加突出不无关系。该书探讨了 20 世纪 90 年代中国十大著名企业由辉煌走向衰败的深刻成因,原名叫《激情年代的终结》,但大家认为不妥,于是编辑与作者又提出了"走错了哪一步""栽跟斗""昨日英雄""帝国时代的崩溃"等书名,但都觉得不理想,最后还是总编辑集中了大家的智慧,定为"大败局"。该书名寓意深刻,简洁明了,产生了内容+书名的增值效应,读者在书名的解读中激发了购买欲望。另一家出版社出版的《数字化生存》能够风靡图书市场并一举成为国内数字化时代的启蒙读物,书名起了"鸣锣开道"的作用。该书的原名是 *Being Digital*,意思是数字的存在。出版社引进版权之前,台湾地区已经出了繁体字译本,书名是《数位革命》,由于书名比较拗口,读者从书名中难解其意,因而发行不畅。为了使该书摆脱台湾版本的厄运,编辑绞尽脑汁,终于策划出非常抢眼的书名:"数字化生存"。该书名既忠实于英语原版图书的原意,集中地体现了作者对人类生存问题和生活方式的关注,承载了编辑的选题策划理念,又具有一定的文化张力,读者从书名的解读中,产生了比较丰富的心理联想,从而激起了强烈的忧患意识和学习欲望。此书出版后很快走俏市场,创造了学术书发行 10 万册的记录。另有一家出版社出版的《零距离——与米卢的心灵对话》,原来的书名是"真实的米卢、真实的中国队"等,都不够显眼,后来策划人从网上的一句话中得到启示,觉得"零距离"这个词很有文化张力,可表达多种含义,传递多种信息。这一书名可以解读为作者李响和米卢、中国队一起走南闯北、飞行训练、打热身赛等都是形影不离,与米卢、与中国队进行了几乎没有距离的接触,也可以理解成为球迷提供与米卢、中国队作一次零距离接触的机会。书名时尚闪亮的"外壳",加上生动、敏感的内容,使该书给读者留下了很大的想象空间。由于"零距离"比较真切地反映了现代人渴望真诚交往的心理需求,因此很快成了社会的流行语,不但在文章中频频出现,还成了一些电视栏目的名称,这无形中又给图书的畅销加了一把火。

二、激发读者想象力

成功的图书名称,能使读者在解读中产生一定的心理"悬念",调动和激发读者的想象力,产生心理共鸣,实现联动效应。某出版社推出的引进版小说《61×57》,奇特的书名成了一大卖点。书中究竟讲了一个什么样的故事?读者产生了悬念。作者曾提出两个书名:一是"61×57",另一为与雷诺瓦名作同名的"小艾琳"。事实证明,选择前者是正确的。《61×57》一推出,即引起各界的广泛阅读与讨论。这个听上去怪里怪气的书名其实别有深意,是书中的男女主人公之间一幅定情画的尺寸,这幅画对他们的爱情起了特别重要的作用。作者别出心裁地用乘法——而不是平常我们用的加法——来寓意现代都市男女之间的爱情。书一推出即在各大书店造成抢购热潮,首印10万册被一订而空。

三、增强亲和力

成功的策划都是"以偏概全"、以点带面的,因为读者往往喜欢简单,厌恶复杂。简洁明了也是一种美,而且能产生一定的亲和力,缩短图书与读者的心理距离,使读者一目了然,不假思索地了解图书的特色,避免因赘语过多而产生理解障碍。《谁动了我的奶酪》之所以能在短时间内发行上百万册,书名中蕴涵的文化亲和力起了一定的作用。该书将人们求变、思变、应变的心理需求形象地比喻为"寻找奶酪",在朗朗上口中产生了不胫而走的传播效应,一时间"奶酪"满天飞,而且引发了旷日持久的图书"奶酪"热。

四、打造时尚用语

不同的社会时期有不同的流行语。流行语属于大众传播文化,表明某种词汇或词组所引申的文化内涵得到了社会大众的认同,成了人们熟悉和意会的信息代码,成为与人们的价值取向趋同的社会心理时尚。如"一个都不能少""将爱情进行到底""大话西游"等影视剧的名称,在趋同效应下,很快成了人们的习惯用语。一些出版社发挥流行语不胫而走的传播效应,将书名与流行语不露痕迹地"嫁接"在一起,搭乘社会时尚快车。某出版社由名嘴白岩松创作的《痛并快乐着》,在书名选定上有过一番斟酌。该书的书名取自台湾歌手齐秦在大陆十分流行的专集。由于书名颇有嚼头,书的内容又可读、耐读,加上白岩松的魅力,在图书畅销的同时,"痛并快乐着"也在社会上流传开来,成了一时的流行语,被别人随意"克隆",以至于带"痛"的标题的文章泛滥成灾。一家出版社在全国率先推出的蔡智恒的《第一次的亲密接触》,借助网络文学独有的魅力和书名的文化亲和力,此书很快成了畅销书,而且书名也在图书的畅销中成了人们调侃时的常用语,翻开报刊,有"第一次亲密接触"字样的文章标题比比皆是。

五、走出书名策划的误区

书名为图书卖点的集中体现,当然要有创意,要有新意,但凡事都有个度,过了这个度,则适得其反。近年来,我们在为一些朗朗上口、言简意赅、精彩纷呈的书名喝彩的同时,也不能不看到,一些图书取名存在哗众取宠的倾向,主要表现为三个方面。

一是鹦鹉学舌,缺乏自己的创见,盲目地跟着别人的感觉走,看到其他出版社推出了畅销书,便照搬该畅销书书名的句型。如前些年某出版社推出了畅销书《中国可以说不》,一些出版社便紧随其后,如法炮制,一时间,以"说不"为书名的图书充斥市场,什么《中国还可以说不》《中国再可以说不》等,但市场销售业绩都不佳,原因很简单,读者不会为缺乏创新的图书"埋单"。某出版社推出的《河南人惹谁了》,以"×××惹谁了"这一朗朗上口的独特句型,建立了进入读者感觉世界的快捷心理通道。其后不久,以"×××惹谁了"为书名的图书相继出现。某出版社推出的《素质教育在美国》,为读者提供了实行素质教育的国际参照系,成了书市的热点读物,过后不久,以"素质教育在××"为书名的图书又比比皆是,其中不乏生搬硬套者。再如,一家出版社引进了韩国的畅销书《千万不要学英语》,该书书名正话反说,取得了歪打正着的效果,然而随后国内有的出版社立即推出了《千万不要×××》,这种模仿,效果未必好。

二是在书名上玩"擦边球"游戏。如有本书为《有了快感你就喊》,虽然书的内容与性没有关系,却使有的读者想入非非。毕淑敏的《拯救乳房》,原来的书名为"癌症小组",可是编辑认为读者一看"癌"字就会产生抗拒之心,为了让大家消除排斥心理,作者不得不妥协,把书名改为"拯救乳房"。这样一来,对读者是产生了吸引力,但也程度不同地产生了一些负面效应,据书店的营业员说,有的青年读者就是冲着书名来买书的。还有《我的非正常生活》《不想上床》等,虽然没有明显的色情色彩,却会使人产生种种暧昧的联想,这是比较明显的。书名具有导向作用,而且导向作用比较明显,正因为如此,一些严肃的作者和负责任的编辑,对那些在文字表述方面模棱两可、容易在理解上产生歧义、容易引起读者误会的书名,总是推敲再三。现在有些作者却极力要起个容易引起人们误会的书名。这种靠书名激发读者想象力来"勾引"读者购买欲的做法,实在是出版界的一种悲哀,如是这样,精神产品生产者的责任何在? 我们真该想想书到底靠什么赢得读者了。虽然《拯救乳房》写的全都是乳腺癌患者与命运抗争的故事,文题还算统一,但作家自己也认为,用上这个名字以后"自己难受到做噩梦",说连她的一些朋友谈起"拯救乳房"这个名字也总是感觉磕磕绊绊的,不太说得出口的样子。联想到有人将《水浒传》调侃式地改成《一个女人和一百零八个男人的故事》,有些书名甚至还使用了流氓地痞式的骂人语言,这哪里像书名? 读者从中看到的,分明是人们在日常交谈中都有意回避的用语及一些贬义词,这些词,如今竟也成了一些开发书名的"宝贵资源"。还有些书的书名是怎么也看不懂,让人丈二和尚摸不着头脑,如《拐弯的夏天》,还有《捆绑上天堂》,等等。书名固然要有创意,但并不是越怪越好,在这方面千万不要低估读者的鉴别力,认为书名能引人注意就能赢得市场,那就大错特错了。《围城》只有两个字,平白易懂,但它畅销了几十年。《家》的书名更是简单明了,但是自问世以来,到现在仍拥有大量的读者,并享有很高的国际声誉。

六、书名策划的常见类型

常见的书名策划有以下 17 种类型。

(1) 正话反说型:《千万不要学英语》《有病不求医》。

(2) 言简意赅型:《一句顶一万句》《没有任何借口》《别对自己说不可能》《墨迹》《倪萍画日子》。

(3) 开门见山型:《我把青春献给你》《登上健康快车》《杨百万股市战例》《巴菲特教你读财报》《不生病的智慧》《中国人可以吃得更安全》《首富真相》。

(4) 轻松调侃型:《明朝那些事》《媒体这个圈》《健康就那么简单》《从头到脚说健康》《我的成功可以复制》《非常女生》《当幸福来敲门》《一汪情深:回忆汪曾祺先生》《省钱大作战》。

(5) 幽默搞笑型：《水煮三国》《非诚勿扰》《武则天向右，向右，再向右》。

(6) 时尚流行型：《皮皮鲁总动员》《我的健康我做主》《痛并快乐着》《我被青春撞了一下腰》《蜗居》。

(7) 情感煽动型：《孩子，你真棒》《中国可以说不》《激情成就你我》《你的礼仪价值百万》。

(8) 揭短露丑型：《丑陋的中国人》《大败局》《人性的弱点》。

(9) 危言耸听型：《地球末日来临》。

(10) 抒情想象型：《廊桥遗梦》（原书名是《麦迪逊的桥》）、《狼图腾》《毕业那天我们一起失恋》《和大师喝咖啡》《心灵鸡汤》《藏地密码》（原书名为《最后的神庙》）。

(11) 时代气息型：《数字化生存》《中国元素》《再给中国二十年：一个企业家的呐喊》。

(12) 心理暗示型：《别对自己说不可能》《成功一定有方法》。

(13) 经典语录型：《细节决定成败》《赢在执行》。

(14) 集约浓缩型：《高效能人士的7个习惯》《儿童必读的100个经典童话》《影响人生的100个经典寓言》《影响世界历史的100个思想家》《女孩子必读的100个公主故事》《人一生要去的100个地方》《全球最美的100个度假天堂》《销售圣经》。

(15) 提问质疑型：《你为什么是穷人》《你在为谁工作》《金融海啸与我何干》《世上是否有神仙》。

(16) 哲理意味型：《寂寞是青春的墓志铭》。

第四节　图书附加值的策划

现代社会经济的发展赋予图书价值以多元化的丰富内涵，图书价值按形态可分为静态价值和动态价值。图书的静态（基本）价值是指图书的定价所包含的价值，一般从发行利润中实现，图书的发行量越大，图书的重印次数越多，图书的发行利润越高，图书的基本价值也越大。图书的动态价值即图书的第二价值，是指图书在市场化运作中新开发的价值，如图书的品牌价值，图书的保值、增值价值,图书的版权转让价值,等等。近年来,随着出版市场的完善和出版营销水平的提高,在图书的价值构成中,图书第二价值的比重不断加大,努力开发图书的第二价值,在图书投入与产出比值的提高中,取得出版效益的最大化,成了新经济时代出版营销的新课题。

一、利用市场供求规律升值

图书价值是由知识信息的承载价值和书籍装帧的形态价值构成的。在一般情况下,图书的特性决定了承载价值是图书价值的主体,图书所承载的知识信息的文化积累价值决定了图书的价值。但当具有某种特殊承载价值的图书在市场化运作中以某种特殊形态实行限量发行时,在物以稀为贵的市场供求规律的作用下,其形态价值便会在向珍藏价值的转化中凸显出来,成为读者投资保值的热点,使图书在增值中产生新的附加值。某出版社策划出版丝绸版《孙子兵法》《论语》和《五百罗汉》,使图书的价值成倍增加的成功事例,体现了全新的出版营销理念。他们将《孙子兵法》等古籍的文化承载价值与丝绸工艺品的形态价值有机结合起来,使产品产生了新的市场价值。首先是精心制作,在图书的用料上,他们以具有防蛀、防霉、防潮和防紫外线辐射功能的丝绸代替纸张,并采用真丝绫面的封面和富于民族工艺特点的真丝绢面平函套装,使图书具有工艺品的价值。其次是采取限量发行、毁版印刷等市场化运作手段。以《孙子兵法》为例,该书共印3000套,均配有特制的藏书征订编号,并在杭州市公证处工作人员的主持下公开举行《孙子兵法》丝绸印刷版的毁版仪式。此外,还通过有关部门的鉴定,将该书列为中国丝绸博物馆和中国工艺美术馆的收藏品,取得了中国丝绸博物馆和中国工艺美术馆颁发的收藏证书,使这套书的收藏价值得到了国家专业馆藏的承认,体现了"书以稀为贵"。另外,该书具有独特的承载价值,保存了中华民族主流文化的精华,因而引起了海内外收藏者和投资者的极大兴趣。尽管这套书价格不菲,每套定价3800元,但仍一销而空,市价后来炒到了1万多元。这一例子体现出图书在市场供求关系的变化中产生了可观的第二价值。

近年来,随着人们生活水平的提高和消费观念的更新,图书市场出现了需求多元化的趋势,读者不但希望图书具有传播、积累文化的价值,还希望将图书的传播、积累价值与保值、珍藏价值结合起来,使图书成为收藏品,用于购书、藏书的投资日渐增多。需求就是市场,读者需求的多元化为出版社开发图书附加值带来了契机,使一部分具有特殊承载价值的图书跳出了"低值易耗"的圈子,以其潜在、可观的动态价值,成了精神消费的"新潮一族"。

二、挖掘读者资源的内在价值

读者资源是发展出版产业最宝贵的资源,具有多重开发的价值,从中不但能开发出层出不穷的图书市场,还能在二度开发中形成新的具有更高市场回报率的效益生长点。由于多种原因,有的出版社对读者资源满足于浅层次的开发,对读者资源的开发利用仅停留在销售层面上,这在一定程度上造成了读者资源的浪费。如有的出版社出版的畅销书发行量大,而且多次重印,形成了可观的读者群,出版社却满足于从中获取发行利润,而失去了难得的商机。事实上,读者资源的开发利用价值远不止这些,读者资源的价值不仅体现在出版物的销售利润中,还更多地体现在出版物在销售中达到一定的市场密度后产生的诸多商机。在这种情况下,抓住商机,及时进行二度开发,就能从中获取可观的市场回报。如某地几家出版社在联合推出一套面向农村的大型实用型科普丛书时,改变传统的出版思路,利用这套丛书品种多、实用性和可读性强、发行量大、能进入寻常农户家的优势,吸引企业加盟。结果,某企业集团看中了这个有潜在购买力的广告市场,出资60万买下了丛书的冠名权,产生了一举多得的效应。出版社由此得到了企业资助,减少了成本,降低了定价,使丛书更具竞争力,企业集团也以丛书冠名的形式,引人注目地进入了千家万户,提升了企业形象,为企业产品的畅销培育了潜在的市场。读者资源的二度开发,作为培育出版产业效益生长点的有效形式,正在为越来越多出版经营者所认识。读者身份具有双重性,当出版物销售在一定时空中达到一定密度时,读者的身份就由单一性转为二重性,读者既是出版物的受众,在购买中实现出版物的利润,同时又能成为广告商感兴趣的受众群体,给出版单位带来广告经营利润,这种读者资源二重性的特点,成了读者资源在二度开发中升值的市场基础。

三、营造利益共享空间

每个单位都有自己的利益诉求点,当若干相关单位在组合中形成新的利益共享空间时,这些单位能在利益互补中得到更大的利益,营造利益共享空间成为新的营销景观。在改革开放的新形势下,随着信息传播、交通运输、电信资讯等的发展和社交的扩大,行业之间的相互依存性日趋增加,在一定程度上联结成一个大市场。就像出版社在不断扩大社会交往、物色合作伙伴一样,一些企业也在寻找文化合作机缘,通过资助文化公益事业等形式,走进社会表演舞台,提升自身形象。某出版社利用共享空间增值的原理,精心策划了赴港赠书活动,借助这一独特的共享空间,使图书出版的效益得到成倍放大。该社在出版以"中国人·中国根·中国情·中国心"为主题的《中国文史百科》一书中,策划了在庆祝新中国成立49周年和香港回归1周年之际赴港举行赠书仪式。为此,该社找到一家私立学校,请该校出资18万元购买2000套《中国文史百科》,由两家一起举行赠书活动。这家私立学校意识到此举将在香港乃至整个新闻界产生巨大影响,于是在互利互惠基础上达成了合作协议,结果赠书活动取得了成功,香港的范徐丽泰等知名人士出席赠书仪式,香港和北京的30家新闻媒体对此进行了报道,引起了社会关注。在这一新的利益共享空间中,双方在优势互补中实现了利益的最大化。该出版社借助私立学校提供的资金,扩大了图书销售,为进一步开展与香港出版界的合作打下了基础;这家私立学校也从赠书中得到了无形的价值回报,提高了知名度,为在海内外扩大生源打下了基础。这个事例表明,出版社所具有的传播和积累文化的功能,使其在社交中形成了独特优势。因此,出版社要充分发挥这种优势的亲和力,在广泛挖掘出版资源中营造更多的共享空间,拓宽出版社的竞争空间,生成更多的财富。

四、抓住读者需求的延长线

刊载优势是图书的基本优势,在一定的条件下,刊载优势可以向更为广阔的经营领域延伸,在延伸中放大优势,使出版社用于图书的投入得到更为可观的产出。著名童话作家郑渊洁在童话创作中塑造的皮皮鲁、鲁西西、舒克等鲜明、生动的形象,深受小读者喜爱,成了广大小读者心目中勇敢、正直、勤劳、顽强、智慧的人物的象征,但郑渊洁并不满足于童话图书的畅销,他从童话书的畅销中受到启发,抓住小读者需求的延伸点,成立了"郑渊洁少儿用品开发有限公司"。公司的经营特色别具一格,将图书中的童话故事还原成生活,开发以皮皮鲁、鲁西西等著名人物冠名的少儿用品,如皮皮鲁牌牙膏、鲁西西牌手表、太阳帽、考试笔等。一些普通的儿童日用品经过"文化包装",产生了新的附加值,在市场上格外受儿童青睐。小读者在阅读郑渊洁童话时被激发的需求,在使用这些拟人化的系列产品中得到了满足,产生了新的情感体验。如有的小朋友平时不爱刷牙,自从用上皮皮鲁牌牙膏后,则喜欢上了刷牙,表现出强烈的"阅读情结"。郑渊洁随后又在一些大中城市设立"皮皮鲁少儿用品专卖店",使刊载优势在经营领域中得到更充分的发挥。

　　这个成功事例表明,将有市场潜质的刊载优势在更广阔的营销时空中转化成效益优势,是内涵式发展出版业的有效途径,出版社在这方面大有文章可做。出版社经常有畅销书问世,其中不乏类似皮皮鲁这样深入人心的形象,但有些出版社仅满足于畅销书的一版再版,而不善于从深层次认识畅销书所塑造的形象中所蕴涵的潜在市场价值,不懂得这些市场潜质能在市场要素的重组中产生较高的市场回报率。现代社会经济的发展已将图书市场与整个大市场联成一体,商品经营与出版文化的交融已成必然趋势,出版社在这方面大有可为。

第八章

图书评论与图书宣传

第一节　图书评论

图书评论作为对图书质量、价值的客观性评价,作为一种图书信息,要通过读者的阅读,对读者的心理、思想施加影响,才能产生一定的导读作用。如果读者对图书评论不感兴趣,不予置闻,甚至产生了厌恶和反感,图书评论则难以产生效益。因此,重视研究新时期读者心理接受机制,从总体上把握读者心理接受机制的变化、发展的规律,进一步提高图书评论的效能,强化图书评论的导读功能,成了当前提高图书评论质量亟待解决的新问题。

一、图书评论效益的实现过程和实现情况

现代传播理论的原理表明,实现图书评论效益的过程,实质是信息输出—输入的双向作用的过程。在这一过程中,图书评论信息输出的有效率,并不取决于信息输出主体的主观愿望,而是取决于信息输入主体对信息接受、认同的程度。事实上,读者对来自外界的各种信息并不是兼收并蓄的,而是表现出程度不同的选择性,有一个心理消化的过程。因此,图书评论的效益如何,不能光看图书评论的数量,还要看读者对图书评论是否接受、认可,进而形成与图书评论一致的价值取向。如果图书评论输出的信息与读者的优势需要相吻合,在读者的读书热情和购买欲望的形成中起了"催化"作用,则表明图书评论产生了导读作用;如果图书评论输出的信息与读者的需要脱节,或是语言苍白、空洞无物,或是老调重弹、缺乏新意,或是夸大其实、任意拔高,则不但书评内容得不到读者认可,传播价值难以实现,还会使读者反感,殃及图书,影响图书销售,产生负面效应。

读者心理接受机制是一个处在变化、发展之中的动态系统,其运行机制为:当读者在阅读中用视线对信息载体——文字符号进行扫描时,图书评论的文字符号便转换成信号刺激人的大脑,与大脑中原先储存的信息发生交互作用。在这一过程中,一般会产生以下三种情况。

第一种情况是图书评论的内容比较客观,语言生动,文字精彩,形象生动地勾勒出了图书的特色,抓住了读者的思维"热点",使读者产生了阅读兴趣,产生

了心理共鸣,这样,读者大脑皮层的有关区域会形成相应的优势兴奋中心,在脑垂体的作用下,不断释放出脑脉冲电能(即人体生物电)。这时人进入有意注意状态,表现为注意力高度集中,聚精会神地阅读、品味书评的内容,大脑皮层有关区域的脑细胞神经异常活跃,输入的信息不断对头脑中原有的信息参照系(即记忆痕迹)进行补充、修正、完善,从而组合成对图书的新见解、新认识,对图书内容产生了阅读欲望。这表明书评输出的信息已成为读者思维的组成部分,产生了同化效应。

第二种情况是图书质量不错,图书评价也实事求是,但由于书评写法老套,未跳出"开中药铺"的模式,难以激发读者的阅读兴趣,使读者大脑皮层有关区域处于抑制状态。这种抑制状态影响脑垂体分泌,致使脑脉冲电能微弱,脑细胞神经得不到必要的刺激,输入的信息难以在大脑皮层留下记忆的痕迹,读者难以产生阅读兴趣,对图书评论没什么印象,图书评论成了无用功。

第三种情况是图书评论言过其实,夸大其辞,明明是一本普通读本,却冠以"开了先河""引导新潮流""掀起一场革命"等,引起读者反感,读者认为书评内容不可信,致使图书受到"牵连"。读者反感情绪的形成,表明读者在图书评论的信息输入中产生了接受"障碍",书评信息产生了负面效应。

针对新时期读者心理接受机制的特点,图书评论应不断提高质量,更好地发挥其引导作用,在可读、耐读上下功夫,提高图书评论信息输出的有效率,吸引、感染、影响读者,为图书销售营造氛围,培育市场。

二、提高图书评论质量

提高图书评论质量要坚持以下五条原则。

1. 客观性

客观性是对图书评论的基本要求,也是图书评论的生命。图书评论作为图书的信息反馈,应该真实地反映图书的特色和作用,揭示图书的内在价值,这样才能在图书与读者之间起到桥梁作用。图书评论作为一种宣传,应该向读者提供真实可信的信息,而不能提供虚假的信息,对读者造成某种误导。严格地说,对读者的误导,也是对读者利益的损害,因此,要从维护读者利益的角度认识图书评论客观性的重要性。图书评论应如实反映图书的质量和价值,宁可留有余地,切忌任意拔高。有人将电影比作遗憾的艺术,意思是电影导演的构思再有创意,电影质量再高,放映之后也不乏可挑剔、可改进之处。从这个意义上说,图书也是一种遗憾的文化,再出色的图书,也会留下程度不同的遗憾,存在着程度不同的待改进之处。因此,图书评论也要一分为二,在肯定图书价值、特色的同时,指出图书存在的不足之处。在一定意义上,实事求是地评说图书的优劣,不客气地指出图书的"弊病",反而更令人信服。对一部有价值、有特色的图书来说,绝不可能因其白璧微瑕而影响其吸引力。

目前在图书评论中存在着一种比较普遍的现象,就是一味说好话,似乎说了图书的缺点,图书就不值钱了,读者就不买了,就对不起出版社了,这种风气应予克服。图书好在哪里、差在哪里,读者自有评说。一本好书,绝不可能是图书评论吹出来的,而是读者的眼光和鉴赏力所评判出来的。在一定意义上说,客观性是图书评论的生命之所在,读者阅读图书评论的目的,是从中了解图书的特色和价值,读者喜欢的图书评论,并不是不讲缺点的评论,而是真实而有特色的评论。

确保图书评论的客观性,要从建立图书评论写作机制入手。目前不少图书评论都是由出版社的编辑出面组织的,由编辑请有关作者写,再由编辑安排在相关的报刊上刊登,并由出版社向图书评论的作者支付一定的稿酬。俗话说,吃了别人的嘴短,拿了别人的手短。显然,在这样的机制下,有的作者碍于情面,不可能对图书中存在的问题提出很尖锐的批评,甚至有可能文过饰非,以图书的特色来掩盖图书的缺点。在这个方面,可借鉴发达国家的独立书评制度。有关报刊组织作者写书评,出版社将书寄给有关报刊,通过报刊与作者联系,改作者对出版社的编辑负责为对报刊负责。对报刊负责,也就是对读者负责,在对报刊和读者负责的情况下,作者就会产生一种社会责任感,会将自己所评论的图书实事求是地介绍给读者,供读者选购参考,这样的书评机制,才能确保书评的客观性。

2. 特色性

图书要有特色,书评也要有特色。一本图书,少则十几万字,多则几十万字,读者光看简单的内容介绍,很难了解图书的特色。因此,需要以书评这种形式,将图书的特色告诉读者,供读者选择。当然,首先是图书要有特色,书评才能体现并张扬这个特色,但书评的特色不等于图书的特色,书评的特色包括了三个方面的含义。一是书评的内容要体现图书的特色。把洋洋几万言、几十万言或几百万言的图书的价值及图书与其他同类书的与众不同之处,充分展示于生动形象的书评之中,使特定的读者群从书评中认识、了解图书,产生读书和购买欲望。二是书评本身要有特色。书评不同于图书内容简介,并不是图书内容的浓缩,而是一种源于图书又高于图书的再创作。源于图书,是指书评以图书内容为评价对象,图书达到了什么水平,则评论到什么水平;高于图书,是指书评并不是就书论书,而是选择独特的视角,将图书的价值、特色放在特定的文化层面上进行观照,或是揭示图书出版的时代意义,或是说明图书出版的特殊背景,或是介绍独特的成书过程,或是披露鲜为人知的作者经历,或是指出图书主题与一定社会文化现象的内在联系,或是以有说服力的权威引证、肯定图书的学术价值,或是以可信的数据来证明图书的效益,等等,使读者从书评这个窗口中窥一斑而知全豹。三是书评的体例要有特色。要跳出"开中药铺"式的写法,尽量把书评写得精彩一些,写得美一些,以书评自身的阅读价值吸引读者,使书评成为沟通图书与读者的桥梁,成为读者了解图书信息的一个窗口,成为社会主义精神文明宣传的一种形式。一篇好的书评,读来不但不使人感到枯燥,而且能产生一定的审美情趣。

3. 信息性

书评的信息量与书评的篇幅并不成正比。有人认为书评写得越长则信息量越大,事实并非如此。信息的作用体现在能消除人的不确定性,满足人们应知、未知、欲知的需求,而读者应知、未知、欲知的满足越充分,满足系数越高,则表明书评的信息量越大。因此,图书评论的信息量体现在读者对有关图书应知、未知、欲知的需求的满足状态之中,而不同的读者,又有不同的需求。加大书评的信息量,要从了解特定读者群的优势需求着手,确定不同层次、不同层面的读者群的需求总和及对信息接收的方式,通过书评,回答读者所关心或所想了解的问题。如购买学术理论类图书的读者,最关心的是图书的学术理论价值,写此类书评时,就要在图书的学术理论价值方面多费笔墨,以满足读者的需要。为了增强信息对读者的冲击力,有些书评可请名人撰写,以名人的观点影响读者,激发读者的阅读兴趣。

4. 生动性

图书评论虽然不是文学作品,是一种评论性文章,但应该而且可以在可读性上下功夫,做到内容生动、通俗易懂。或是从某一篇章切入,或是以提取图书的精华部分为开头,或是旁征博引,从读者所关心的社会热点问题引申出图书的话题。

5. 权威性

图书评论不是图书内容的简单介绍,而是旨在挖掘图书的内在价值,把图书的内容提升到一定的文化层面上进行评论,揭示图书的内在意义,赋予图书以不同一般的价值内涵。为确保图书评论内容的权威性,不少报刊都请有关专家、学者对图书进行评论,我国近年来出现的一些新报刊,如《经济观察报》《中国经营报》《21世纪经济报道》《南风窗》《财经》，都开辟了书评的专栏和专刊，刊登由知名专家、学者写的书评，利用名人效应，增强书评的可信度、权威性和吸引力，同时也增强报刊对读者的吸引力。还有的报纸为了增强图书评论的权威，与出版社"切断"经济上的联系，由报纸向作者提供买书经费和稿酬，为作者撰写客观公正、权威的书评创造了条件。

第二节　图书宣传

近年来，随着图书品种的增多和图书内容的同质化，每年出版的数以几十万种的各类图书，形成了图书信息的汪洋大海。在众多图书信息中，能引起媒体关注、吸引读者目光的，仅仅是其中一小部分。如果把图书比作冰山的话，能浮出水面、进入读者感觉世界的，只能是冰山的一角。大多数的图书信息，都成了被遗忘的角落，成了无效信息。因此，要通过选择媒体及确定不同的图书宣传形式，提高图书宣传信息输出的有效性。

一、图书宣传的媒体选择

媒体是图书宣传必不可少的载体，而社会媒体又是多种多样的，不同的媒体，有不同的读者对象、不同的市场定位、不同的辐射半径、不同的报道风格等，因此选择媒体非常重要。媒体选对了，图书宣传能收到事半功倍的效果；媒体选择不当，编辑的努力有可能是无用功。要恰如其分地选择媒体，首先要了解不同媒体的特点和传播功能。按媒体传播的载体和方式，现代媒体可分为三类。

1. 电视、广播

在众多的大众传播媒体中，电视是最重要的媒体。电视传播辐射面宽，传播速度快，声像结合，现场效果好，传播形式灵活，既可向观众介绍图书的外观，又可通过节目主持人、图书作者和读者介绍图书的主要内容，因而利用电视宣传图书是非常合适的。现在许多电视台开始重视对图书的宣传，有些电视台为图书宣传开设专门的栏目，如中央台的《读者时间》《科技书架》和《农村新书架》等。广播的出现比电视早得多。广播传播信息最为迅速、及时，听众收听不受时间、地点的限制,传播的空间大,覆盖面广,渗透力强,利用口语播送,形式活泼。同时,广播与电视有许多相似之处,对听众的文化层次要求不太高。目前各电台除设有专门的读书栏目外,在各专题栏目中也设有介绍相关图书的小板块,有的时间长达半个小时,邀请作者或知名人士作为特约嘉宾,让听众参与,效果比较好。电视与广播相比,在信息传播的有效性、信息的覆盖面方面,都胜于广播,因此是图书宣传媒体首选目标之一。

2. 报纸、期刊

一份问卷调查显示,目前读者了解图书信息的主要渠道仍是书店,约占被调查的61.1%;其次是报刊,约占被调查的52.8%;再次才是广播、电视,只占9.4%。前些年由《中华读书报》组织的对少年儿童读书现状的抽查也显示了同样的结果:"逛书店"和"看报纸杂志"是图书信息来源的主渠道,分别占78.72%和61.70%。报纸、期刊在图书宣传中有其他媒体不能代替的作用,因为它们用客观实在的纸质载体保留了信息,读者在第一次看到图书宣传的信息后,仍然可以找到原件再读。

报纸与期刊在宣传上各有优势,报纸的优势是出版周期短,宣传的形式多样化,有报道、人物专访、通讯、座谈会纪要等。报纸可分为面向业内人士的专业报纸和面向大众百姓的大众类报纸;如果再细分,大众类报纸又可分社会主流报纸和非主流报纸。编辑要根据图书所面向的读者群,选择相应的报纸。选择报纸的关键并不在于报纸的大小,也不在于报纸规格的高低,关键是要使报纸的读者群与所要宣传的图书的读者群相吻合。如对电脑类的图书来说,在面向社会大众的报纸上做宣传,其效果比不上在电脑类专业报上做的宣传。在有关图书出版的专业报刊如《中华读书报》《中国图书商报》《文汇读书周报》《读书》《中国图书评论》《书摘》等上面做图书宣传,也有一定的作用。其作用表现在两个方面:一是可以向图书经销商提供最新的图书信息;二是可以指导爱书的读者买到自己合适的图书,特别是学术类的图书。期刊的特点是图书宣传信息的保存时间较长,由于期刊大多是专业性的,有着特定的读者对象,与一些大众类报纸的市场定位不同,因此期刊更适合宣传一些面向特定读者群的专业图书,如美容类图书、保健类图书、装潢类图书等。

3. 网络

近年来,以网络为代表的新媒体异军突起,成了图书宣传的重要阵地,在图书宣传中发挥着不可替代的作用。网络、手机等新媒体的兴起,丰富了媒体的传播形式,提高了媒体传播的科技含量,使传播方式更加多样化、人性化,与人们的工作、生活的联系更加紧密。因此,利用网络、手机等新媒体的传播平台扩大图书信息的传播半径,聚集人气,营造阅读氛围,成了图书宣传的重要途径。不少出版社编辑充分发挥网络超时空、超链接的传播优势,把发帖子、写微博、发微信、建立QQ群、担任版主、组织海选、建立专业网站等与传统的报刊宣传结合起来,提高了图书信息输出的有效率。如某出版社编辑在编辑一本介绍流浪猫群的生活的图书《我的世界只有你》的过程中,为了发现更多的养猫爱好者,主动与一个相关网站取得联系,并自告奋勇地担任了版主,利用版主的身份介绍图书内容,激发网友对猫的关注,并在网上开展邮购活动,有效地扩大了图书销售。还有的编辑把读者感兴趣的图书内容编成微博,供博友转发,利用免费的网络平台,扩大了图书影响。有的编辑与手机运营商合作,把语录类图书的内容放到手机平台上,供读者付费下载,这样既为手机平台提供了新的内容资源,实现了双赢,又扩大了图书的影响。由于手机下载的内容有限,不少读者觉得手机阅读不过瘾,纷纷买书来看。

媒体选择的关键,是要善于打媒体组合拳,根据图书的内容,把相关媒体组合在一起,在组合中实现媒体之间的优势互补,在不同媒体优势的结合中,提高信息传播的到达率和有效率。

此外,图书作为知识和信息的载体,本身也是一种宣传媒体,也是一种宣传资源,其作用也不能小看。利用图书本身做宣传对于出版社来说成本最低、最方便,效果最直接。比如,有的图书作者有较高的知名度,这本身就是卖点,应该充分利用这一资源。国外许多出版商很注意这一点,在设计图书封面时尽可能地用大字号的字编排作者的名字,有时名字大小甚至会超过书名。装帧设计也是宣传图书的重要手段,富有创意的装帧能一下吸引住读者,引起读者的购买冲动。另外,好的内容提要、前言、后记、作者简介也是能吸引读者的。有的出版社不太重视这些图书"附件",行文很差,或说不到点子上,这样非但不能吸引读者,反而会使读者打消购买的念头。此外,用于图书宣传的载体还有书店用于包书的包书纸、交通工具等。由此可见,宣传图书的媒体是很多的,只要使用得当,都能收到良好的宣传效果。

二、图书宣传的主要形式

1. 刊登书讯

在图书宣传中,书讯属于"轻型武器",应用比较广泛。书讯有三个特点。

一是文字简短。书讯的文字一般比较短,通常是以新闻报道的形式,将有关图书出版的信息告诉读者,或是新书出版的信息,或是图书获奖的信息,或是图书出版在社会上产生了一定的反响,或是图书得到了领导同志的好评,或是出版社组织了有关赠送活动,等等。二是形式灵活。书讯的形式多种多样,可以采取新闻报道的形式,也可采取记者访谈的形式,可采取读者来信的形式,也可采取座谈会纪要的形式,等等,介绍该社出版的图书。三是快。书讯,特别是那些及时反映社会热点问题、时效性比较强的书讯,由于本身就具有新闻的要素,属于新闻的范畴,因此刊登时可不受报刊版面的限制,在新闻或要闻版面上刊出,使读者在第一时间内得到有关图书的信息,让图书以最快的速度进入社会的信息流通渠道。

2. 举行新书首发式

新书首发式作为出版社的一种有特定意义的宣传形式,有三个特点。一是社会性。举行新书首发式的,都是一些与社会热点有关的图书,或是为当前的工作大局服务的图书,或是知名学者的新著,或是为促进我国与友好国家的关系而出版的图书。首发式通常邀请有关领导或社会名流参加,使首发式本身就成为一个新闻。如2012年6月"神舟九号"搭载3名宇航员,到太空与"天空一号"交会对接,成了世人关注的热点,某出版社以最快速度出版了《飞天嫦娥刘洋》,并邀请有关领导及刘洋家属、刘洋母校领导参加首发式,邀请歌手现场演唱《飞天神女刘洋》,引起了社会的关注。当然,对出版社来说,并不是所有的图书都有举行新书首发式的条件和必要,能够举行新书首发式的,只是出版社的某一类特定的图书。

3. 召开出版座谈会

出版座谈会也是宣传图书的有效形式。出版座谈会与新书首发式虽然都是为了争夺读者的眼球,都是为了向社会介绍出版社新出版的图书,以引起社会的关注,但参加会议的主体和产生的社会影响有所不同。举行出版座谈会的图书,一般都是具有十分重大的社会意义和学术价值,能引起社会广泛关注和有关领导重视的图书,如党和国家主要领导人的著作出版,一般都以召开出版座谈会的形式向社会发布新闻。而新书首发式一般是出版社的企业行为,多少带有促销或是市场推广的色彩。参加出版座谈会一般是领导居多,新书首发式则多以专家、学者及新闻媒体的记者为多。

出版座谈会一般有以下三个特点。

一是社会影响大。召开出版座谈会介绍的图书一般是具有重大的文化积累和传播价值,能产生比较深远而重大的社会影响,或是被列为国家重大的标志性出版工程的图书。如中国大百科出版社出版的大型出版工程——《中国大百科全书》,在北京人民大会堂召开座谈会后,吸引了有关领导和社会知名人士参加,引起了社会的关注,引起了学术界的注目。

二是会议内容多。新书首发式一般只告诉人们出版社出了一本什么样的书,而出版座谈会涉及的内容要丰富得多,除了向人们提供新书的信息外,还通过有关领导和专家的发言,揭示图书出版产生的社会意义和作用,给图书以多方面的评价。

三是有特定的目的。有的出版社出版了新书后,为了让图书得到更多的社会关注,往往以召开出版座谈会的形式对新书进行宣传,如某地方人民出版社出版的《大败局》出版后,社会影响没有达到他们所预期的效果,于是通过召开出版座谈会,对市场进行预热。《大败局》选题切入点独特,对近十年来中国市场上最有影响的十家著名企业失败案例作出了全面的解读,采用报告文学的形式,向读者娓娓叙述人们所熟悉的"秦池""三株""巨人""太阳神"等著名企业是如何从辉煌走向衰败的;且书的文本延展性较好,信息量大,不仅记录了十大明星企业的兴衰轨迹,而且在每家企业之后附以"企业大事记""档案存留""新新观察""八方观点"等小版块,给以独到、精辟的分析与点评。为吸引更多读者的眼球,该书的策划者在北京组织召开了主题为"我们的忧虑——中国加入 WTO 首都专家学者研讨《大败局》"的座谈会,并动用各种社会关系,邀请国务院发展研究中心、中国社科院、中国企业家协会、首都企业家俱乐部、首都各院校的专家学者及中央电视台、《人民日报》《光明日报》《中国青年报》以及首都各新闻媒体的记者参加会议。在主持人的引导下,与会的专家、学者对《大败局》所引发的社会现象进行了热烈的讨论,使座谈会的主题意义得到了升华,由图书出版转向大众关心的社会热点,由此产生了新的新闻价值。会后,中央电视台、《人民日报》《中国经营报》等有影响的媒体对座谈会进行了重点报道,其他媒体也纷纷跟进或转载,使《大败局》一时间成了企业经营者反思录的代名词,书的销量直线上升。

4. 报刊连载

报刊连载是宣传图书十分有效的形式,有人称之为图书宣传的利器。作为报刊来说,连载图书的出发点并不是为了宣传图书,而是为了增加报刊的吸引力,说白了,连载是一种双赢策略,既为报刊提供了免费的素材,又为出版社的图书找到了有效的宣传形式,能有效地"吊"住读者的胃口,而读者的胃口"吊"得越高,则图书市场的预期就越好。这种连载非常有效,好比是做广告,往往是报刊一连载,出版社的图书立刻就畅销。因此,通过报刊特别是报纸连载,让图书进入广大读者的感觉世界,成了出版社常用的宣传策略。如某地方文艺出版社出版的《省委书记》,通过报纸连载的宣传形式,激发了读者的阅读欲望,读者看连载感到不过瘾,于是产生了购买图书的需求。

报刊连载图书分为报纸连载和期刊连载两种。

适合报纸连载的图书,一般有三个特点。一是在报纸连载的图书必须具有一定的可读性,其内容必须是引人入胜的,故事性比较强,有一定的故事情节,有比较鲜明的人物形象。二是报纸连载的图书必须体现一定的时代性,与报纸读者的需求要比较吻合或是比较接近。报纸的特定读者群与图书的特定读者群的主体部分比较接近,这样才会产生相同的阅读兴趣。三是报纸连载的图书,其篇幅要适中,既不能太长,也不能太短,太长了,会影响报纸的版面安排,太短,几天就连载完了,会影响读者的阅读积极性。

与报纸连载相比,期刊连载产生的社会影响要稍差一些,但期刊有两个特点是报纸所不及的。一是期刊的传阅率比报纸高得多,一份畅销期刊往往要经过多人之手。二是期刊的保存期比较长。报纸的保存期一般只有几天,而期刊的保存期要长得多,影响的渗透期也比报纸长。期刊连载的作品一般都是小说或是报告文学等纪实类文学,如译林出版社在出版长篇小说之前,先把长篇小说在该社主办的《译林》文学双月刊上发表,收到了较好的效果。

5. 组织有关专访

组织专访的前提,是从出版的图书中挖掘、提炼出社会大众感兴趣的社会热门话题。组织专访的图书一般是已经开始形成势头的图书,或是某个社会知名人士写的图书。对于一些已经开始形成势头的图书,恰到好处的专访,能引起读者的普遍关注。专访有两个特点:一是专访一般都是以新闻的形式出现,从图书的内容中提炼出社会大众关心的热点问题,因而能激发读者的阅读兴趣,收到较好的宣传效果;二是专访的对象要视图书宣传的需要而定,或是图书的作者,或是就某种图书的畅销走访有关专家,请专家从特定的角度,揭示畅销书所引发的社会现象。

6. 举行赠书仪式

对一些有特定社会意义的图书举行赠书仪式,能有效地聚焦媒体的关注,扩大图书的社会影响。如某出版社在2012年建军节前夕出版了一批反映现代战士军营生活的图书后,及时到当地驻军营地举行赠书仪式,与解放军战士共庆

"八一"佳节,此举很快成为当地的一条重要新闻。

7. 举办读书知识竞赛活动

对一些知识性比较强的图书,通过举办读书知识竞赛活动,可以有效地激发、调动广大读者阅读图书的兴趣。举办这类活动最好能得到政府有关部门的支持,借助行政推动力量,将出版社为配合读书活动而策划出版的主题书,通过一定的行政渠道发行到有关学校。举办这类活动的图书,必须是紧密配合党的中心工作、弘扬主旋律的图书。因此,在选题策划上,要密切结合当前的形势策划相应的主题书,在写作中,要做到通俗易懂,而且书要薄,价格要低,以适应相应读者的购买水平,使开展读书活动成为宣传党的方针、政策的有效形式,在为党的工作大局服务的过程中,扩大图书出版的社会影响。

8. 与网络互动

以互联网为标志的第四媒介的横空出世及网络与手机的结盟,网络平台特有的跨时空、超文本和交互性的传播优势,以及出版与网络的牵手,有效地影响着人们的价值取向,在一定程度上引领社会时尚,为图书宣传提供了"全天候"的"宽带"操作平台。不少出版社借助互联网提供的现代高科技平台,将纸介质的出版物与网络出版的电子文本结合在一起,使传统出版的文化内涵在向现代出版领域的延伸中实现了"版本升级"。手机作为一种充满时尚元素的新兴媒体,近年来开始与网络结盟,为图书宣传提供了新的生机和空间。如台湾漫画创作高手几米,在新浪短信频道开设了几米漫画作品彩信专题,将图书的封面画转化为彩信产品,供手机用户下载,借助日益升温的彩信热,扩大了几米品牌的社会影响。

网络还为作者与读者的交流提供了全新的双向沟通渠道。有的作家完成了长篇小说创作后,将小说放在网络上发表,公开征求读者意见,请读者给小说提意见,或是以自己所愿意的形式对小说进行修改,引来了一大批热心"批改"的读者。在读者批改的基础上,作家再对小说进行完善。由于不少读者已经以网上修改的形式参与了小说的创作,因此对这种图书倍感亲切,图书出版后很快走俏市场,显示了网络促销的独特功能。

还有的出版社在出版畅销书的过程中,利用网络的社会影响力,巧妙地化险为夷,取得了歪打正着的意外收获。如某出版社在推出一种书之前,遭遇了盗版暗礁,发现有不法书商盗用该出版社的名义印制粗糙不堪的同名图书。该社为此在网上刊登了声明,告诉读者该社的图书并没有出版,在此之前内地所推出的任何一种中文简体字版本都是盗版。同时呼吁有关部门加大打击力度,彻底查清该盗版书的来龙去脉,以维护图书市场的尊严和正常有序的发展。该社的声明在网上发布后,很快引起了读者的关注——书还没有出版,就已有盗版出现,说明这本书非同一般。声明的刊登,客观上为图书的出版进行了心理铺垫,做了一次免费广告。图书正式出版后,很快成了畅销书,连续几周上了畅销书排行榜。随着图书的畅销,作者的知名度迅速提升,该社又趁热打铁,邀请作者做客新浪网,在线回答读者的提问,谈创作体会,利用网络进一步打造作者形象,在网络与读者的互动中,进一步扩大了图书的社会影响,培育了图书市场。

9. 制作图书广告语

如今社会已进入以互联网为标志的信息时代,互联网所传输出的海量信息,使社会信息流量成几何级数激增。信息传播渠道日渐扩大,信息的输出量已大大超过社会公众的接受阈限,信息的泛滥成灾使人们对信息感到厌烦,产生了"抗体"。但另一方面,人们又渴望得到有新意、有价值、能解渴的信息,以丰富精神世界,开阔视野,满足精神需要。图书自身的广告宣传也是这样。一方面,不少程式化的图书广告因缺乏新意而在图书信息的汪洋大海中被淹没,成了无用功;另一方面,读者对新颖、独到的图书广告则表现出极大兴趣。图书广告词作为图书个性和特色浓缩化、形象化的信息输出,要通过读者的解读,在解读中形成相应的心理定势,才能产生心理渗透作用。如果读者对图书广告不感兴趣,不予置闻,则难以产生效益。

现代心理学的原理表明,实现图书广告效益的过程,在很大程度上表现为信息输出—输入的双向作用的过程。在这一过程中,图书广告词信息输出的有效率,并不取决于信息输出主体的主观愿望,而是取决于信息输入(接受)主体对信息接受、认同的程度。也就是说,读者对来自外界的各种信息,并不是兼收并蓄的,而是表现出程度不同的选择性,有一个心理消化的过程。图书广告作为浓缩化的信息编码,通过读者的解读,在解读中形成与图书广告蕴涵的信息意义相一致的心理定势,才能起到作用。图书广告词的作用如何,在很大程度上取决于读者解读的思维还原度。思维还原度是指读者在阅读图书广告词时将思维还原成广告的策划者所预期的心理定势的程度,就好比是电子扫描仪,电子扫描仪的解像度越高,所扫描图片就越清晰,越是接近图片的原生态。如果读者在阅读图书广告词时形成了所期望的感受,从广告中找到了对应的感觉,广告词在读者的阅读热情和购买欲望的形成中起了"催化"作用,则表明广告词的输出达到了目的;反之,如果读者"读"不出或是"读"不准广告词的含义,在理解上产生了歧义,则表明图书广告词在信息传递中产生了障碍。

针对现代读者心理接受和解读机制的特点,图书广告语应讲求创意,加大文化含量,在可读、耐读上下功夫,提高图书广告语的质量。主要可从三个方面来提高图书广告语的质量。

一是张扬经营理念。经营理念是出版社企业文化的核心,也是图书广告语最大的承载物。理念型广告语与直白型广告语的区别在于,理念型广告语并不是告诉读者自己的图书如何如何好,而是从张扬出版理念入手,从现代企业经营理念的文化层面上策划广告语,以广告语为企业文化、企业追求、企业目标的载体,向读者传递出版社独特的文化经营理念,在读者对理念的接受中,将出版社及图书的品牌形象悄然植入读者的记忆之中。理念型广告语并不直接说自己怎么样怎么样,而是着力张扬一种出版社的经营理念,引导读者从理念的解读中,品味出版社的与众不同。如某出版集团的广告语"读者至尊,知识为本",将尊重读者、满足和升华读者需求、传播知识,作为企业的出发点和立足点,体现了该出版集团以人为本、以知识为本的现代管理思想。上海世纪出版集团的广告语"读书世纪,世纪图书",字数不多,却洋溢着时代气息,包含了多重文化内涵,表明未来的新世纪将是读书世纪,而世纪版的图书,将引导读者步入读书世纪。这一广告语给读者留下了深刻印象。中国青年出版社推出的平面广告尤值一提。这则平面广告构图简洁,在白色的背景中,蛰伏着一头蔚蓝色的变形的狮子,广告语"今日幼狮,明日雄狮"画龙点睛,以有"动物之王"之称的雄狮作比喻,展示了该青年出版社超常规发展的今天和充满希望的未来这两种状态,而且幼狮与英语的 youth(青年)谐音,使读者从中产生了无尽的联想和回味,并在这些丰富的心理活动中强化了心理定势。

二是凸显出版特色。地方人文历史既是出版资源,也是图书广告语的资源。不同地方的人文历史资源培育、造就了不同地方出版社的出书特色,这种建立在"这一个"基础之上的特色,为图书广告语的策划提供了基础。不少出版社从挖掘地方人文历史资源入手,将其延伸拓展,将本地区驰名中外的名胜古迹与图书特色巧妙地联系在一起,使读者在对早已耳熟能详的名胜古迹的反复品味中,对图书广告语产生联想效应,以此吸引读者的注意力。湖南出版界的广告语创意盎然,早些年的"湖南人爱吃辣椒会出书",从湖南人爱吃辣椒的饮食习惯引申出湘版书的特色,产生了只可意会不可言传的暗示效应:湘版书与辣椒一样有味。这则广告语在出版界传为佳话。而今湖南出版系统广告语又出佳句:"无湘不成军,出版多劲旅。"这则广告语跨越时空,借助追昔抚今的时空效应,粗线条地勾勒出从历史上著名的湘军到现代湘版图书的轨迹,其用意不言自明。接力出版社的广告语"接力接力,充满活力"虽然只有八个字,但构思精巧,内涵丰富,朗朗上口,从"接力"中引申出"活力",又以引申出的"活力"来印证"接力",不露痕迹地将让"活力"成为"接力"的代名词。在现代汉语中,"活力"是具有高认知率的词素,于是,接力出版社借助"活力"所产生的文化亲和力,轻而易举地走进了读者的感觉世界。人民文学出版社推出的广告语"新中国的文学事业从这里起步",大气磅礴,然又客观实在,凸显了人民文学出版社图书的与众不同,格外引人注目,巧妙地占有了更多的注意力资源,对该社人气的飙升起了推动作用。东北财经大学出版社的广告语更是可圈可点,可咀可嚼,一句"读东财大的书,圆大财东的梦",艺术化地浓缩了东北财经大学出版社的出书特色,将读者的注意力从东财大引向"大财东",产生了"书中自有黄金屋"的暗示效应。中国地图出版社等中央出版社的广告语,淋漓尽致地演绎了出版社的特色,令人过目难忘。中国地图出版社的广告语是"浓缩江山,凝聚真情",地质出版社的广告语是"镌刻在大地的诗行",人民音乐出版社的广告语是"穿越时空隧道,谱写永恒乐章",中国标准出版社的广告语是"精密精工,品质卓越",海洋出版社的广告语是"海洋的知识,知识的海洋"。这些广告语以高度概括、凝练的个性化语言,恰到好处地展示了专业出版社的特色和市场定位,读者在细细品味中,能真真切切地感受到与众不同的"这一个"形象,在潜意识深处植入出版社的种子。

三是抓住读者需要的兴奋点。目前我国年出书品种数量大幅提升,给读者提供了充分的选择余地。在这种情况下,如果图书广告语平淡乏味、老调重弹,则难以引起读者的注意,而很容易被淹没在广告语的"汪洋大海"之中。不少出版社悉心研究读者的优势需要,抓住读者需要的兴奋点,使广告创意的表现形式"正中"读者优势需求的"下怀",回答读者最为关心的问题,使读者从随意浏览转化为有意注意,进入积极能动的最佳心理运行状态。上海一家少儿出版社为新推出的品牌书《十万个为什么(新世纪版)》策划的广告语"几代人用得着,一辈子忘不了",被公认为近年来少有的佳作,广告语用词贴切,对仗工整,富有韵味,抓准了少儿图书市场的核心诉求点,以白描的修辞手法,生动、形象地反映了从20世纪50年代起《十万个为什么》与少年儿童的成长历程"共舞"的历史,使图书的特色跃然纸上,在读者头脑中形成了"意识造型"。还有一家出版社为《辞海》策划的广告语"不是唯一的,却是常用的"实话实说,恰如其分地显示了《辞海》的作用,以"润物细无声"的方式,激活了读者的需求。另一家地方出版社推出的《二月河全集》达300多万字,收进了二月河的《康熙皇帝》《乾隆皇帝》《雍正皇帝》等历史小说,其广告语借鉴全国名酒宋河大曲广告语"东奔西走,要喝宋河好酒"的句型,并反其意而用之:"只要一旦拥有,不再东奔西走",明明白白地告诉读者,有了《二月河全集》,读者可自在地进入二月河营造的波澜壮阔的历史世界。出版社设想如此周到,读者当然没有理由拒绝。当然,广告词毕竟是一种宣传手段,并不是万能的,广告词的创意只有与出版社的竞争优势和过硬的产品质量有机地结合在一起,成为出版社文化经营追求及图书质量、特色的真实写照,才能产生较强的文化穿透力。实践证明,这才是最见功力的。

虽然图书广告语近年来在创意上有了很大进步,但从总体上说,与报纸和期刊的广告语相比,仍然处于弱势,还停留在告知的初级阶段。主要存在着以下三个问题。

一是不少出版社的图书广告语存在着重人轻书的现象,宣传痕迹很重。如有的出版社虽然广告刊出的面积很大,在报纸上占了一个整版,但将出版社主要领导的"标准像"放在整版广告最抢眼的位置,其次才是出版社的主要图书目录,这种做法得不偿失。出版社刊登广告的目的,并不是为了宣传领导,而是为了创建品牌,或是塑造企业形象品牌,或是宣传企业产品的品牌。同样,读者看出版社的广告,最希望了解的是出版社出了什么自己感兴趣的新书。基于这样的目的,出版社应该将最需要向社会公众传递的信息放在广告版面的突出位置,至于出版社领导的姓名和长相,并不是读者感兴趣的焦点,在一般的广告中可以说是无关紧要的。出版社的广告也是一种投入,从企业的投入与产出的效益上来看,将广告版面用于宣传出版社领导个人是得不偿失的。出版社领导的创造性劳动的成果集中体现和凝结在出版社及图书的品牌形象之中,宣传了出版社及图书的品牌,就是宣传了出版社领导的成绩,图书品牌是出版社领导成绩的最好体现。因此,将广告的诉求点放在出版社及图书品牌的创建上,是现代出版社的成功营销。

二是有些出版社的图书广告还停留在产品介绍的层面上,缺乏内容和形式上的创意,在一定程度上弱化了广告信息的刺激强度,像"湖南人爱吃辣椒会出书"这样能长久地留在读者心目中的广告词还比较少见。有些出版社的图书广告,仍以刊登图书书目为主,在"××出版社向读者致意"的广告语下,密密麻麻地排列着众多书名。有的图书广告不管怎么说毕竟还是突出了重点书,而有的图书广告则不分重点书和非重点书,将所有的图书都排上,唯恐别人不知,其宣传效果也可想而知。事实证明,这样的广告形式很难引起读者的兴趣,只能把读者的注意力引向别处。从单纯的产品介绍转向复合型的理念诉求,已经成为企业广告宣传的世界性趋势,图书广告语也是如此。与产品介绍式的广告相比,理念诉求型的广告更具有文化张力,产品介绍型的广告主要是介绍图书的特色,而理念诉求型的广告则是向读者输出有关读书的理念,以富于哲理和思辨的语言吸引读者,深层次地挖掘读者的注意力资源。这种广告虽然没有促销色彩,却能收到事半功倍的效果。

三是图书广告语没有跳出"体内循环"的圈子。不少图书广告并不是面向目标读者,而是面向新华书店系统,结果造成这样的结局:有的图书广告虽然已在业界的报刊屡屡刊出,投入不可谓不少,然图书市场反映平淡,购买者寥寥无几。原因在于业内报刊的读者对象是业内人士。业内报刊的图书广告当然有一定作用,但刊登图书广告不应限于业内报刊,而应将业内报刊与面向社会读者的报刊结合起来,在与出版社的财力相适应的情况下,根据图书的读者对象,选择相应的媒体。读者既是图书的目标市场,又是图书信息的接收终端,图书广告的信息只有输入读者的接收终端,才能起到作用。在信息社会,形成了广告—概念—购买的产品营销模式,即以密集型的广告,向消费者灌输有关产品的"新概念",再以消费者在灌输中形成的概念主导其消费行为。近年来,市场占有率较高的化妆品、保健饮料等新产品,如"脑白金""盖中盖"等,都是借助饱和式"轰炸"的广告在市场上杀出一条"血路"的。图书具有产品品种多、产品生命周期短等特点,出版社在图书的广告投入上不太可能达到物质产品那样的规模,但出版社可以实行"品牌先导"的营销策略,将广告集中于品牌图书的宣传,让图书品牌畅通无阻地进入读者的视觉中心,使自己的图书从图书信息的汪洋大海中突出"重围",以不同于他人的"这一个",占领市场竞争的制高点。早些年某出版社投资600多万元,在中央电视台打出《少年儿童百科全书》广告,使《少年儿童百科全书》持续畅销,这一成功事例表明了图书广告的重要作用。某儿童出版社对《十万个为什么(新世纪版)》比较集中的广告宣传,也在神州大地掀起了购买热。这些成功的营销案例表明,出版社在图书广告宣传中有着广阔的发展空间。

三、创新图书宣传思路

(一)开发注意力资源

进入以互联网为标志的信息时代,随着各种信息在网上零成本、大批量地复制,社会信息流量急剧增长。图书宣传面临着新的挑战和机遇,挑战集中表现为,随着社会信息流通量的增加,信息资源的无限扩容与读者对信息接收的有限的矛盾更加突出。与信息资源的无限制增多相反,人的注意力资源是有限的。注意力资源具有排他性,在一定时间内,人不可能同时关注所有事物,而只能是有选择地关注。相对于信息资源的无限增多,注意力成了社会的稀缺资源。

在图书品种大幅度增长、读者图书选择空间日益扩大、读者注意力有限的情况下,一般的图书宣传很难起到作用。一些出版社的成功实践表明,捕捉人们的注意力,把读者的注意力引向图书宣传的目标,是图书成功的关键。因此,必须研究现代读者的意愿、倾向、心情、嗜好等,想方设法留住读者的目光,提高读者对特定事物的关注度,让有关图书的信息在读者的脑海中留下记忆痕迹,加大注意力资源开发的力度,把注意力资源转化为图书宣传的有效资源。

注意力资源一般有四个特性。

1. 稀缺性

人的注意力受到时间和空间的制约,在一定的时间内,其接收的信息量有一定的限度,相对于社会信息资源的无限增多和过剩,对注意力成了社会的稀缺资源。

注意力资源的稀缺性,凸显其市场价值。在产品总量供过于求的买方市场条件下,对注意力资源的开发往往能创造出惊人的价值。中国人口数量居世界第一,这一庞大的数字使得春节晚会电视观众的注意力成了稀缺资源,创造出了非常可观的市场价值。春节晚会的广告虽然只有短短的几十秒,却开出了上亿元的天价;同时,春节晚会也成了造星的舞台,小沈阳从名不见经传的二人传演员,一夜成名,成为炙手可热的笑星,出场费从三位数增加到五位数。究其原因,在于其成功地吸引了亿万电视观众的目光,在大年三十合家团聚、老少同堂的特定时刻,给观众送去了笑声,带来了欢乐。美国的《财富》杂志在世界一些城市举办"财富论坛"期间,杂志在举办地的广告发布权售价都达上千万元,原因是举办地的"财富论坛"吸引了世界上一些政界、经济界重要人物和商界领袖人物的注意,使《财富》杂志的广告成了企业进入这些社会精英人物视野的有效途径。郭晶晶、刘翔等名人的广告身价之高,在于他们身上集聚了亿万双眼睛。由此可见,注意力资源的稀缺性,与受众的数量和层次成正比,受众的数量越多,层次越高,注意力就越是稀缺,越是凸显其市场价值。

2. 非再生性

注意力资源与信息资源不同,信息资源是可再生的,可通过各种媒体进行复制,特别是可以在网上进行零成本的海量复制。有人做过统计,如果书、报、刊等传统媒体刊载的信息只能影响特定读者群众的话,网络的信息可以在瞬间使

"地球人"都知道,网络信息传播的广度和影响力、渗透力,大大超出了人们的想象力。而注意力作为人们感知外部世界、获取外部世界信息的本能,与时间一样,是不可逆的、非再生的。注意力一旦失去,就很难重新获得,即使获得,也必须付出比原来大得多的成本。出版社的新书出版后,如没能在第一时间(一般是三个月内)把有关信息传递给读者,没能引起读者的关注,就有可能导致积压,占用资金。在这期间,读者的注意力被其他新书信息所吸引,其购买行为就会投向其他图书。对一本新书而言,读者的关注是不可能再现的。也就是说,出版社的图书信息在一定时段的传播中没能引起读者的注意,也就失去了这个时段读者的注意力。在这个时段中,读者的注意力是客观存在的,只不过是读者的注意力投向了其他出版社的书。而出版社在这个时段的损失,只能通过其他新书的信息传播去弥补。以2012年在宁夏举办的第二十二届全国图书交易博览会为例。随着图书交易博览会的功能从原先的单一的订货功能向订货和宣传展示的多元功能发展,图书交易博览会成了展示出版社形象的重要平台,有的出版社充分利用这个平台,在创意上下功夫,别出心裁地引起了媒体的聚焦和读者的关注;而有的出版社虽然在展台设计中花了本钱,但由于缺乏创意,没能有效地吸引读者的目光,从而使读者没留下什么印象。这个遗憾也只能到下一届图书交易博览会去弥补。因此,在注意力资源的开发利用中必须向前看,目光始终要朝着正前方,不断总结经验,不断实现新的传播目标。

3. 排他性

注意力是指人们关注一个主题、一件事件、一种行为和多种信息的持久尺度,是不可共享的排他性资源。在一定的时间内,人们的注意力只能集中于一定的事物,而不可能同时对多个事物予以关注。比如,你在看新闻节目时,必然顾不上看其他节目;你在课堂上与旁边的人说话,老师的话自然就听不进去;你在埋头专心看书时,周围的声音对你起不了作用。也就是说,人们都愿意把有限的注意力用于其感兴趣和与其切身利益有关的信息中,或是阅读自己喜爱的出版物,或是收看与自己切身利益有关的新闻,或是浏览自己感兴趣的信息,等等。注意力的排他性的特点,使图书市场形成了一个个兴趣各异、志向不同、层次高低不同的受众群体。如果把人们关注信息和事件的接收端提取出来加以量化,这种量化会形成一大笔无形资产,因而它就会具有价值,有限的注意力在无限的信息量中就会产生巨大的商业价值。出版社吸引了读者注意力,就好比拥有了一座尚未开采的金矿的定期开采权,如果好好地去开采它、经营它,它就会给你带来无尽的财富;相反,如果不珍惜这份机会和权利,不仅会一无所获,最终还将失去这一机会。

因此,要捕捉人们的注意力,把读者的注意力引向图书目标,必须研究现代读者的意愿、倾向、心情、爱好等,想方设法留住读者的目光,提高读者对特定事物的关注度,让有关图书的信息在读者的脑海中留下记忆痕迹,加大注意力资源开发的力度,把注意力资源转化为图书宣传的有效资源。

4. 两重性

人们的注意力是由无意注意和有意注意构成的,人处在无意注意和有意注意的不断转换中。无意注意是一种自然而然发生的、不需要作任何意志上的努力的注意,是随意性、非指向性的注意。例如,大家正在开讨论会,忽然一个人推门进来,大家都不由自主地转过头去看他,这就是无意注意。有意注意是有自觉的目的、需要作一定意志上的努力的注意。例如,一个人读书时,在能听到周围声音的情况下,仍然坚持学习,努力把注意集中到书上,这就是有意注意。有意注意是一种主动的、服从于一定目的要求的注意。人们进入无意注意状态时,其精神处于比较放松的状态,其注意力处于随意性的浏览状态。如在商店闲逛时,人们都处于无意注意状态,表现为边走边看,目光随意地在多个目标间停留,表现为东看看,西看看。一旦发现了自己感兴趣的目标,便会停下来仔细地观看、询问,这时其注意力就转化为有意注意。去书店的读者,其注意力状态可分为无意注意和有意注意。持无意注意的人,并没有明确的选购目标,他们翻书的目的,是从中发现自己感兴趣的图书。读者如果在众多图书中发现了自己感兴趣的目标,便会细致地翻阅,这时无意注意就转化为有意注意。

信息量的爆炸发展和过剩打破了原来处于恒定状态的注意力比例,造成注意力相对缺少的局面。缺者为贵,当然注意力就会值钱,在这种情况下,忽略读者的注意力就等于彻底放弃了赢得市场份额的机会,也很难在近乎白热化的市场竞争中站稳脚跟。任何有远见的出版社领导都不会让读者的注意力从身边溜走,也不会只是满足于一时吸引住公众的注意力。出版社的最终目标是把注意力转化为市场购买力及对出版品牌的认同。因此,要将读者的注意力引向出版社的营销目标,必须善于调动读者的有意注意,强化读者的记忆痕迹。

(二) 寻找图书宣传的突破口

图书宣传思路创新的过程,在一定程度上表现为不断突围的过程,图书宣传思路的每次创新,都带来不同的突围效应,必须在创新中实现突围,以突围促进创新。

1. 选准诉求点,提高图书宣传信息的命中率

诉求点也就是图书宣传的着力点。一本图书可以有多个宣传点,但在诸多宣传点中,一般都有一种起着主导作用的着力点,即宣传诉求点。抓住了图书宣传的诉求点,好比是抓住了图书宣传的"死穴",能收到事半功倍的效果。图书宣传中不乏这样的现象:出版社给予了同样的投入,有的图书宣传成功地激发了读者的需求,为图书的畅销营造了有效的氛围,有的宣传却是竹篮子打水一场空——钱花了,书还是卖不动,成了无用功。造成这个局面,其中一个重要的原因,就是没有选准图书宣传的诉求点。确定图书宣传诉求点的过程,就是挖掘图书卖点的过程,要使图书宣传的着眼点与读者的优势需求实现无缝对接,使图书成为读者的选购目标。读者的优势需求是一个处在变化发展之中的变数,同时又是一个逐步显现的过程。不同的读者群,有不同的优势需求,同一个读者群,随着时代的发展,也在发生着一定的变化。而且,读者群的优势需求不会写在脸上,不可能明白无误地告诉编辑,不可能直观地被观察到,要靠编辑通过科学的市场调查,去伪存真,由表及里,从各种表象中挖掘出本质的内在需求。因此,精心策划图书宣传的诉求点,成了图书宣传的有效造势,成了开辟图书发行渠道的前提条件。如某出版社出版的《哈佛女孩刘亦婷》,累计发行140万册,而且连续18个月位列畅销榜,创造了单本素质教育类图书发行的奇迹。该书的畅销,恰到好处的宣传诉求点起了关键作用。不同的诉求点会导致不同的效果,在对诉求点的策划中,该社进行了反复论证,有人提出可以从留学梦的角度入手,展现新一代直辖市的风采,也有人认为应该往《学习的革命》上靠,倡导新的学习理念,还可以从素质教育的层面切入。经过权衡比较,他们认为此书的诉求点应该扣住"素质教育"不放松,因为素质教育作为国家教育行政部门提出的教育改革的重大举措,适应了社会发展的需要,是广大家长和学生关注的热点。这个诉求点恰到好处,在家长和学生中产生了共鸣,对图书市场起到了预热的作用。

2. 造势渲染,加大信息的刺激频率

造势是现代市场竞争的有效手段,是指在一定时间和空间中,通过在相关媒体频频输出有关图书的信息,使这一信息在一定的时空内达到一定的区域密集度和饱和度,形成一定的社会舆论氛围,在舆论氛围心理渗透的作用下,使读者产生相应的价值认同。如某出版社在出版《哈佛女孩刘亦婷》的过程中,策划了"以点带面,逐步深入"的宣传造势策略,把宣传造势活动逐步向市场纵深处推进。第一阶段"以点带面"包括三个层次。一是把报纸作为媒体的"点",先集中在报纸上宣传,火了之后再带动电视台和电台这个面。二是鉴于北京是全国政治文化的中心,而成都是刘亦婷的居住地,因此选择这两个城市作为点,以此为中心,波及全国其他城市。三是在北京和成都选择了社会影响较大的《北京晚报》《北京青年报》和《华西都市报》《成都晚报》作为宣传造势点,在宣传上做深做透。首先,该社花了两个月的时间,在这四家报纸轮流以整版专访等形式做宣传,将刘亦婷特殊的成才事例提升到素质教育促进人才成长的文化层面上进行宣传。刘亦婷虽然生活在单亲家庭,但在母亲有效的早期智力开发下,取得了惊人的成绩,这个不同寻常的成长经历很快引起了广大家长的兴趣,形成了新的社会热点。受此热点的感染,不少报刊、电视台和电台纷纷找上门来,仔细询问此书的出版情况。在此基础上,该社发挥该书的可读性优势,与十几家报纸达成了连载的协议,终于找到了传播效果最佳的宣传形式。开始是在《北京晚报》连载,接着是在《扬子晚报》连载,后又在十多家城市的报纸上进行了连载,于是,在众多报刊和电视台的连载和宣传中,《哈佛女孩刘亦婷》的销售进入了良性阶段。在此基础上,该社趁热打铁,请作者到全国巡回演讲。他们与书店连手,发动了12轮的营销攻势——选择重点地区举办免费讲座。他们以福建为第一站,拉开了巡回素质教育经验讲座活动的序幕,作者先后到北京、石家庄、太原、西安、南昌等地作了演讲,而且每到一地,出版社都通过当地的书店和主办单位与当地的媒体取得联系,在全国各地掀起了一阵阵的购买热。

3. 制造话题,聚焦公众目光

如今,各种新闻媒介所传播的信息,成了人们获取信息、了解社会、形成价值判断的主要依据。新闻宣传与出版单位的自我宣传没有绝对的界限,新闻宣传是由社会公众感兴趣的话题所带出的客观性的宣传,宣传的对象是指具有一定的社会意义、能引起社会公众普遍兴趣的社会热点。出版单位的自我宣传是主观性的宣传。出版单位通过刊登广告,召开座谈会、新闻发布会等形式,向社会宣传、推销自己的产品或形象。从信息传播效果来说,前者显然更为有效。但是,新闻宣传与出版社的自我宣传之间并没有绝对的界线,社会热点的核心就是具有社会意义的话题,话题所蕴涵的社会意义越重大,就越能成为热点。因此,有社会意义的业务经营活动,同样能成为新闻媒介追逐和争先报道的对象。不少出版单位挖掘一定时期的社会热点资源,将业务经营活动与社会热点在一定的文化层面上实行"对接",赋予业务经营活动以不同寻常的社会意义,使业务经营活动在由商业经营层面向文化营销层面的提升中,"制造"出社会公众感兴趣的新闻,产生出新的社会传播价值,巧妙地吸引了社会公众的注意力。如某地方文艺出版社在出版畅销书《省委书记》时,充分挖掘《省委书记》的书稿被多家出版社争抢的特殊背景,将宣传的诉求点放在《省委书记》几经周折终于落户该出版社上,引起了社会各界尤其是新闻媒体的广泛关注。在宣传造势中,该社使出了一着其他出版社不曾想到的"杀手锏",在北京举行了《省委书记》印数公证仪式,由北京市公证处的工作人员当场宣布《省委书记》的首印数为 17 万册。由于此举在出版界尚属首创,因此很快成了热点新闻,业内报纸刊登后,其他报纸纷纷转载,为该书的畅销铺平了道路。

4. 把握时机,建立快捷信息通道

图书宣传有一定的时间性,在时机不成熟的情况下,出版社的投入再多,也难以奏效。有的出版社用于图书宣传的投入达几十万之多,结果却是泥牛入海,有去无回;而有的出版社由于恰到好处地把握了宣传时机,收到了事半功倍的效果。一家地方文艺出版社在出版《雍正皇帝》的过程中,努力开发宣传资源的经验,引起了出版界的关注。该社于 1991 年推出了《雍正皇帝》第 1 卷,1994 年出版了第 3 卷,但直到 1995 年,外界对《雍正皇帝》这部长篇历史小说和作者二月河仍是知之甚少,图书市场销路一般,有人认为《雍正皇帝》是通俗读物,难登大雅之堂。1995 年年底,《雍正皇帝》在第四届茅盾文学奖初评入围,中国作家协会为此组织第四届茅盾文学奖读书班,来自各地的评论家们在众多参评的图书中发现了这部书,有个别酷爱此书的评论家认为它是"五十年不遇甚至上百年不遇的一部好书"。该出版社领导预感到宣传时机来了,于是借助这个契机,开始进行宣传推介。1996 年年初,在北京图书订货会上,该社与中国作家协会创作评论部及正在筹拍《雍正王朝》的四汇文化公司三方联合召开了二月河《雍正皇帝》作品研讨会。会上,评论家对此书给予了高度的评价,这种现身说法的做法,使书店的订货人员认识了此书的市场潜力,纷纷订购此书,一些卖过这套书的书店也积极添货。会后,与会的新闻单位在各种报纸上展开了对《雍正皇帝》的全方位宣传。如当时的《北京青年报》用头号字做标题:"《雍正皇帝》横空出世,京都文坛好评如潮"。中央电视台《读书时间》栏目从报纸上得知这个消息后,专程将二月河请到北京,做了一个长达 12 分钟的节目,节目中穿插有专家的评论,称"《雍正皇帝》是《红楼梦》以来最为优秀的长篇历史小说"。借助中央电视台的社会影响,《雍正皇帝》很快引起了众多媒体的兴趣。二月河及其作品的名称在各种媒体上频频出现,聚焦了读者的注意力。该出版社趁热打铁,不失时机地组织二月河到武汉、郑州等地签名售书,二月河本人也应约到北京、上海、合肥等十几个城市的大学演讲。一些专家和大学的研究生将二月河和他的作品作为研究课题,部分研究成果在报刊上相继发表。至此,各种媒体关于二月河的报道达到3000多篇次,将此书的宣传推向一个又一个高潮。1999年,根据二月河小说改编的电视连续剧《雍正王朝》在中央电视台黄金时段顺利播出,该社抓住这个千载难逢的良机,抢在播出之前,同时在行业内几家报纸的头版刊载了"紧急征订"启事。结果,电视播出五集后,各地添货的电话不断。

5. 挖掘社会资源,放大图书信息的功效

社会资源也是一种重要的宣传资源,丰富的社会资源,为图书宣传提供了无穷尽的创新源泉,社会资源包括管理资源、市场资源、自然资源等。管理资源在出版社的追求目标与出版行政部门的管理目标相一致的情况下,可以得到最大效用的开发。以出版精品图书为例,出版精品图书既是出版社的追求目标,也是管理部门的实现目标。某出版社出版的图书在全国获了奖,出版社领导在向管理部门领导汇报的过程中,领导指出,这个成绩来之不易,应该很好地宣传一下,于是指示有关新闻媒体要予以真实报道,使出版社不费吹灰之力,就使获奖图书在多种媒体露了脸,有效地扩大了图书的社会影响,打造了新的品牌形象。名人资源是一种比较稀缺的社会资源,名人资源开发得当,可以产生影响深远的边际效应。中央某出版社利用社会名人资源的策略值得出版界借鉴。该社出版的白岩松所著的《痛并快乐着》于2001年春节投放市场时,市场反应一般,该书成了积压产品。原因是当时名人书出现了降温,读者把它当作一本普通的名人书,没有给予太多的关注。该出版社的策划编辑认定这本书具有畅销潜质,决心把它打造成畅销书。他们整合"借用"相关的社会名人资源,挖掘畅销书的市场潜质,于春节后开了一个座谈会,请了刘恒、余华及崔永元、敬一丹等名人参加。在开会之前,把《痛并快乐着》给这些名人看,向他们介绍书的特点。在座谈会上,与会者你一言我一语,从不同的视角挖掘了该书的特点,其中著名作家余华的话颇有代表性,他说:"这本书改变了我对主持人的看法。"由于到会的这些名人本身就是媒体追踪的对象,而且对书的评价比较实事求是,座谈会上他们发表的意见引起了媒体的关注,首都的一些媒体都派人参加了会议,从中捕捉新闻"活鱼",到会名人的精彩发言本身就成了新闻。会后,《北京晚报》以半个版面的篇幅摘录了这些人的发言,接着,全国有影响的网站及部分报纸作了转载,借助报纸、网站的影响,市场被搅动起来,图书信息得到了有效的放大,《痛并快乐着》由此起死回生,进入了畅销书排行榜。

第三节
图书评论、图书宣传与物质产品宣传的关系

一、图书评论与图书宣传的区别

图书评论与图书宣传是图书编辑工作中两项不可缺少的重要工作,两者既有区别,又有共同点。共同点在于,两者都是传递图书信息的有效手段,都是承载图书信息的载体,都是张扬图书个性不可缺少的重要手段,都要讲求真实性,都要围绕图书的特色来进行。不同点主要有三个方面。一是图书评论的形式比较单一,主要是评论性文章,从不同的视角,对图书的内容和价值进行评价,努力挖掘图书的内在价值,激发读者的阅读欲望。而图书宣传的形式多种多样,既有文本形态的,也有社会活动形态的;既有短篇的书讯,也有长篇的通讯报道;既有赶在出书之前的,也有在出书之后进行报道的;既有以报道形式出现的,也有以图书所引发的社会现象而召开研讨会的;既可刊登有关读者的来信,也可登载有关领导为图书所作的序言。因此,在表现空间上,图书宣传比图书评论有着更为广阔的天地,有着更为灵活的形式,能以各种群众喜闻乐见的形式出现。二是图书宣传的社会影响更大。图书宣传常常以新闻报道的形式出现,因此具有更为明显的社会舆论导向作用,是促进社会主义精神文明建设的有效形式。各种新闻媒体在宣传有关内容健康、质量上乘图书的同时,也宣传了一定的思想观念和价值取向,因此也在一定程度上宣传了社会主义精神文明,宣传了爱国主义思想等代表先进文化的思想。从这个意义上说,做好图书评论宣传工作的意义重大。三是图书宣传与图书评论相比,在培育市场、吸引读者方面,具有更大的作用,是激发读者的精神需要和阅读欲望的主要手段。精神需要的形成机制与物质需要的形成机制有很大的区别,物质需要是人的一种本能性的需求,如人饿了要吃饭、冷了要穿衣,这些都是无师自通的。而精神需要则是人在后天的实践中形成的,需要外部力量的灌输,也就是说,精神需要不会自发地形成。有效的图书宣传,能通过激发读者的精神需要,在社会上形成读书的良好风气,进而为出版社的发展培育出新的市场空间。

二、图书评论、图书宣传与物质产品宣传的区别

图书与一般的物质产品性质不同,消费者选购的方式也不相同,因而宣传的方式也有所不同。图书与物质产品的区别体现在两个方面。

(1) 物质产品一般具有直观性,而图书不具有直观性。消费者选购物质产品主要有两种方法:一是看产品的外观、款式及使用的材质,看外观形态是否独特、是否抢眼,看产品的款式是否新颖、是否有时尚元素,看产品的材料和质地是否上佳;二是看产品说明书,从中了解产品的性能,确定产品的性价比。图书的结构与物质产品则不同。图书的价值主要体现在内容上,而且图书的内容可以脱离物质载体而存在,缺乏直观性。纸张和装帧只是图书的载体形态,外观好看、装帧精美的图书,未必有阅读价值,因此,读者很难从图书的外观上做出购买与否的判断。图书是高度个性化的产品,每种图书的内容、形式都不尽相同,不可能使用说明书,因此,需要以图书评论、图书宣传的形式,挖掘图书的特色和价值。

(2) 图书评论、宣传与物质产品宣传的意义不同。图书是精神产品,是意识形态的重要组成部分,是传播马克思主义、列宁主义、毛泽东思想、邓小平理论、"三个代表"重要思想和科学发展观的载体,是传播科学文化知识的载体。从这个意义上说,做好了图书的宣传评价工作,就是宣传和传播了社会主义精神文明。而物质产品不具有意识形态的属性,物质产品的宣传虽然也有一定的思想性,但在本质上是宣传企业,更多的是倡导一定的生活理念、生活方式等,其承载的文化有一定的限度。图书的评论、宣传虽然也属于出版社产品宣传的范畴,但图书的评论、宣传具有两重性,图书的评论、宣传在宣传产品的同时,还在一定程度上宣传、传播了社会主义精神文明,宣传、传播了社会主义核心价值,宣传、传播了科学文化知识。因此,做好出版社的图书宣传、评论工作,具有特殊的意义。

第九章 图书的种类

第一节　一般图书与教材教辅

图书既是编辑工作的对象,又是编辑创造性劳动成果的体现。看一个出版社办得如何,并不是看出版社有多少钱,也不是看出版社有多少人,更不是看出版社盖了多高的楼、买了多豪华的车,而是看出版社有多少好书,有多少精品书,有多少品牌图书,有多少标志性图书。出版社的图书,既体现了编辑创造性劳动的成效,又体现了出版社的存在价值,因此是现代编辑学的主要研究对象。图书的种类繁多,有着丰富的内涵,按照图书市场化运作的程度,可分为一般图书和教材教辅;按照图书产生的效益,可分为畅销书和常销书;按照图书在出版社出书结构中所占的分量,可分为重点图书和非重点图书;按照图书的类别,可分成22个大类;按照图书的功能和作用,可分为大众类图书、教育类图书和专业类图书;按照图书的出版方式,可分为出版社单独出版的图书和合作出版的图书,合作出版中,按照双方投资比例的不同,又可分为出版社独家投资的图书、合作方独家投资的图书和双方共同投资的图书。现先介绍一般图书与教材教辅。

一、一般图书与教材教辅的划分和界定

一般图书与教材教辅的提法,是出版业的专用语。一般图书的概念,最初是一些新华书店为了科学地考核书店的实际经营水平,解决书店员工站在教材上"吃饭"而不思进取的问题,将以计划征订手段发行的教材教辅从图书销售额中剥离出来后,对其他面向市场发行的图书实行单独核算而提出的有别于教材教辅的概念。这种对教材教辅实行单独核算的经营管理措施,对提高新华书店的经营管理水平、挖掘新华书店的经营潜力、提高新华书店的市场竞争力有着积极的意义。以后,随着这一提法被逐步认可,一般图书就成了出版社面向市场类图书的代名词。出版社也借用一般图书的提法,用以区别以计划征订或是以销定产手段发行的教材教辅。也就是说,一般图书是相对于教材教辅而言的。

二、一般图书与教材教辅的特性

1. 一般图书的特性

一般图书具有两个基本特性。一是市场性。一般图书是在图书市场供读者任意选购的商品,什么书好卖,什么书卖不动,全由读者所决定,读者欢迎的图书,才能为市场所吸纳,并在读者的购买中实现图书的价值。二是风险性。一般图书的出版都要承担一定的经营风险,图书投放市场后,是否好销、是否能占领市场,在图书出版之前,谁也说不准,只能对市场进行预测,而市场预测的目标能否实现,则取决于读者对图书接受、认可的程度。一般图书的风险与投资成正比,投资额越大,经营风险也就越高。成功的出版社,都把对一般图书效益的预测建立在对图书市场科学评估的基础上,在一般图书参与市场竞争的过程中,不断提升出版社的营销能力。一般图书的经营有两重性,经营得好,可以扩大出版社的社会影响,还能增强出版社抵抗风险的能力;当然,如果经营不善,亏损也是不可避免的。

2. 教材教辅的特性

按照原来对一般图书和教材教辅性质的划分,教材教辅是计划经济时代的产物,带有明显的计划经济特征,在生产和销售中实行的是以销定产。每年开学之前,学校根据教育行政部门审定通过的中小学用书目录,将学生所需要的教科书及配套的教辅的品种和数量报到新华书店,出版社根据新华书店反馈的信息开展征订工作。

三、一般图书与教材教辅内涵的变化

对教材教辅和一般图书的这种划分和界定,在当时无疑有一定的合理性,但随着素质教育的推行和教育体制改革的逐步深化,教材教辅原有的内涵已经发生了较大变化,有必要在新的市场竞争格局中重新定义。在特性方面,教材教辅经历了一个逐步演变的过程,演变的主要趋势是:教材教辅出版发行的计划性逐步减少,市场性不断增加。长期以来,教材教辅所具有的高度计划性和一般图书所具有的市场性,使之分别成了不同经营方式的代名词。在实行素质教育的新形势下,随着国家有关部门下达的"减负令""限价令"和"限利令"的实施,随着教育部制定和颁布的《新课程标准大纲》及以根据《新课程标准大纲》编写的新课程标准教材在全国中小学的推广和使用范围的扩大,教材教辅出版的计划垄断性已经被打破。在教材教辅的发行总量中,以计划征订方式发行的品种和数量不断减少,面向市场零售的品种和数量则不断增加;尤其是一些原先对"计划产品"依赖性较强的出版社,在教材教辅的市场竞争中扩大了市场份额。教材教辅与一般图书出现了你中有我、我中有你的新情况,边界变得更加模糊。这种变化、发展的趋势,表明教材教辅出版资源的配置日渐走向市场化,促进了出版产业化、市场化的进程。

首先是教材教辅原有的计划属性正在日渐淡化,这主要表现在三个方面。一是在教材教辅的总量中,计划征订的品种和数量日渐减少,参与市场竞争的品种和数量不断增多。按照教育行政部门的有关规定,在实行教辅"新政"之前,中小学教辅不得以征订的形式发行,而应该由学生、家长和老师自主选择。二是在新老教材的使用中,各级学校对教材使用的选择权不断增加。随着新课标教材取代全国统编教材工作的完成,原先的统编教材已经不再使用。而在新课标教材的出版中,实行的是市场竞争机制,出版社要参加新课标教材的编写和出版,首先必须参加教育部的新课标教材立项招标,中标后才能开始编写教材。出版社编写的教材如果通过了教育部组织的教材审定,还要开展市场推广工作,即使是上了经教育行政部门审定的征订目录的教材,也要在市场开拓上下功夫。三是从 2007 年秋季开始,中央财政向全国农村义务教育阶段学生免费提供国家课程的教科书,并对免费供应的中小学教材实行政府采购,政府采购的中小学教材的价格也由政府核定,这意味着中小学教材的出版开始进入微利时代。在这种新形势下,有的出版社提出了计划性教材和市场性教材教辅两手抓,两手都要硬的营销策略,把计划征订的教材和面向市场的教材教辅都作为重点来抓。首先是瞄准中小学美术教材,投入了大量的人力、物力和财力,开发了一套中小学美术教材,列入了全国的教材征订目录,在此基础上,他们又开展市场推广工作,主动向有关省份的教育管理部门介绍这套教材的特点,并根据当地的实际情况,增加了一些地方性的内容,增强了针对性。目前,这套教材已进入全国几个地方的中小学。同时,联系一些中小学的教学实际,针对学生和老师的实际需求,策划开发了一批受中小学生欢迎的教辅,在为教育服务的过程中扩大了出版规模。

其次是一般图书中也有计划经济的成分。一些出版社出版的品种和数量不等的包销书中,有相当部分是由有关行政部门以摊派形式发行或在本行业征订发行的。如某出版社出版的一种普法图书,由省司法部门包销,省司法部门运用全省延伸到乡镇一级的司法管理机构,使该书在全省发行了几十万册。显然,这种图书与按计划征订手段发行的教材教辅没有本质上的区别。

教材教辅出版由计划性向市场性转型的变化,表明了我国出版业竞争的市场秩序日益走向规范化。在实行素质教育的新形势下,出版社按计划征订方式发行教材教辅的传统出版思路,已经转向在市场竞争中开发新的品种,拓展市场半径。以计划征订手段发行的教材教辅,只是一定历史阶段的产物,随着教育体制改革的进一步深化,随着新课程标准教材出版的"一纲多本""招标出版""招标发行"等改革措施的陆续出台,优胜劣汰的竞争机制将全面引入教材教辅出版领域。因此,对教材教辅进行重新定义,创新教材教辅的策划出版思路,张扬新的教材教辅出版理念,有助于做大出版蛋糕、壮大出版业的实力。

第二节　大众类、教育类与专业类图书

一、大众类图书

大众类图书是指与大众的日常生活、休闲阅读以及文化体验相关的图书,包括艺术、音像、传记、理财、烹调、生活实用、小说、旅游、保健等类别。大众图书出版的选题创意空间无限,正是这种创意的无限性使得进入大众出版领域最容易、门槛最低,介入出版社最多,选题个性差异最大。在美国,大型的大众类图书出版公司,如兰登书屋、企鹅出版集团、哈珀·考林斯等出版社,为了效益的最大化和长远利益,都有一个详细的年度选题计划和资本投入的年度预算。大众类图书涉及图书出版种类很多,大中小出版社都可以涉及,其中畅销书是大众类图书的主打品种。

二、教育类图书

教育类图书是指与学生学习、教师教学有关的出版物,主要包括基础教育图书和高等教育图书两个方面。教育类图书的核心是教材以及相配套的教学用书。近年来,教育类图书的品种不断向新的领域延伸,除了中小学和大学教材外,社会职业教育用书、社会行业教育用书及各种考试辅导类图书等,都纳入了教育类图书的范畴,而且这些非全日制教育类图书的社会需求量正在出现逐步扩大的趋势,特别是国家支持以各种形式的社会力量办学的政策的出台,为这些

非全日制教育类图书营造了良好的发展环境。

教育类图书的特点是资金投入大，出版周期长，出版的计划性强，时间性比较突出，编辑、出版过程比较复杂，对编校质量的要求比较高，不允许出现差错。这些特点要求在教育类图书的编辑出版中，要抓住四个基本环节。一是抓好一年春秋两季教材以及相配套教学用书的选题计划和资金投入的年度预算。二是抓好教育类图书的延伸拓展工作，根据我国教育事业发展的需要，在加强全日制教材及配套教辅开发的同时，抓好职业教育、民办教育、行业培训等图书选题的开发。三是教育类图书的选题要周密规划，每年出版多少品种、印数多少、编辑生产流程怎样控制、出书时间如何安排等，要与学校的需要相衔接。四是要加强对教育类图书编校质量的管理，要增强编辑力量，增加校对的次数，以确保教育类图书的质量。

三、专业类图书

专业类图书是指与职业和行业有关的图书。在国际出版界，专业出版以职业和行业为分类标准，通常包括财经、法律、科技与医学和大学出版这几类。

专业类图书出版应强调选题的计划性，辅之以灵活性。编辑在策划专业类图书选题时，应关注有关学科的学术动态，了解学科的最新发展态势，善于向全国一流的专家、学者组稿，以保证图书的权威性。在专业类图书选题的论证中，尤其要重视专家、学者的意见，要约请专家征求选题意见。由于专业类图书具有高、深、专的特点，编辑要付出更多的时间和心血审稿。专业类图书的审稿要求比较高，需要相关专家进行认真把关，因此出版社要充分利用社会资源，聘请有关专家担任出版社的特约编辑，帮助出版社在专业类图书的内容质量上进行把关，以确保图书质量。现代科学技术特别是高新科技的发展，加快了科学技术和知识的传播，各种新技术、新工艺、新材料层出不穷，社会对各种新兴科学技术、知识的渴求与日俱增，为专业出版提供了新的市场空间，带来了新的发展契机，专业类图书虽然读者面相对比较窄，多是小众读者，但由于图书具有一定的知识含量，而且可以根据成本定价，因此也能获得相应的市场回报。

第三节　畅销书与常销书

一、畅销书

什么是畅销书？在发达国家，畅销书已形成较为成熟、规范的市场，但在中国，尚是近几年才逐渐形成的新生事物。所谓畅销不是指图书品质本身，而是在整个图书市场流通过程当中判断图书销售量的依据。在美国，销量在10万册以上的精装书可称得上是畅销书；简装书的销量在20万册以上方可称为畅销书。在我国，对畅销书的界定没有具体的标准，中国书刊发行协会每年要举行一次全国优秀畅销书评比活动，入选畅销书的最低标准是销售量在2万册以上。也就是说，发行量在2万册以上的图书，才能参加畅销书的评选。

（一）畅销书出现的原因

首先，畅销书的出现是历史的必然。随着经济发展和人们生活水平、购买力的提高，畅销书开始兴起。畅销书是个相对概念，并没有严格的定义。中国书刊发行协会将畅销书的发行量下限定为2万册，可见畅销书一般是指受众面广、销量大、销得快、影响大、时尚性强的图书。在我国，图书市场化进程起步较晚，1995年畅销书排行榜的出现，标志着畅销书开始成为图书零售市场的主导方面。如今，有越来越多的人关注畅销书的市场走向，各大书城的畅销书排行榜出现在各类相关的媒体中，上榜的畅销书已经成为书店采购的指南和读者购买的重要参照系。它在优化书业进、销、存结构和引导读者购买、阅读取向的同时，还影响着出版者选题策划的判断取向。

其次，畅销书的产生，在一定程度上是社会文化大众化、出版运作市场化和读者阅读时尚化相互作用的结果。社会文化的日趋大众化，使文化成为一种与大众购买力相适应的精神消费。畅销书主要适应了现代社会工作节奏加快的需求，读者在充满激烈竞争的紧张工作之余，需要从畅销书的快乐阅读中获得愉悦和精神享受，人们的消费观念、消费方式的变化，为畅销书的生成创造了良好的文化环境。而出版运作的市场化则为畅销书占领市场提供了内部动力，到位的选题策划和市场推广成了畅销书的两个必备因素。不少出版社在畅销书的发行中实行区域代理制,利用图书经销商的分销渠道,使畅销书于第一时间在全国市场进行大面积铺货,形成促销的势头。

(二) 畅销书对出版产业发展的促进作用

畅销书加速了出版产业的发展。畅销书对书业的拉动作用主要体现在图书市场的增量上。北京开卷信息技术有限公司对图书市场的监测结果表明,我国图书市场的扩容,在很大程度上是由畅销书推进的。由于畅销书基本上是按照一定的市场规则进行运作的,在直面市场中,通过差异化策略等寻求产业"突围",提高了出版产业的成熟度和集中度,塑造了出版社的品牌形象,提升了出版营销品质,加快了出版业从计划经济向市场经济的转型。

1. 提高了产业集中度

图书品种多、单位印数少,是我国书业的一个特点。畅销书具有的市场卖点突出、市场营销到位的特点,使其在图书市场占有较大份额,形成了销售优势。以在我国图书零售市场发展迅速的经管类畅销书为例,新华书店总店信息中心的调查数据表明,2011年出版的经管类图书品种共14529种,涵盖381家出版社。其中品种过百的出版社共有36家,占全部出版品种的62.1%。排名前十位的机械工业出版社、经济科学出版社、中国人民大学出版社、清华大学出版社等出版的品种集中度达到了31.83%,其中机械工业出版社高居榜首,品种占比达到5.12%。经济科学出版社、中国人民大学出版社、清华大学出版社的品种占比均超过3%,而出版品种在10种以下的出版社数量多达212家,表明经管类畅销书品种的集中度非常高,出版资源多集中在大社、强社,市场进入了成熟期。

2. 塑造了出版社的品牌形象

出版社积累品牌形象是一个渐进的过程。进入新经济时代,出现了出版产业与社会一体化的趋势,出版产业的可持续发展,越来越有赖于社会市场的培育和社会提供的条件。出版产业只有全面融入社会的政治、经济生活之中,通过各种有效的载体,借助社会信息流通渠道,才能进入社会公众的感觉世界,形成一定的社会影响。畅销书具有的适销性和可读性的特点,使其成了出版社有效的品牌形象载体。畅销书由于找到了图书内容与市场需求的接口,由此深受书商青睐,在大中城市地处交通要道的书报刊零售摊点频频亮相,一般都被摆放在比较显眼的位置,吸引读者的注意力,使出版社的名称广为人知,为出版社积累品牌形象,培育无形资产,不少读者就是通过阅读畅销书而对出版社产生认同感的。如某中央出版公司原来并不出名,但随着该社出版的《穷爸爸富爸爸》财商系列图书的畅销及其名称在各种媒体频频出现,读者对这家念起来比较拗口的出版社开始产生兴趣,不少图书经销商也纷纷从该出版社进货。有人曾经在书店作过调查,请读者说出 10 家他们熟悉的出版社,调查结果为:读者说出的 10 家出版社包括作家出版社、人民文学出版社、世界图书出版公司、华艺出版社、外语教学与研究出版社、浙江教育出版社、上海人民出版社、广西师范大学出版社等,读者都是通过阅读畅销书而得知这些出版社的。中央某出版社原来是个名不见经传的小社,2001 年,以前的年总销售码洋都在 1000 万元左右徘徊。2001 年,该社两种畅销书《谁动了我的奶酪》和《杰克·韦尔奇自传》在图书市场产生了不小的轰动效应,总发行量超过 200 万册,销售码洋接近 3000 万元。尤其是《谁动了我的奶酪》一书,在图书畅销的同时,"奶酪"也成了社会的流行用语,在各种媒体和人们的日常交谈中频频出现。该出版社也成了一种有一定市场价值的无形资产,产生了良好的品牌扩张效应。如今,要求与该社合作的企业纷至沓来。

3. 提升了营销品质

畅销书竞争的一个明显特征是跟进与创新。在社会信息流通渠道畅通的情况下,出版社推出的畅销书,无时无刻不处在同行的"窥视"之中,而且随时都有被同类图书取而代之的可能。市场竞争是多向量的,有创造必然有跟进,有仿照有改进就会有超越。跟进不是跟风,跟风是与进取、创新、超越背道而驰的。畅销书的跟进与创新、再创新与再跟进,已经成为出版业新的竞争态势,同时丰富了市场博弈的内涵。跟进是一种创新,富有创意的跟进,不但能激发出新的市场预期,还能促进畅销书的"版本升级",把图书竞争提升到新的层面。某出版社的《哈佛女孩刘亦婷》就是跟进并创新的产物。该书自 2000 年问世以来,已经发行 140 万余册,该书策划编辑的灵感来自广东一家出版社出版的《素质教育在美国》的畅销。策划编辑从《素质教育在美国》的持续畅销中得到启发,预感到素质教育类图书有着巨大的市场扩容潜力,他还发现《素质教育在美国》一书的不足之处,即理论的东西多,而实例流于零碎,缺乏深入的典型个案分析,等等。他从中举一反三,萌发了做一本中国人自己的素质教育个案图书的设想,从中演绎出个案类的选题思路,由此导致素质教育个案类图书的热销。

4. 打造了新的出版流程

出版社不但是畅销书的出版者,也是畅销书作家的"制造者",一些有名的畅销书作家,都是由出版社精心打造而成的,从选题策划、图书装帧、宣传造势、设计概念、市场预热到全面推销,无一不是出版社运作的必要步骤。某出版社以畅销书为主打产品所创造的编辑提前介入、全程主导图书运作的经验，引起了出版界的关注。该出版社将传统的作品→作者的出版流程改为作者→作品，将开发作者放在首位，从是否具备阅历和写作能力两个方面去物色作者。以崔永元为例。该社认为崔永元所表现的幽默并不止于简单的耍嘴皮子。崔永元是一个平民主持人，他写日常生活琐事，特别是写领导，比较敢写，从不掩饰自己对领导的看法。崔永元是平民化的，因此书名也特别平民化——"不过如此"。书名包含了多重含义，既可认为崔永元不过如此，也可认为这本书不过如此，还可认为读了也不过如此。该社其他畅销书基本上也是出一本畅销一本，如吴小莉的《足音》、敬一丹的《声音》、白岩松的《痛并快乐着》等。

5. 激活了社会需求

畅销书在为出版产业创造获利、就业等商机的同时，还在向相关领域延伸中形成多个由信息点支撑的产业价值链。这个产业价值链的每个支撑点，都有着巨大的开发潜力和资源增值空间，从而为社会经济的发展营造了资源再整合的平台和新的发展空间，表明出版业作为现代传媒业的重要组成部分，对促进社会需求的发展起着不可替代的作用。畅销书对社会需求的激活，集中体现在打造时尚文本方面，读者阅读的时尚化，为畅销书的爆发性销售营造了生生不息的市场。畅销书好比是一个个新的社会时尚文本，在适应社会时尚需要的同时，又以其独有的方式引导着新的时尚。激发读者领略新的社会时尚，在时尚内容的更新中不断开辟新的市场空间，传播和积累文化，是图书的基本功能。一份调查报告表明，畅销书在市场上达到一定的覆盖面时，书中张扬、诠释的概念，在媒体宣传、口口相传效应等的传播作用下，能有效地影响人们的价值取向，并在一定程度上引导社会时尚。某出版社引进的畅销书《谁动了我的奶酪》告诫人们，生活中失去奶酪的事情是常常发生的，不要为失去奶酪而烦恼，不要怨天尤人，而要像书中的"唧唧"那样，尽快从失去奶酪的悲痛中解脱出来，投入到寻找新奶酪的火热的生活中去。一时间，"奶酪"不胫而走，成了人们的常用语。一些领导、老师、长者等，都以寻找"奶酪"为题，告诉别人要以变应变，积极应对生活中的困难。"奶酪"为人们更好地认识多变的社会、适应处在动态发展中的社会生存环境提供了必要的心理准备。某图书出版公司推出的畅销书《穷爸爸富爸爸》系列，成功地打造了新的财商概念，告诉人们不要做金钱的奴隶，要做金钱的主人，张扬了全新的金钱观，对社会财富的合理使用显然有着积极意义。在现代社会，时尚也是一种有效需求，社会时尚一旦形成，在从众心理效应的作用下，便会形成一个巨大的精神消费空间。这些事例表明，社会时尚本身就是一个巨大的社会需求,社会时尚转化成的社会购买力,能对图书市场进行有效的扩容。

(三) 畅销书的特性

1. 主导性

畅销书的主导性,集中体现在对图书市场的拉动作用上。有调查表明,中国图书出版业已经进入畅销书时代。畅销书对书业的拉动作用,主要体现在图书市场的增量上。畅销书投放市场的品种、发行量及形成的市场占有率,在很大程度上左右着图书市场的规模和空间,对图书市场的扩容起到了强力拉动作用。北京开卷信息技术有限公司对全国图书市场的监控数据表明,销量排名前5%的畅销书品种为零售市场贡献了60%以上的市场码洋。其他95%的图书贡献了不到40%的销售码洋,对图书市场起着十分明显的拉动作用。以莫言的作品为例,2011年莫言所有的作品在文学图书板块中的码洋比例大约是0.11%。2012年10月,莫言获得诺贝尔文学奖后,其作品销量立刻飙升,不到3个月时间,莫言作品在文学图书板块中的码洋比例就增长到4.2%。在整体市场下滑的背景下,由于有莫言作品的带动,整个文学板块逆势增长,同比增长近8%。出版莫言作品的出版社的市场地位明显上升,作家出版社从58名上升至39名,上海文艺出版社更是从218名上升到93名。不到3个月的时间,就可以产生如此巨大的影响,畅销书对整个市场的影响力,可见一斑。畅销书与物质产品的属性和功能不同,市场对物质产品的需求有一定的饱和度,超过了这个饱和度,产品就会出现滞销。以彩电为例,彩电的年社会需求量大约是3000万台,超过这个社会需求量,彩电就会出现积压。原因很简单,经济上再富有的人家,对彩电的需求也是有限度的,超过这个限度,就变成多余和浪费。汽车也是如此,有一定的社会保有量,超过这个保有量,也会造成积压。而读者精神需要的满足是没有止境的,在读者精神需求旺盛、具备一定购买力的情况下,读者只要发现有阅读价值的书,便会产生购买行为。需要引发动机,动机产生行为。畅销书的销售,在很大程度上是通过激发、激活读者的阅读欲望,在读者热情的升温中实现其市场价值。畅销书与物质产品销售的不同点是,物质产品是"好中选优",而畅销书则可以用"无中生有"来形容。彩电无论有多高的科技含量,其基本功能和基本形状是不会变的,所谓新产品,只是增加了产品的功能,使产品更加美观,具有新的附加值。而畅销书的价值是由内容决定的,纸张和装帧仅仅是知识、信息的载体,畅销书的内容的千变万化,使其成为高度个性化的产品,在策划到位的情况下,每本畅销书都能向读者展现全新的精神世界,都会给读者带来新的享受。畅销书在投放市场之前,读者不会有丝毫的购买欲望,而一旦成为社会关注的热点,成为人们谈论的话题,就会在读者新需求的形成中培育出新的市场。每一本畅销书的问世,都会在市场上引发一阵购买热。可以说,图书零售市场的不断扩容,在很大程度上是由畅销书拉动的。特别是近几年,畅销书对市场的拉动作用显得更为明显。畅销书的有效发行与图书市场的扩容形成了互动效应。一方面,畅销书的发行有赖于读者购买力的提高和市场的成熟度。在读者购买力一定的情况下,畅销书能通过媒体的成功造势,有效地吸引读者的眼球,让阅读畅销书成为一种社会时尚,开辟出社会心理通道;同时,借助畅通的图书分销、零售渠道,在第一时间迅速将畅销书在全国的市场范围内进行大面积铺货,与读者见面,形成强大的销售势头。另一方面,畅销书在读者的有效阅读中,在满足读者需要的同时,能激发、激活读者的潜在需求,从而为同类图书的发行开辟出新的市场空间。

2. 大众性

畅销书必须具有市场的潜质,这个潜质指的就是畅销书要具有大众性。畅销书具备成为畅销书的潜质,是一本书能成长为畅销书的内因。正如商品的使用价值是其价值实现的前提,图书的质量决定着该书在市场上能否以及在多大程度上实现其价值。无论是快餐式的休闲类畅销书,抑或精品畅销书,其在满足读者阅读需求方面,必定自有其出众之处,在成为畅销书的同时往往也能成为常销书。面向大众,是畅销书重要的特性。畅销书的读者定位都着眼于大众读者群,因为这个读者群数量多、基数大。在竞争激烈、图书品种浩如烟海的图书市场上,一本书要想"浮出海面",吸引更多购买者的目光,除了在市场调研、选题策划等方面需要更大投入以外,出版者还必须在后期的包装制作、营销宣传方面对其投入更多的人力和财力。如《学习的革命》这本书,原本销路平平,但经过科利华公司投巨资进行连续宣传后,该书便一下子国人皆知,发行数量达百万册。在具体实践中,由于出版社在资金、人力等方面资源有限,不可能对每一种图书平均用力,因此有必要对具有畅销书潜质的图书在投入上进行适当倾斜,努力使其成长为畅销书。

3. 时效性

畅销书必须在较短的时间周期内完成。畅销书的时效性要求出版者在尽可能短的时间内完成从制作、包装到宣传营销方面的一系列工作。特别是在目前市场管理不规范、盗版猖獗、盗版手段先进、盗版速度更快的环境下,出版者只有尽量缩短图书从制作、宣传到送达终端消费者手中的时间,才能更好地抓住市场最佳销售时机,不给盗版分子以可乘之机。若贻误时机,畅销书也可能变成滞销书。国外这种时间意识非常强。有关资料表明,在日本,出版者能够在24小时内将图书送达读者手中,一星期左右获得市场的准确反馈。这其中当然离不开交通、运输、书店等其他部门的配合,但首先在于出版者本身具有很强的时间观念及很高的工作效率。畅销书往往在第一时间投入市场,迅速在图书市场进行大面积铺货,与广大读者见面。在图书与读者近距离的接触中,以其封面及有关广告宣传形成的视觉冲击力吸引读者的眼球,形成较多的市场容量。

4. 概念性

畅销书在一定程度上也是一种概念,是一种成功地被读者接受的概念。在商业社会的市场化运作中,概念是一面旗帜,是一种看不见、摸不着的无形资产,代表着一种市场凝聚力和号召力,具有文化亲和力和视觉冲击力的有效概念,能在社会群体中成功地激发一定的心理预期,形成潜在的市场。在产品供过于求的买方市场条件下,通过有效的灌输,在消费者心目中"植入"产品的概念,成了产品畅销的先导。一件产品要吸引消费者,除了其自身的使用价值以外,它所蕴涵的内在价值必须能给消费者提供更大的联想和想象的空间,使消费者从中得到多种享受,提高需要的满足系数,这样才能更多地吸引消费者的关注。

如脑白金,其成功关键在于成功地打造了为广大消费者所接受的"礼品概念",造就了时尚文化。中国人向来喜好冬令进补,保健品销售的季节性较强,主要集中在冬季;而礼品销售的市场跨度比较大,几乎每个节假日都有销售高潮。为了拓展市场半径,脑白金在市场定位上作出惊人之举,大胆实行"高台跳水",将自己的产品定位为礼品,并利用各种媒体进行地毯式的心理"轰炸",向人们灌输全新的礼品概念。"今年过节不收礼,收礼只收脑白金"这句脍炙人口的广告语,成了人们的口头语,连不少小学生都能倒背如流。从单个文字上研究,该广告并无过人之处,但组合在一起,就成了妙语佳句。有的消费者对脑白金的功能不一定了解,却知道脑白金是一种比较时尚的礼品。脑白金的礼品定位策略,不仅为自己赢得了第一占位,而且开创了保健品作为礼品销售的先河。

近年来,随着图书市场竞争的加剧,图书出版日益同质化,往往是众多出版社在同一时期推出同一社会热点的图书,读者对图书的选择空间更为宽阔,对图书更加挑剔。在这种情况下,一种图书要有效地吸引读者的眼球,进入读者的选购范围,激发他们的购买欲望,就要以概念先行,以恰到好处的营销诉求,向读者灌输图书的概念,以此激发、激活读者潜在、隐含的需求,并把潜在需求转化为显现的优势需求。出版社要通过开发得到读者认可的已有概念资源,让老概念产生新的市场号召力。实际上,每个出版社都程度不同地掌握着一定的概念资源,如读者认可的有关奖项、读者认可的图书品评等,关键在于如何从新的文化层面上进行开发利用,使概念资源在二次开发中实现增值。如全国茅盾文学奖在广大文学爱好者中有着较大的号召力,是读者认同的品牌,某出版社在概念资源整合上下功夫,将该社出版曾获得茅盾文学奖的 11 部作品进行整合,集结为"茅盾文学奖获奖书系",统一推出。该社用当今全国长篇小说创作最高奖项的响亮概念,把不同的优秀作品贯穿起来,使之形成了有机的联系,如串珠缀玉,更增魅力,而且,由于这些作品在新概念的集合"包装"下有了统一的标志、统一的封面设计、统一的装帧,11 部书在书店集中陈列,非常醒目,给人以沉甸甸的感觉,提高了图书的视觉冲击力,产生了 $1+1>2$ 的增值效应。这些原来销路不畅的单本书,在重新包装中焕发了"青春",成了畅销书。

概念不但能开发,还能进行人为的"制造"。概念作为一种社会认同的时尚文化的象征,其内涵也是与时俱进的。改革的不断深化和开放的日渐扩大,促进了社会变革和各种新的利益格局调整,不断产生着新的社会热点。这些社会热点成了读者的关注点,丰富了读者的精神需求。不少出版社利用概念与时俱进的规律,将图书特色演绎成广大读者所接受的概念,营造了畅销的氛围。如某出版公司把出版美国畅销书《富爸爸穷爸爸》作为一个投资项目来运作,成立了《富爸爸穷爸爸》项目组。该组以"概念冲击"开路,大力宣传该书的独特理念:对你的财产负起责任;人要么是金钱的主人,要么是金钱的奴隶;不要做金钱的奴隶,要做金钱的主人。这种全新的个人投资和个人理财观念,引起了读者的极大兴趣,于是纷纷从书中寻找答案。在概念的"成活"中,该书成了畅销书。

5. 聚焦性

畅销书的发行量是通过市场来实现的,是出版社围绕市场进行选题策划、组稿、包装制作、宣传营销等一系列市场行为的必然结果,这使畅销书有别于其他发行量可观却是通过指令性方式来实现其发行量的图书。进入新经济时代,图书市场上有两种东西成了社会的稀缺资源,一是创意,二是注意力。有人说,现在是不缺产品缺创意,不缺购买力缺注意力。出版社掌握了市场的注意力资源,把读者的目光都聚焦到本社的产品上,就为图书的畅销打下了基础,拓展了出版社的发行渠道,培育了市场。而畅销书在这个方面功不可没。在书店陈列的图书品种中,最能吸引读者的目光、激发读者的购买欲望的,往往是畅销书。因此,书店大多把畅销书放在最为显眼的位置。在书店创造的利润中,大部分利润都是畅销书创造的,因此畅销书如今已成为出版社吸引书店的重要因素。一个出版社只要有畅销书在手,就不怕书店不找上门来,这样,畅销书在为出版社培育发行渠道方面发挥了重要的作用。不少出版社在发行畅销书的过程中,充分利用畅销书能有效地聚焦读者目光的特点,以畅销书为图书代理商和图书零售商提供的有效业务量,吸引了大批图书经销商,与他们建立了双赢的良好合作关系,并以此巩固和扩大了出版社的有效图书特约经销点,为出版社的其他图书在市场与读者见面创造了条件。如某出版社发挥该社建筑类品牌图书在建筑类图书市场的适销优势,在全国建立了40多个图书代理点和600多个连锁店,形成了覆盖全国的图书销售网络,为该社其他图书在市场的铺点创造了条件。借助这一发行渠道,该社的图书源源不断地与读者见面,发行蛋糕越做越大。

6. 预测性

对选题或书稿的准确判断,来自对市场变化、发展趋势的到位把握,建立在对市场科学预测的基础之上。图书出版有一定的周期,从确定选题到投放市场,有一定的时间差。一部书稿成书前能不能在市场上获得预期的有效发行量,是一个变数,需要编辑根据自己的经验和感觉作出正确而及时的判断,并使自己的判断接近所预期的市场实际。出版的竞争,首先表现为选题或书稿的竞争。出版社的编辑经常要接触大量的书稿和选题,面对众多的书稿和选题。这些选题和书稿质量不等,有的市场效益比较明显,如一些已经形成了一定的社会影响力和市场冲击力的作家的书稿,但这样的书稿毕竟是少数,大量的选题和书稿处在可用可不用之间,用了,也许能收到预期的市场回报,也许是颗粒无收。在这种情况下,编辑对未来图书市场变化、发展动态的预测,成了作出正确判断的基础。有较高营销能力的编辑,能在别人还犹豫不决之时,根据自己对所掌握的细分市场规律的认识,凭借自己过人的市场悟性,果断地作出决策,率先进入市场。尤其是对于非名人的选题和书稿的判断力,往往能看出一个编辑的功底。以余秋雨为例。余秋雨的书稿是人见人爱的香馍馍,是畅销书排行榜的"常青树",到目前为止,有关余秋雨的图书已经出版了60余种,而且基本上都是畅销书,形成了"余秋雨产业"。但余秋雨的崛起,在很大程度上要归功于东方出版中心的一位编辑的慧眼。这位编辑以其超人的判断力,开发了余秋雨的创作潜质,把余秋雨推上了畅销书的舞台。余秋雨《文化苦旅》一书的书稿曾在一家出版社受到冷遇,这家出版社的编辑认为书稿的质量一般,只能在旅游点销售,而且嫌原有的18万字太长,要作删节,以便降低价格。余秋雨一气之下,便要回了书稿。由于书稿在出版社搁置了较长时间,要回的书稿已被涂改得面目全非,他便随手将书稿扔在屋角。东方出版中心的一位编辑听说此事后,捧回了已落满灰尘的书稿,一口气读完后,他激动不已。余秋雨深入浅出,把沉重的历史和深邃的文化底蕴通过非常感性的文学语言传达出来,既建立了轻松进入的通道,又营造了生命之间平等对话的氛围,书中所释放出来的生命信息和余秋雨良好的文化感觉,一下子抓住了他的心。他认为,这部书稿不同凡响,原有的18万字并不是太多,而是不够,于是他建议余秋雨再补写。余秋雨花了两个月时间,补写了《风雨天一阁》等篇目,文字数量增加到25万。修改后的书稿,不但加强了文化信息量,还强化了阅读气势。该编辑把书稿视为珍宝,破例请一位退休编辑把这部面目全非的书稿抄写一遍。在书装形态上,决定采用精装本,并决定开印一万册,在当时精装本比较少见的情况下,这一举动显然要担一定的风险。编辑的判断力得到了市场的验证。在1992年的文汇书展上,赶印的500本书,不到一个小时便一销而空,随后发生的事情更像是个奇迹,第一次印刷的一万册,仅两个月就售罄。之后该社就2万、5万地印,终于将《文化苦旅》打造成超级畅销书。此书的成功,为散文类图书的走俏开辟了市场。

(四)畅销书对出版社的贡献

畅销书对出版社的贡献是显而易见的。

1. 畅销书可以为出版社带来显著的社会经济效益

畅销书往往具有比较好的市场潜力,只要操作得当,较高的市场投入必能获得相应的市场回报。尤其在现阶段,我国的畅销书尚处于起步阶段,有待开拓的空间很大,可以说谁走在前面,谁就有可能占领市场先机。

2. 有利于树立出版社的品牌形象

畅销书产生的社会效应,将加强该出版社在发行商、读者及新闻媒体中的印象。而畅销书的连续操作,将不断强化这一印象,形成出版社"社好书好"的企业形象与声誉,从而带动出版社图书的整体销售。

3. 有利于出版社转变观念,培养人才

畅销书要求出版社从策划、编辑、制作到宣传、营销等各方面都必须围绕市场做文章,这必然有利于编辑、发行等各方面人员牢固树立市场观念,深入研究市场,改变由选题策划、市场开发等方面的惰性与盲目性导致的生产与市场脱节的状况,为迎接更加激烈的市场竞争培养和储备人才。

4. 有利于提高出版社的市场竞争能力

要在未来图书市场上占据主动,出版社必须利用现在政策上赋予的某些有利条件和竞争优势,及时培植和提升自己的市场竞争能力。而完全按照市场规律来运作的畅销书,堪谓图书市场竞争的典型,恰好为出版社提供了这种积累市场竞争经验的机会。

5. 有利于扭转出版社的被动局面

畅销书利于促进出版社为适应市场竞争的需要进行人事分配,必然要求出版社改变现在人事、分配等方面不符合市场规律、不适应市场竞争的有关规章制度,使出版社在人事用工、劳动分配方面有更大的自主权,在分配中更进一步体现效率,兼顾公平,使出版社的兴衰荣辱与每一位员工的命运、前途更紧密地联系在一起,充分调动每一位员工的积极性与创造力,从而逐步扭转出版社在一般图书竞争中的被动局面,增强竞争实力。

二、常销书

(一) 常销书与畅销书的联系和区别

常销书与畅销书之间既有联系,又有区别。联系在于,不少常销书往往是由畅销书转化而成的,畅销书有时成了常销书的基础。区别在于,常销书一般不具有爆发性的热销势头,常销书的价值,主要是通过不断的重印来实现的,与畅销书的爆发性销售相比,常销书是一种细水长流式的销售。

(二) 常销书的特点

1. 积累性

常销书的积累性表现为两个方面。一是对文化的积累。与畅销书相比,常销书一般都有比较厚重的文化底蕴,有较大的文化积累和保存价值,因此一般是能在书架上放较长时间的图书,如一些中外文学类及社科类的名著,以及一些有长时间使用和保存价值的大型辞书、工具书等,如《辞源》《辞海》《现代汉语词典》等。二是图书策划、编辑的过程比较长,有个逐步积累的过程。由于常销书的文化含量比较高,因而出版社用于策划、编辑加工等方面的投入比较大。有的出版社用于常销书的投入,往往是其他书的几倍。如浙江某出版社针对中小学生对工具类图书和教辅类图书的持续性需求,投资300万元,策划开发了《中国少年儿童百科全书》,为使这套书的质量在全国同类书中处于领先地位,他们投入了大量的人力、财力和物力。此书的市场定位是:以目标读者为中心,具有中国特色、少儿特点、精品、廉价。该社开始策划选题时,国内已经或即将出版的不同名目的"少儿百科"至少有7种之多,但没有一种称得上是"中国的"和"少年儿童的",大都雷同于成人百科。针对竞争对手的弱点,该书编辑以此为突破口,从全书的设卷、分类、列目到每个条目的撰写,以及插图的设计和编排装帧,始终围绕两个问题进行:一是处理好百科全书的"全"与少年儿童的知识承受力的关系,二是做到科学性与可读性的统一。在调查研究的基础上,他们将百科全书视作大海,先把全书分为《自然·环境》《科学·技术》《人类·社会》《文化·艺术》4卷,包括了60多个学科(而《中国大百科全书》是72个学科),使之具有大海的态;然后再将"大海"提炼、升华成适量的"水滴"——条目;又把孤立的条目组成有机的知识组件,让少年儿童通过"水滴"领略"大海"的概貌,从小接受古今中外丰富的知识营养。以"近现代中国"这部分为例,书中通过"帝国主义侵华战争"等10个知识块近100个条目,用典型事、典型人,使少年儿童大致了解中国英勇奋斗的历史。当近500万字的初稿送到出版社时,编辑发现有一半以上的条目仍然是"成人百科"的缩编而不是改编,同时又得知东北有家出版社打出了出版"中国第一部少年百科全书"的广告。在前有困难、后有追兵的情况下,他们征得编者的同意,毅然改变工作进程,重新组织一支熟悉少儿的近百人的作者队伍,对条目进行逐条修改,有的直接到少儿读者群中去征求意见,取得了第一手的信息。这样,虽然出书时间推迟了一年,稿费支出增加了一倍,但书稿的"含金量"大大提高,为该书成为名牌奠定了基础。多年来,该书一直是少年儿童百科图书市场的"领头羊",占据了最大的市场份额,十多年来已重印30多次,总印数达200万套,年平均印数20万套,码洋超过了3亿元。在图书市场普遍不旺的情况下,该书年年都被列在全国各大畅销书排行榜的前列,成了该出版社稳定的利润来源。

2. 独一性

独一性也是常销书的重要特征。独一性是指出版社在常销书选题的策划和制作中,达到了全国同类出版社难以达到的水平,或是以全取胜,或是以特取胜,或是以独有的市场占有率取胜,形成了自己独特而稳定的读者群,掌握了市场竞争的主动权。如某出版社出版的《现代汉语词典》,选择了全国最权威的语言文字机构——中国社会科学院语言文字研究所组织编写,由于该所集中了全国一流的语言文字方面的权威,从而使辞典具有了大家公认的权威性,达到了无人能及的水平,占领了同类辞典的高地,所以在图书市场上一直保持着独一无二的销售势头。在特定的读者群中形成特定的需求,也是常销书的重要编辑策略。如某出版社在开发《大学英语》的过程中,实行抓质量与培育市场并举的营销策略,于1995年推出精心编辑了18年之久的《大学英语(修订版)》,并一下子投入了110万元的广告费,利用各种媒体进行宣传,取得了在10个月内销售10万册的业绩,发行码洋达 1280 多万元。但该社并不以一时的畅销为满足,而是以常销为营销目标,"锁定"有关大学的英语教师,从培训入手,投入数千万元资金,从 1996 年起,于每年的暑期请有关大学英语教师到北京、杭州参加新教材的培训班,同时为教师们提供标准较高的食宿条件。由于《大学英语》体例独特,比较适应现代大学的英语教学需要,加上参加培训班的大学英语教师都在教学第一线,对学生英语教材的选用起着决定性的影响,因此,随着参加培训班教师数量的增多,《大学英语》很快在全国具有了较大的市场占有率,由畅销书转为常销书。

第十章

编辑队伍建设

第一节　总编辑的素质

出版是内容产业,图书的内容决定着图书的质量和效益。编辑是出版生产中起决定作用的因素,出版资源只有经过编辑富有创意的创造性劳动,才能转化为社会需要的精神产品,产生社会效益和经济效益。因此,在一定意义上,编辑队伍的综合素质和编辑群体积极性、创造性发挥的程度,在很大程度上决定着图书出版的效益和发展前景。编辑队伍建设成了现代编辑学的重要部分。编辑队伍建设可分为两个层次,一是总编辑队伍的建设,二是编辑队伍的建设。其中总编辑队伍的建设,在编辑队伍素质的提高中起着关键性的作用。

在我们国家,出版社总编辑岗位的设置一般有两种情况。第一种情况是出版社分别设立社长和总编辑。在这种情况下,总编辑是社长的第一助手,成了出版社编辑业务的总管。另一种情况是出版社的社长和总编辑由一个人担任,实行双肩挑。这种设置对出版规模不大的中小出版社也许是可行的,但对于一年要出四五百种新书的大出版社,总编辑会因经营和编辑业务双肩挑而疲于奔命。因此,比较大的出版社一般都是由专人承担总编辑岗位职责,这样更有利于出版社的长远发展。一个出版社的选题结构与规划关系到出版社发展的全局,出版物选题与质量管理关系到出版社的生存和发展,而这个任务主要是由总编辑来完成的,出版社如不设总编辑岗位,要求社长本人担负起这个岗位的工作任务显然是不适宜的。西方一位出版家说过,出版社的总编辑好比是出版社的灵魂人物,灵魂作用主要体现在总编辑的编辑思想中,体现在总编辑的选题策划思路中,体现在总编辑的人格魅力中。

一、总编辑的职责

总编辑是出版战略的总设计师,是经营管理的总管家,不但要管前端,还要管后端,是编辑工作的总指挥,是出版产品的总策划,是编辑质量的总把关,是编辑队伍的总领队。出版社总编辑所应担负的职责是:坚持以建设中国特色社会主义理论为指导,全面贯彻执行党的出版方针、政策和国家制定的有关出版纪律和出版法规,正确处理社会效益和经济效益的关系,把社会效益放在首位,创造性地做好编辑部门管理工作。

总编辑的具体职责有以下几点。

(1) 负责出版社的选题规划、年度选题计划、增补选题计划的制订以及选题资源的整合和选题结构的优化。

(2) 负责图书的组稿、编辑加工等组织工作。

(3) 负责书稿终审的组织工作。

(4) 审定图书的装帧设计方案,审查样书,组织再版图书的修订工作。

(5) 组织对图书编校质量和印装质量的检查,做好重点图书的评介、宣传工作。

(6) 组织参加各种图书评奖活动。

(7) 组织出版社的有关学术活动,积极开展调查研究,了解学术发展动态和图书市场信息。

(8) 负责对编辑人员进行业务培训和考核,提出编辑人员专业技术职务评定、聘任及晋级的方案,加强对编辑人员的政治思想、业务水平和职业道德的培养。

(9) 做好版权管理工作。

(10) 组织编辑人员加强同作者的联系,加强作者队伍建设。

二、总编辑的素质

从上述职责中可以看到,总编辑是出版社编辑工作的具体组织者和实施者,担负着出版社编辑工作总设计师的角色。因此,总编辑的素质如何,直接影响到出版社编辑工作的成效,关系到出版社的发展和繁荣。现代出版社的总编辑应该具有以下十种素质。

1. 有强烈的事业心

人的工作动力来自两个方面,一是物质待遇的驱动,二是事业的驱动。在一般情况下,这两种驱动因素都是兼而有之的,但这两种因素中,总有一种因素是处于主导地位的。物质待遇驱动作用毕竟是有限的,当物质待遇驱动处于主导地位时,人就表现为得什么待遇干什么活,得多少待遇干多少活。而当事业驱动处于主导地位时,人就表现为全身心地投入,把事业的成功视为自己人生的成功,把事业的价值当作自己人生的价值。也就是说,在人的所有精神驱动力中,事业的驱动,是最强大的精神驱动力。编辑出版事业是一种创造性的社会劳动,尤其需要有事业性的驱动,因此,有没有强烈的事业心,是衡量一个出版社总编辑的精神面貌和工作状态的主要标准,事业心是出版社总编辑工作动力的源泉。一个有着强烈事业心的总编辑,不会把编辑出版工作看作可有可无,而是把其当作实现自身价值的内在需要,这样,他就会把一切抛在脑后,全身心地投入到工作中去。当工作中遇到困难时,他就会产生一种驱动力,想方设法地把工作做好,做出色,以事业的成功来体现自身的价值。当前,出版社面临十分严峻的挑战,因此更需要总编辑有强烈的事业心,把编辑出版工作当作一项崇高的社会工作去追求。

2. 有宏观把握能力

总编辑作为出版社选题计划的设计者和组织实施者,对图书出版的方向、图书出版的效益、图书出版产生的社会影响,负有重要的责任。因此,总编辑要善于从宏观上把握出版社的出书方向,在使出版社的出书方向符合党和国家工作大局的前提下,在图书市场竞争中形成自己的优势和特色。总编辑的宏观把握能力体现在以下几个方面。

首先,总编辑的头脑中要牢固地树立并强化大局意识、大局概念,要在深刻领会党和国家工作大局精神实质的基础上,善于根据党的中心工作的要求,对出版社的选题计划提出具体的指导性意见,把为全党全国工作大局服务的要求落实到出版社的选题计划之中,使其成为出版社每个编辑自觉的职业行为。总编辑要在出版社建立选题策划的快速反应和应对机制,对党中央的一些重要会议和重大部署,做到闻风而动,使党中央对宣传思想工作的要求能及时在选题策划思路中得到体现。以党的十八大为例。有宏观把握能力的总编辑,在会议召开之前,就已策划了一整套的选题预案,进行了周密的部署,使图书以最快的速度投放市场,有力地配合了全国掀起的学习、宣传、贯彻十八大和十八届一中全会精神的活动,争取主动,既履行了出版工作者的职责,又赢得了市场,促进了自身的发展。

其次,在确定选题策划思路时,要善于从讲政治的高度认识问题,对那些虽然能给出版社带来一些短期利益但不利于创建出版社品牌形象的选题,或是不符合出版社的专业分工范围的选题,或是不在出版社的出书结构之内的选题,从长远利益出发,作出理性的选择。出版社常常有这样的情况:有的图书属于可出可不出的范围,出了,虽然没有多大的社会效益,但有点小利,不出吧,似乎又有些可惜。而有宏观把握能力的总编辑,会从出版社的长远利益出发,作出最佳的选择。

  第三,宏观把握能力还体现在出版社的选题规划、选题计划上。制订好出版社的选题规划和选题计划并组织实施,是总编辑的宏观把握能力的体现。出版社的选题规划和选题计划反映了出版宗旨和指导思想,代表着出版社的定位和特色,也代表着总编辑自身的素质。总编辑要深刻理解党的路线、方针和政策,具有很强的政治意识、使命意识和服务意识,根据对出版发展趋势的把握,结合本社的实际,确定出版定位和价值标准,以此构建结构框架。总编辑抓编辑工作当然不可能事无巨细,眉毛胡子一把抓,应当着重抓全局性的、战略性的问题。一是抓发展战略,没有发展战略的出版社是没有发展前途的;二是抓选题规划;三是抓选题计划。选题规划要体现出版社的发展战略,而选题计划则要体现出版社的选题规划。在制订出版社的发展规划、选题规划和选题计划方面,总编辑要有自己的发展思路。从一个出版社的发展来看,出版社的战略规划主要体现、落实在每年的选题计划之中。选题规划与选题计划是相辅相成的。选题规划带有长远性的计划,时空的跨度比较大,一般是以五年计划为单位,体现了出版社的长远发展目标和发展空间;选题计划则是出版社的年度发展计划,体现了选题规划的精神,是选题规划的基础,是选题规划的进一步细化。从某种意义上说,出版社的发展战略和选题规划能否实现,在很大程度上取决于出版社年度选题计划的制订和完善。制订选题计划是一个出版社最基本的工作,也是一个出版社最基本的建设,出版社的图书建设,就建立在选题计划的基础之上。因此,出版社的总编辑应该对出版社的整个选题计划有通盘的考虑,有战略性的谋划,应该根据出版社拥有和积累的人才优势和选题策划方面的优势,确定选题计划的主攻方向,设计选题计划的主要版块。

  最后,总编辑的宏观把握能力还体现在对几个关系的处理上。一是处理好深化改革和端正方向的关系。既要坚持深化改革,又要坚持文化追求。二是处理好出书和市场的关系。要想用先进文化占领文化阵地,就要努力用先进文化占领文化市场。在一定意义上,市场就是阵地,图书进入不了市场,或是在市场上站不住脚,无异于放弃阵地。三是处理好社会效益和经济效益的关系。不必过分强调每一本书都是双效书,而要把社会效益放在首位,实现两个效益相结合。四是处理好局部和全局的关系。出版体制改革的过程,也是出版社集体和个人利益不断调整的过程,编辑室和出版社之间、编辑个人与编辑室之间,不可避免地会产生各种矛盾,产生利益冲突,总编辑要善于处理这些矛盾,有约定的按约定办,没有约定的,原则上个人利益服从局部利益,局部利益服从全局利益。

五是处理好质量和数量的关系,始终坚持质量第一。为了集中必要的力量以保证提高图书质量,总编辑在必要时要打破人情的枷锁,要忍痛割爱,把那些可有可无的选题砍掉,控制图书的品种和数量。六是处理好质量和时间的关系。先保质量,后保时间,不能靠牺牲图书质量和服务质量来保证出版时间。七是处理好编辑和营销的关系,生产和营销不能分离。编辑部门也要以一定的形式介入营销,参与图书的营销策划,根据市场预测对营销方案提出建议。八是处理好民主和集中的关系。总编辑要发扬民主,善于听取各种意见,特别要善于听取不同意见,但也要敢于大胆拍板。对有争议的选题,总编辑要在听取各方面意见的基础上,敢于作出最后决断,体现其见识和胆略。

3. 有成熟的编辑思想

成熟的编辑思想,是新时期出版社总编辑的最基本的素质。成熟的编辑思想主要是指总编辑要有敏锐的政治嗅觉和政治判断力,要十分熟悉党和国家有关出版的方针、政策,要了解和掌握编辑工作的规律,了解和掌握党的宣传纪律和出版管理法规,了解和熟悉编辑工作的历史,了解和掌握编辑工作发展的趋势,在编辑工作实践中不断提高自己的编辑业务水平。要了解不同时期党的中心工作及对图书出版工作的具体要求,熟悉图书编辑工作的基本规程,善于把党的中心工作和党的工作大局转为选题策划思路,形成富有创新精神的选题策划思路。一个称职的出版社总编辑的编辑思想,包括对出版产业性质的理解、对图书编辑规律的认识、对图书编辑工作流程的总体把握和对图书出版当前面临的新形势的认识。一个有成熟的编辑思想、有深厚的编辑理论功底、有独到的选题策划思路、有别具一格的出版资源整合思路的总编辑,才能成为出版社不可缺少的灵魂人物,才是真正意义上的出版社领军人物,这样的总编辑才能实施有效的领导。有的出版社之所以长期没有形成自己的出书特色,没有形成自己的优势品牌,老是跟着别人的脚步走,主要原因在于,这些出版社的总编辑没有形成比较成熟的编辑思想,没有整体选题策划思路,没有明确的出书主攻方向,对出版社选题计划制订的要求比较笼统,缺乏可操作性,不能对编辑的选题策划进行有针对性的指导,使出版社编辑的选题策划处于"各自为政"的状态。编辑抓到什么选题就出什么书,总编辑在选题策划上被群众牵着鼻子走,编辑们策划什么选题,他就认可什么选题,在选题决策方面处于被动,这样的选题结构当然不可能有很强的市场竞争力。因此,总编辑应该听取群众的意见,善于集中大家的智慧,在集中群众智慧的基础上,形成富有特色的总编辑选题策划思路,以总编辑选题策划思路为指导,形成出版社选题策划总的指导思想和选题框架结构,并鼓励广大编辑在选题开发实践中不断充实、丰富和完善总编辑的选题策划思路。某出版社总编辑对总编辑的编辑思想和选题策划思路有着比较独特的理解。他认为,如果把出版社的选题策划比作是攻占碉堡,总编辑的职责则是指定所要攻占的碉堡,并对编辑进行具体的指导,至于怎样攻下碉堡,则是编辑的任务。一个有成熟编辑思想的总编辑,能提出和主持制订出版社的选题计划,确定出版社的选题结构和出书的主攻方向,能针对图书市场的变化、发展趋势,对出版社的选题结构不断进行调整和修正,使出版社的选题结构在保持基本特色的同时,做到与图书市场的变化、发展基本同步。总编辑还要能对出版社的选题计划和选题结构进行理论上的阐述,将出版社选题计划建立在对图书市场科学分析的基础上,建立在发挥出版社基本优势的基础之上。也就是说,总编辑不但要提出应该如何去做,而且还要能以令人信服的理论和数据,说出这样做的原因,以理论的力量去统一出版社编辑们的认识,将自己的认识转化为大家的共识。

4. 有独到的选题策划思路

总编辑的编辑思想,体现在总编辑的选题策划思路上,最终落实在出版社的选题计划和选题结构上。选题策划思路包括出版社的出版物结构、出书板块结构、品牌建设、图书特色等。选题策划思路是出版社宝贵的精神财富,有了选题策划思路,就体现了总编辑的灵魂作用,出版社就有了明确的奋斗目标,就为在市场竞争中形成有竞争力的"这一个"创造了条件。

总编辑的工作不能停留在提出自己的选题策划思路上,而要善于把总编辑的选题策划思路转化为每个编辑的富于个性的具体思路。通俗地说,就是不但自己要做好,还要想方设法让大家都做好;不但要使自己成功,还要使出版社的每个编辑都成为成功者,都来体验成功的喜悦,分享成功的快乐,进入成功者有所作为的精神境界。当然,自己做出色与让大家一起做出色,都不是一件容易的事。有的总编辑说,我是出版社的一位编辑。这种认识反映了部分总编辑认识上的错位。出版社的总编辑一经任命,便不是原来意义上的编辑,而是承担了一种非常特殊而重大的历史使命,即调动广大编辑的积极性和创造性,把他们的智慧和创造潜能转化为社会需要的财富,并在尽情发挥才能、施展身手的过程中,提高自身的素质,升华精神境界,在发挥创造性智慧的过程中把自己培养成适应现代社会需要的新人。如果说衡量一个编辑的标准是看其能否策划出双效选题,那么,评价出版社总编辑的工作业绩则是看其能否有效地调动广大编辑的积极性,使每个编辑心甘情愿地把自己的聪明才智用到出版社的奋斗目标上,在出版社奋斗目标的实现中,在出版社群体利益最大化的前提下,实现个人利益的最大化。

由此可见,出版社的总编辑岗位是一个神圣的工作岗位,总编辑是一个社会主义文化的卫士。总编辑的选题策划思路与编辑的选题策划思路表现为一个互动的过程。一方面,总编辑要能善于从总体上把握社会舆论导向,对各种选题和书稿有较高的政治鉴别力和专业鉴赏力,善于集中广大编辑在编辑实践中创造出来的经验,通过将编辑们创造性经验从出版理论的层面上进行总结,提出自己的选题策划思路,以此指导广大编辑的工作实践,也就是毛泽东同志所说的从实践中来,又到实践中去。编辑在理解总编辑总体选题策划思路的基础上,形成各自的富有个性化的选题策划思路,在总编辑选题策划思路与编辑个体策划思路的互动中,使出版社的选题策划思路不断得到更新、选题结构不断得到优化。如有的出版社总编辑在提出自己的选题策划思路的时候,鼓励广大编辑在总编辑选题策划思路的引导下,发挥各自的个性化选题策划思路,在出版实践中不断对总编辑的选题策划思路进行完善和提高。

优化选题结构是出版社永恒的主题,在这个问题上往往最见总编辑的功力。总编辑不但要有独到的选题策划思路,同时还应该身体力行,在选题策划中起示范作用,带头策划重点选题、双效选题,为编辑作出示范。某出版社总编辑对总编辑岗位的认识有一定的代表性,他认为,总编辑是一种重大的责任,是一种严峻的挑战,是在较高智力层面上实现自我价值的路径,是一个施展身手、实现抱负的平台,在这个岗位上,你使出多大的能耐,就会有多大的产出。这种责任或挑战并不在于支配别人,要求群众应该怎样做,而在于将领导的主观意图转化为职工的意愿,变为职工的自觉行动。出版社是文化企业,文化企业的价值体现在精神产品产生的社会效益和经济效益中,体现在为社会创造的财富中。因此,总编辑不能仅仅满足于布置工作,不能停留在要求编辑如何策划好选题上,而要善于从出版社选题管理的宏观层面深入到选题策划的微观层面,带头策划重点选题,在选题策划的实践中去体味甘苦,为编辑做出表率,以自己的水平和决策去影响和带动编辑的选题策划水平,去推进出版社的进程。

5. 有科学的激励方法

总编辑要善于把自己的意图变成全社员工的共同行动,善于调动各方的积极性和创造性,充分发挥大家的聪明才智。总编辑的工作不仅仅停留在出版社目标、任务的制订和日常工作的检查、布置上。制订出版社的工作计划、工作目标,提出出版社的工作任务,仅仅是管理的基础,是管理的第一步,而并不是管理的全部。出版社是人格化的组织,总编辑作为出版社的编辑业务总管,应该把主要精力放在营造人文环境、建立学习型组织上,把实行出版社目标、任务的过程变为编辑自我学习、自我提高的过程,变成开发编辑创造性潜能的过程,变成编辑实现自我价值的过程,让出版社的编辑在这个有所作为的舞台上,在出版社这个充满温暖的学习型组织中,学会自己原来不会或不擅长的东西,掌握自己原来所不具备的技能、本领,尽情地施展身手,尽情地发挥自己的专长,通过富于创造性的编辑加工,把作者的书稿转化为社会需要的商品,在所创造的社会财富及得到的相应社会承认中,发现自己创造潜能的"新大陆",进一步体验自己的人生价值,进入在贡献中体验价值、在体验价值中做出更大贡献的良性循环。

人才是在激励中成长的,激励机制作为一种群体价值取向的制度规范,对人的思想和行为起着一定的导向作用。但激励机制不等于按劳分配,激励机制有着丰富的内涵。激励的目的,是通过营造知识互补、平等竞争、唯才是举、人尽其才的人文环境,满足、激发和激活人的精神需要,为人才的脱颖而出创造条件。人的需要是多方面的,有一定的层次性,包括物质需求和精神需求。与物质需求相比,精神需求的满足是无止境的。一个有贡献的人,在得到相应奖金的同时,还需要得到相应的赏识,得到信任,得到重用。人的需求多样化,决定了激励方式的多样化。激励的方式,除了物质激励外,还有情感激励、赏识激励、信任激励、领导行为激励等。一个杰出人才,其最大的需求莫过于得到一个能尽情施展才华、实现自我价值的平台。近年来,不少出版社都程度不同地实行了双效目标考核责任制,实施的效果却不一样,有的出版社成效显著,有的出版社却是流于形式,其中的原因在于激励形式单一化,偏重于满足职工的物质需求而忽视满足职工高层次的精神需求。出版社的激励考核制度之所以起到了调动积极性的作用,主要原因就是出版社的主要领导以身作则,身体力行地做群众的表率,以领导的人格力量凝聚人心,将制度的约束力与领导的感召力结合在一起,使激励机制产生了作用。因此,要在出版社大力推行以人为本的现代管理,善于营造氛围。总编辑要善于把自己的意图变成全社员工的共同行动,善于调动各方的积极性和创造性,充分发挥大家的聪明才智。

实践告诉我们,出版社的编辑不但是经济人,还是社会人。作为经济人,他们有着基本的物质需求,需要从劳动中获得报酬,以维持自己的生存和发展;作为社会人,他们有着丰富的精神需求,他们有归属的需求,需要从出版社知名度的提高中,分享集体荣誉感,他们有成就的需求,需要从有社会意义的创造性劳动中得到提高,需要从自己的劳动成果中发现、证实自己与众不同的存在价值。一些出版社虽然也建立了经济考核指标,但总编辑往往激励手段简单,激励渠道单一,其工作仅停留在对考核指标的制定中,一定了之,一包了之,没有按照建立学习型组织的要求把出版社打造成让每个人都成为出版社有用之才的大学校,没有运用多种有效激励手段,把职工在经济考核或岗位竞聘中激发出来的工作热情升华到实现自我价值的文化层面,没有引导职工在崇高的劳动中进一步认识自我价值,认识自我劳动。因此,尽管责任制实行了多年,但出版社的内部凝聚力、创造优势互补等组织功能并没有得到强化,出现了编辑单干化的倾向,编辑都忙于完成自己的任务,很难感受到强烈的群体氛围。

6. 有果断的决策能力

果断的选题决策能力来自对图书选题的市场判断力。现代出版竞争已从"大鱼吃小鱼"转向"快鱼吃慢鱼"。"快"集中体现在出版社的选题决策上。快捷而正确的选题决策,来自编辑的市场判断力,来自总编辑的决策水平。一个目光敏锐、感觉到位的总编辑,能对选题或书稿的市场价值迅速作出准确的判断,并在第一时间将图书投放市场。提高选题的市场判断力,以准确的选题决策抢占先机,成了现代总编辑必备的营销品质和出版社竞争制胜的法宝。图书出版有一定的周期,从确定选题到投放市场,短则几周几月,长则一年或数年。一部书稿在成书投放市场之前,能不能获得预期的有效发行量,是一个变数,需要总编辑根据自己的经验和感觉,根据对图书市场某类图书走势的观察和分析,作出正确而及时的判断。因此,总编辑的市场判断力,成了图书出版竞争的重要因素。

在出版界不乏这样的现象:同样的作者、同样的书稿,有的总编辑因目光短浅,视珍宝为蘩荨,不但看不上眼,还提出种种比较苛刻的条件,或是提出要作者自己包销一定数量的图书,以加大图书出版的保险系数,或是提出要作者压缩字数,以减少出版社的投入,降低出书的风险;有的总编辑却如获至宝,不但不要作者承担任何经济责任,还付给高稿酬。这就说明,对一部书稿的评价和决策,能比较集中地反映出一个总编辑的水平和能力。有较高选题决策能力的总编辑,往往能在别人还犹豫不决之时,根据自己对所掌握的细分市场规律的认识和悟性,果断地作出决策,率先进入市场。如著名作家二月河所著的《二月河全集》的出版就是一个典型事例。这套书的定价在300元以上,出版社的前期投入,以图书码洋的20%计算,加上版税,出版10万套图书,需要投入的资金达1000万元,对一个经济实力并不雄厚的地方文艺出版社来说,作出这个决策有很大的风险,但该社的总编辑认为这个风险值得一担。他凭着对长篇历史小说细分市场情况的了然于胸,凭着对市场超乎常人的敏感,凭着该社强有力的分销渠道及遍布全国的零售网络,当机立断地与二月河签订了合同。两年过后,该书的销售超过了10万套,该社从中获得了可观的市场回报,同时还在出版名家巨著的过程中打造了出版社的品牌,赢得了作者的钦佩,不少作家为该社的市场营销实力所折服,纷纷把自己的得意之作交给该社出版。

7. 有打造优秀团队的能力

总编辑的水平和能力,在很大程度上体现在出版社团队的整体素质上。一个编辑队伍整体素质不高的团队,在一定程度上体现了总编辑工作的失败。总编辑当然应当成为全体编辑人员的表率,总编辑的政治方向、学术素养、业务能力、道德修养,应当在编辑部门得到肯定,受到敬重。但总编辑为人师表的目的,并不是独善其身。一个称职的出版社总编辑,不仅要在人品、学识、治学精神和工作能力上堪称编辑的楷模,而且要有意识地把出书与育人结合起来,在工作中注意培养编辑、锻炼队伍,把选题策划、市场营销的过程变为提高编辑人员综合素质的过程。出版社不但是一个文化企业,还应该是个学习型的组织,在对编辑制定各种双效考核指标的同时,要着力营造一种良好的创业氛围。针对出版社的特点和广大编辑人员的需求,出版社应组织各种形式的业务技能交流活动,如召开图书效益分析会,对出版社、图书效益进行分析;举办多种形式的图书营销经验交流会,请营销成功的编辑介绍经验;举行业务讲座沙龙活动,或是请全国一流的专家学者来出版社为编辑们讲课,帮助编辑拓展视野,改善知识结构,更新思维方式;请本社在某些方面做得比较突出、有显著贡献的编辑现身说法,介绍经验,让个人的经验成为全社的精神财富;从政策层面上鼓励编辑钻研编辑出版理论,对在专业报刊上发表理论文章的编辑进行一定的奖励,鼓励编辑岗位成才;有计划地选送有培养前途的编辑到国外的知名出版研究中心进行培训;等等。总编辑要特别注意培养中青年编辑,使他们成为出版工作的骨干。有的总编辑在培养队伍方面有独到之处。他们要求编辑策划一个选题时,首先要对该选题涉及的有关学科进行广泛的市场调研,并写出有分量的调研报告,使自己先装满一桶水,再以一桶水的底子去策划选题。这样,通过这本书的出版,编辑了解了学科的最新研究成果和市场的发展方向,既出了好书又培养了人才。这些宝贵的经验很值得总编辑学习和借鉴。

第二节　总编室的职责

总编室是编务工作的组织者和管理者,是总编辑的参谋机构,是图书出版社业务工作的中心枢纽,在编辑和领导之间起着承上启下的关键性作用,在编辑工作的运作中发挥着重要的管理作用。总编室应履行的主要职责包括选题管理、书号管理、图书质量管理、图书档案管理、图书宣传与评介、图书奖的参评组织以及著作权管理与涉外版权贸易管理等,责任十分重大,工作十分繁琐。

一、总编室的主要职责

总编室的职责主要有以下十项。

（1）组织出版社的选题策划、选题申报和选题计划的实施。

（2）组织书稿的三审和三校。

（3）对书稿编辑加工质量进行监督管理。

（4）管理图书编辑加工、校对、印制的生产流程和生产进度以及图书的审稿单、发稿单、发排单、出版合同等图书编辑档案。

（5）组织书评稿件,开展图书宣传工作。

（6）负责编辑部内部稿件的组织和调配工作。

（7）负责社外编辑的组织和管理工作。

（8）负责实施重点选题的运作。

（9）负责各种图书奖的组织参评工作。

（10）负责编辑部的综合考核和效益酬金的再分配。

二、总编室工作的特点

1. 政策性

总编室工作的政策性比较强,有关出版管理的政策和管理制度是总编室工作的依据,因此,总编室工作人员要认真学习、掌握有关的出版方针、政策和法规制度,在具体实践中,对出版社的各种编辑出版行为能够正确、迅速地作出正确判断和妥善处理。具体来讲,要把好政策关和手续关,严禁出版违背党的出版方针、国家出版政策法规的图书。作为出版社重要的管理部门,总编室应协助编辑室正确执行出版政策、法规,使编辑工作做到操作规范、科学、有序、高效。

2. 服务性

总编室的工作带有明显的服务性,要以参与服务为己任。总编室要组织编辑工作各项计划的制订、实施,协调各环节的关系,联系作者、读者,管理版权业务,为编辑工作提供优质服务,促进图书质量的提高。总编室要参与出版工作的几乎所有环节,一本书,从选题策划、书稿加工到印制出版,都倾注着总编室工作人员的心血。总编室不可避免地要参与出版业的改革,其中包括精心指导套书、丛书、重点书等重点图书的编辑工作,组织各类图书奖的参评工作,组织重点图书的申报工作,上情下达,下情上达,制定有关方案,起草有关汇报材料,为出版社出台有关制度作好文本上的准备,规范管理,等等。总编室又是出版社重要的对外联系机构,不仅与上级行政部门有密切的联系,还与同行进行广泛的业务交流。如在出版社的图书宣传中,总编室要加强与有关报刊等媒体进行联系和沟通,组织出版社与新闻媒体进行联谊活动。在选题、合同、稿费、样书等管理过程中,要与作者直接发生联系。总编室在开展上述业务时,其态度、行为、效率直接关系到出版社的信誉与声誉。这些工作要求总编室既要参与管理,又要做好服务。管理和服务是统一的,不是对立的。总编室工作人员要把管理作为一种服务,在管理中提供良好的服务,在服务中体现到位的管理。编务工作是一种政策性很强的编辑组织管理工作,工作内容涉及各个方面,是联系编辑部上下左右及内外的桥梁和纽带,其重要作用在于促进出版方针的贯彻、出版管理的加强、信息的沟通、编辑工作流程的通畅、各部门关系的协调、工作步调的一致、上下环节的衔接。

3. 科学性

总编室的工作要以科学化、现代化为方向。目前,由于多种原因,不少出版社总编室编务管理软件的开发、使用还远远不能适应需要,出版社的选题、发稿、书号发放管理还停留在简单数据库的水平上,有的甚至还处于手工操作阶段。随着网络的发展,总编室要加快管理现代化的进程,建立出版社网站,迅速获取、发送、交换和处理各种信息;积极学习并应用先进的出版系统软件,充分利用现代化管理手段,特别是充分利用国际互联网,借助网络平台,实现无纸化办公,提高编务管理的水平,提高编务管理的成效。书号实名申报制度对总编室的选题和书号管理提出了更高的要求。总编室要把好书号实名申报前的程序关,确保每部书稿在实名申领书号前,都达到规定的要求,这样有助于规范编辑行为,落实三审制,确保选题和书稿的质量。

第三节　编辑室的职责

编辑室是出版社的基本组成单位,是编辑们的具体工作环境,每个编辑都通过编辑室与出版社产生联系,又通过出版社与社会产生联系。在一定意义上,编辑室是编辑们的社会环境。编辑室的气氛融洽,编辑们畅所欲言,和睦相处,相互之间不用设防,能给编辑带来愉悦的精神享受,使编辑心情舒畅地工作,积极性和创造性能得到较好的发挥。因此,在出版社的发展中,编辑室具有举足轻重的作用。编辑室是出版社这个系统的一个子系统,按照系统理论的观点,系统与子系统在良性互动中才能产生合力,促进系统的发展。

编辑室的职责主要体现在以下六个方面。

1. 规划出书方向,形成出书特色

任何一个出版社都有自身的发展方向,如无自身的发展方向,难以自立于出版之林。出版社的特色建立在编辑室特色的基础之上,不同的编辑室形成各自的特色,出版社的特色也就立在其中了。各个编辑室的职能和分工各有不同,正是这些不同,为编辑室树立自身的特色提供了可能。编辑室主任首要的职责便是根据编辑室的性质和编辑的专长,为编辑室规划出书方向,对本室编辑人员的个性作具体分析,按照术以专攻的常理,帮助每位编辑人员制定职业发展规划,选择、确定选题方向。编辑室的选题规划建立在编辑个体的基础上,编辑个体的积极性、能动性、创造性尽情发挥之时,就是编辑室选题规划形成之日。

2. 确定选题的突破口

编辑室的选题规划能否顺利实施,取决于编辑个体的选题方向、选题特色能否形成,而编辑个体的选题方向、选题特色能否形成,则取决于能否找准选题策划的突破口,突破口找准了,就能使选题向市场的纵深延伸,在延伸中形成新的市场空间。突破口就是市场的空白点,在图书市场熙熙攘攘的表层下,潜藏着很多不为人所知的市场空白点,找到了这个空白点,就找到了选题策划的突破口。选题好比是一棵有着无数分支的大树,每个分支都有可能成为选题的突破口,因此,编辑室主任要努力发挥编辑室团队的群体功能,帮助每个编辑找准选题的突破口。如有的出版社知识读物编辑室的编辑长于策划科普读物,而在科普读物中又长于策划一些体现最新科技成果和科学方法的读物,这样就可考虑选择以体现最新科技成果和科学方法的科技界名家小传的选题作为本室选题的切入点,以此为着眼点和着力处,拟定本室的出书规划。只要读者的需求没有穷尽,选题策划的思路就不会枯竭,关键在于要做有心人,善于从平淡中发现神奇,从习以为常中发现不同寻常之处,在单个选题向系列选题的延伸中,做大规模。

3. 组织选题论证

编辑室作为编辑与出版社的中介,在选题论证中起着重要的作用。编辑申报的选题,必须经过编辑室的认可,才能进入出版社的论证环节。因此,编辑室对编辑申报的选题质量的把关,成了编辑室的重要职责。有的编辑室主任碍于情面,怕承担责任,对编辑申报的选题全部照转,这是不负责任的表现。编辑出于认识的局限等原因,申报的选题难免存在这样或那样的问题,指出编辑申报选题存在的问题,帮助编辑对选题进行修改和完善,这既是编辑室职能的体现,也是编辑所希望的。当然,我们说的把关,不是把不成熟的选题"枪毙"了事,而是要善于指出选题中存在的问题,并注意发挥编辑室团队的智慧,组织编辑室成员对选题进行论证。每个编辑的经历、专长、研究方向、市场感觉不尽相同,对同一选题也会有不同的看法,这些不同的视角,恰恰是选题论证所必需的。通过对每个选题的品头论足,把选题策划思路中存在的问题充分暴露出来,有助于编辑对选题进行再思考、再修改、再完善,为出版社组织的选题论证打下基础。

4. 组织稿件和组织作者队伍

组稿工作也是编辑室的基础工作,组稿能否落实,直接影响到编辑室选题规划的实现。因此,选题确定之后,物色合适的作者成了编辑室的要务。编辑室主任作为编辑室的领导者,在日常工作中,要与编辑多交流,对每位编辑所联系和掌握的作者的特点、潜能,要有较为深入的了解,这样才能对编辑特别是青年编辑进行有效的指导。组稿工作质量如何,与编辑室主任对作者队伍的关注程度和作者队伍建设有密切的联系。有经验的编辑室主任,除关注与出版社有工作关系的作者外,对没有建立工作关系但有创作实力、创作潜力的作者,也不忘提醒编辑与之保持联系。只有当编辑室把与有工作关系的和曾有过工作关系但事后无联系的作者都纳入作者队伍中给予关注,出版社的作者队伍才能壮大起来。

5. 协调编辑室的人际关系

在编辑室,每个成员既是群体氛围的营造者,又是群体氛围的享受者。在良好的氛围中,大家都是受益者;反之,如果氛围不好,互相钩心斗角,互相提防,甚至互相拆台、互相攻击,谁都是受害者。现代心理学示范效应的原理表明,每个群体都有不同的群体价值观,氛围则是群体价值观的体现。作为编辑室领导的编辑室主任要协调好各方关系。协调关系包括两个层面。一是协调与副主任的关系。尊重副手，发挥副手的作用，既要统揽全局，又要鼓励副手大胆工作，为副手提供一定的施展身手的空间，让副手感到同样有作为。二是协调与编辑室成员的关系。出版社带有学术团体的性质，因此不能采取下级服从上级的简单做法，而要求编辑室主任多一些民主意识，有事和大家多商量，对工作中出现的不同意见，多采用求同存异的方法处理，既允许别人提意见，也要允许别人提不成熟的意见，遇事不先入为主，对成员礼贤谦让、公平相待、和气相处，这样才能营造出一种宽松和谐的工作环境。

6. 把好书稿质量关

（1）做好复审工作。复审工作是编辑室主任日常工作中的重要一环。编辑室主任对初审工作中有成效的地方，要予以充分肯定，对初审中的不足之处要提出意见，但要有足够的理由，不但要指出错误，还要讲明为什么是错的，让初审编辑心悦诚服地接受，这样有利于错误的改进。当然，编辑室主任指出初审的错误，并不表明他比责任编辑高明，主要是看问题的视角不同。复审的重点，主要是检查是否把握住书稿主题与内容的一致性，或者说书稿内容是否再现了主题，其次是要检查是否关注了书稿内容的结构性，检查书稿在节题设置上有无层层递进的关系，在内容情节的敷陈上有无违背逻辑的地方。

（2）为终审作准备。从出版社的审稿流程上说，终审主要是把政治关，一般不处理编辑技术诸如图文合成、书稿结构、逻辑方面的问题。但在现实工作中，对有些特定内容的书稿，终审要做不少这方面的工作，这样难免会影响审稿的时效性。编辑室主任把住了复审关，实际上为顺利地完成终审做了准备工作，这有助于推动全社工作的进度。特别是在任务紧的情况下，这一点尤为重要。

第四节　编辑的分类

一、编辑专业技术职务的类别

出版社根据编辑工作的需要，可以设置相应的编辑专业技术职务。编辑专业技术职务可分为三类：第一类是编辑系列；第二类是技术编辑系列；第三类是校对系列。编辑系列(含美术编辑)可设置编审、副编审、编辑、助理编辑,其中编审、副编审为高级职务,编辑为中级职务,助理编辑为初级职务。技术编辑系列设技术编辑、助理技术编辑、技术设计员,其中技术编辑为中级职务,助理技术编辑、技术设计员为初级职务。校对系列设一级校对、二级校对、三级校对,其中一级校对为中级职务,二级校对、三级校对为初级职务。

二、编辑专业技术职务的结构

编辑的专业技术职务应有合理的结构比例,与出版单位所承担的任务及按任务所确定的编制相适应。在一般情况下,应该是宝塔形的结构,专业技术职务的等级越高,则人数越少,即初级专业技术职务的比中级专业技术职务的多,中级专业技术职务的比高级专业技术职务的多。

三、编辑的任职条件

聘任出版专业技术职务的主要依据是:担任各级职务的出版专业人员,必须具备履行相应职务职责的实际工作能力和相应的专业知识及业务水平,并应具备相应职务规定的学历和从事出版专业工作的实绩及资历。各类编辑工作专业人员的任职条件如下。

(一) 助理编辑

1. 任职条件

(1) 获得学士学位或大学本科毕业,经过一年见习期,掌握本专业的基础理论和基本的编辑业务,有一定的文字水平,经考察表明能履行助理编辑职责。

(2) 获得硕士学位或研究生班毕业证书或第二学士学位证书,经考察表明能履行助理编辑职责。

2. 职责

(1) 协助编辑进行工作。

(2) 在编辑指导下,收集、整理有关学科的情报、信息,联系本学科的著译人员,参与选题、组稿,检查校样、样书,承担书籍重印前的准备工作。

(3) 在编辑指导下,初审和加工稿件,或经批准担任责任编辑。

(4) 参加本学科教学、科研、教材建设等方面的调查研究,练习撰写书讯、书评。

(5) 承担编辑室内其他工作。

（二）编辑

1. 任职条件

（1）担任助理编辑职务四年以上，具有本专业扎实的基础理论知识，熟练地掌握编辑业务，能独立处理稿件，有较高的文字水平，经考察表明能履行编辑职责。

（2）获得硕士学位且担任助理编辑职务两年，或获得研究生班毕业证书或第二学士学位证书且担任助理编辑职务两至三年，或获得博士学位，经考察表明能履行编辑职责。

2. 职责

（1）收集和研究本学科的学术动态和出版信息，负责来稿的审查，负责拟定本学科教材、教学参考书和学术著作的选题、组稿规划和出书计划。

（2）独立审查、加工整理稿件，检查自己承担责任编辑的图书成品。负责再版、重印图书的审读。

（3）做好图书宣传工作，撰写书讯、书评。

（4）总结编辑工作经验。协助高级编辑人员指导助理编辑和见习编辑工作。

（5）进行教材、编辑业务和有关学科的研究。

（6）承担编辑室内其他工作。

（三）副编审

1. 任职条件

（1）担任编辑职务（或出版专业人员中级职务，具备大学本科学历）五年以上，或获得博士学位且担任编辑职务两年以上。

（2）有较广博的科学文化知识，对某学科有较深的研究，有达到一定水平的专著或译著，或编辑了一批好书。

（3）能解决编辑业务中的疑难问题，指导编辑工作（负责技术编辑或校对方面工作的副编审要能培养该专业的专业人才）。

2. 职责

（1）负责有关学科的来稿审查，协助编辑室主任或总编辑复审或终审某些重要稿件，解决审稿中的疑难问题，负责主持有关学科的审稿会议。

（2）担任重要书稿和难度较大的书稿的责任编辑。

（3）收集和研究有关学科的学术动态和出版信息，主持或参与制订有关学科的选题规划和出书计划。

(4) 指导和培养专业人才。

(5) 主持或参加编辑学等方面的或本学科的学术研究工作,撰写有关论文或编写教材。

(6) 承担总编辑或编辑室主任委托的工作。

(四) 编审

1. 任职条件

(1) 已熟练地履行副编审职责,担任副编审职务五年以上。

(2) 科学文化知识广博,对某学科有系统的研究和较深的造诣,有达到较高水平的专著或译著。

(3) 有较高的政策、理论水平,能指导专业进修和完成重大编审任务,工作中有较大贡献。

2. 职责

(1) 除担任副编审职责范围的工作外,主持制订选题规划和出书计划,组织社会力量和编辑人员实施。

(2) 终审某些重要稿件,或经总编辑授权签发稿件,必要时对重要书稿进行审查、加工。

(3) 总结编辑工作经验,从事编辑学等方面的或有关学科的学术研究工作,撰写论著或教材,指导和培养专业人才。

(五) 技术设计员

1. 任职条件

(1) 高等学校专科毕业或中等专业学校毕业,从事有关出版技术工作一年以上,或高中毕业从事有关出版技术工作两年以上。

(2) 初步掌握本专业的基础知识,了解编辑、印刷常识,能完成一般的有关出版技术工作的任务。

2. 职责

(1) 参与一般书稿的有关(版式设计、插图设计、绘图、印制等)技术工作,经批准,独立完成书稿的有关技术工作任务。

(2) 承担本部门其他工作。

（六）助理技术编辑

1. 任职条件

（1）高中毕业担任技术设计员职务五年以上，或中等专业学校毕业担任技术设计员职务三年以上，或高等学校专科毕业担任技术设计员职务两年以上，或大学本科毕业经一年见习期满。

（2）掌握本专业的基础理论知识，能独立完成有关出版技术工作任务，解决有关出版工作中遇到的技术问题，了解出版、印刷业务，熟悉常用外文字体，工作中有一定成绩。

2. 职责

（1）承担一般或较复杂书稿的有关技术工作。

（2）收集和研究与本职工作有关的情报、资料，结合工作实践，写出有助于改进工作的经验总结或研究报告。

（3）承担本部门某些管理工作或设备维修工作。

（七）技术编辑

1. 任职条件

（1）具有大专以上文化程度，担任助理技术编辑职务四年以上。

（2）具有扎实的本专业基础理论知识，能熟练地完成有关出版技术工作任务，较好地解决有关出版技术工作中遇到的各种问题，熟悉出版、印刷业务，工作成绩显著。

2. 职责

（1）承担重要或复杂书稿的有关技术工作，研究特殊书稿的设计方案，解决本职工作中的各种技术问题。

（2）负责检查有关技术工作的质量。

（3）指导助理技术编辑、技术设计员进行工作。

（4）收集和研究与本职工作有关的情报资料，钻研有关本职业务的理论，结合工作实践，提出对本部门业务和管理工作带建设性的方案和建议，或撰写有关论文。

（5）承担本部门某些管理工作。

（八）三级校对

1. 任职条件

（1）高等学校专科毕业或中等专业学校毕业，一年见习期已满，或高中毕业从事校对工作两年以上。

(2) 初步掌握校对专业的基础知识,了解编辑、印刷常识,能初步处理校样中的有关问题,按照质量、数量要求完成一般校对任务。

2. 职责

(1) 承担一般书稿的责任校对和核对付型工作。

(2) 负责向责任编辑提出书稿中的疏漏、错别字和不妥之处。

(3) 承担本部门其他工作。

(九) 二级校对

1. 任职条件

(1) 高中毕业担任三级校对职务五年以上,或中等专业学校毕业担任三级校对职务三年以上,或高等学校专科毕业担任三级校对职务两年以上,或大学本科毕业经一年见习期满。

(2) 掌握校对专业的基本理论和出版、印刷知识,能独立处理校样中的有关问题,完成一般稿件的整理付型工作,有一定的中文水平,熟悉常用外文字体,工作中有一定成绩。

2. 职责

(1) 承担一般或较复杂书稿的责任校对和核对付型工作。

(2) 经批准,负责检查"三校"质量,解决校样中的疑难问题。

(3) 承担本部门某些管理工作。

(十) 一级校对

1. 任职条件

(1) 具有大专以上文化程度,担任二级校对职务五年以上,或大学本科毕业担任二级校对职务四年以上。

(2) 具有较广泛的科学文化知识,系统掌握校对专业的基本理论,熟悉出版、印刷知识,能熟练地完成"三校"任务,妥善处理校样中的疑难问题,工作成绩显著。

2. 职责

(1) 承担各种复杂书稿的责任校对和核对付型工作。

(2) 检查"三校"质量,解决校样中的疑难问题。指导二级校对、三级校对进行工作。

(3) 钻研校对专业理论,结合工作实践,提出对本部门业务和管理工作带建设性的方案和建议,或撰写论文。

（4）承担本部门某些管理工作。

（十一）助理编辑（美术）

掌握本专业一定的基础理论和专业知识,具有基本的业务能力和鉴赏能力,在中、高级美术编辑指导下,能完成专业工作任务。

（十二）编辑（美术）

具有扎实的美术基础理论知识,掌握本专业的国内外现状和发展趋势,了解出版、印刷业务,有较准确的鉴赏能力和较高的文字表达能力,能独立完成专业工作任务。

（十三）副编审（美术）

具有较广博的文学、美术理论知识,有较高的艺术修养和鉴别能力,有一定数量的水平较高的美术作品或达到一定水平的美术理论译著,能指导和解决书籍装帧、美术创作中的重要问题。

（十四）编审（美术）

具有广博的文学、美术理论知识,对书籍装帧、美术的某方面有系统的研究和较深的造诣,有较高的鉴赏水平,有一定数量的优秀的美术作品或较高水平的美术理论译著,在培养人才方面成绩显著。

第五节　编辑的素质

编辑是出版生产力中最积极、最活跃、最起能动作用的因素,编辑的素质在很大程度上决定着出版社的发展。因此,出版社要把提高编辑的素质、提高编辑的战斗力、发挥编辑的作用放在第一位,以编辑队伍整体素质的提高带动整个出版社员工素质的提高。编辑的素质主要由两部分组成,第一部分是编辑的政治思想素质,第二部分是编辑的专业素质。编辑的政治思想素质主要体现在正确的政治方向和高尚的职业道德两个方面。编辑的专业素质主要体现在知识结构、信息意识、文字功底、审美能力等方面。

一、编辑的政治思想素质

编辑工作者担负着宣传马克思主义,宣传党的路线、方针、政策的重任,是科学文化知识的传播者。编辑具备良好的思想素质和业务素质,才能担负起这一神圣使命。编辑的政治思想素质包括编辑的政治思想水平和编辑的职业道德修养两个方面。

(一) 编辑的政治思想水平

编辑从事的是文化传播和积累的创造性工作,是对各种文化成果的选择,因此,编辑必须有较高的政治思想水平。政治思想水平集中体现在对各种选题和书稿的鉴别能力上。有较高政治思想水平的编辑都有一种自然的职业敏感,对任何一部书稿,首先从政治思想内容上进行选择和判断。也就是说,要善于从无疑处存疑,不妨对书稿多问几个为什么,多提出几个问题,多几个心眼,多设想几个可能,这样才能确保书稿在政治上不出问题。编辑是书稿把关的第一道关口,而且是非常重要的第一道关口。实践也表明,图书出问题,一个主要原因,就是责任编辑没有把好书稿的第一道关口,对不该放行的书稿发放了通行证。

编辑的政治思想水平主要包括以下两个方面的内容。

1. 牢固地树立并强化社会效益至上的观念

编辑工作的特殊性决定了编辑工作绝不能在政治上出问题。出版无小事,编辑工作无小事。编辑工作要么不出问题,一出问题,就不会是小问题,而这些问题的发生,会或多或少地给党和人民带来一定的损失。轻则在人们思想上造成一些混乱,影响、干扰党和国家有关方针、政策的顺利实施;重则影响社会的安定团结,不利于社会发展的推进。

2. 培养高度的职业敏感

编辑工作的特殊性要求编辑对涉及政治方面的书稿要有一种职业的敏感,能产生一种本能的警觉,形成一种职业的"抗体"。编辑要接触到大量选题或书稿,在这些选题或书稿中,有的书稿的政治色彩淡一些,有些书稿的政治色彩浓一些。编辑工作的实践证明,对那些从国外引进的书稿、政治色彩比较明显的书稿、涉及社会敏感题材的书稿、面向青少年的书稿等,编辑在选择中要慎之又慎,多长几个心眼,对书稿多问几个为什么。在这些书稿的处理上,编辑千万不要自作主张,不要去担不该担的风险,要严格执行编辑工作纪律,对那些在政治思想上与党中央的方针、政策明显不符的书稿,该枪毙的坚决枪毙;对那些在政治思想上没有很明显的错误,但某些提法让人把握不准的书稿,可采取请专家审读的办法进行妥善处理,以确保政治上的万无一失。对那些政治色彩不太明显的专业技术类的书稿,也不能掉以轻心,同样要有政治敏锐性。如果编辑在这方面多一些政治敏感,多留些神,多一点把关的意识,就可以避免差错的发生。

(二)编辑的职业道德修养

每个行业都有其各自的职业道德,这是指职业特质而言的。师德曰学高为师,德高为范;医德曰救死扶伤,治病救人;商德曰货真价实,诚信待人。职业道德与社会分工联系在一起,与职业的社会作用、社会功能、社会责任联系在一起,是从业人员在职业活动中应当遵守的道德。职业道德是社会分工所产生的对从事不同社会工作的从业人员的行业要求和行业准则,体现了社会行业对从业人员最基本的道德底线的要求和制约。编辑工作是社会主义精神文明建设的重要组成部分,是一种育人铸魂的崇高劳动,因此尤其要讲求职业道德。编辑人员的职业道德素养如何,不仅关系到自身的发展,还关系到出版社所传播的出版物在社会上产生的各种影响,关系到社会政治舆论导向的正确性。编辑职业道德是编辑工作者在出版物编辑出版过程中应遵循的道德。它是职业道德要求与编辑职业的具体实践相结合的产物,既符合社会主义道德的普遍要求,又具编辑职业的特征。它是编辑应具备的生活、工作准则以及行为规范。我国《公民道德建设纲要》中对职业道德的表述为:"爱岗敬业、诚实守信、办事公道、服务群众、奉献社会。"这20个字适应于各行各业对道德的普遍要求,编辑职业道德也可归纳其中,但根据新闻出版行业的特点,编辑职业道德还有其他的要求。

1. 编辑职业道德的核心

编辑职业道德的核心是为人民服务,具体地说,是为实现广大人民群众的根本利益服务。编辑工作在本质上是一种面向社会大众的服务性工作,编辑的一切工作都要符合最广大人民群众的根本利益,而不能只迎合少数人的需要,为少数人的利益服务。为人民服务,"爱岗敬业、诚实守信、办事公道、服务群众、奉献社会"是职业道德的普遍要求,同样也是编辑职业道德的要求。要结合编辑职业的实际,结合编辑职业的特征,将社会职业道德普遍要求转化为对编辑职业的具体要求,在把职业道德的共同要求具体化的过程中,使编辑的职业道德具备一定的可操作性,以便于广大编辑在实践中施行。道德的中心问题是个人同他人、个人同社会集体利益的关系问题。为人民服务作为编辑职业道德的核心,就是要求编辑热爱人民,对人民负责。编辑应该是一个能够为他人服务,具有奉献精神的人。编辑是一种传承文化、塑造人的灵魂的崇高而光荣的职业,能给人以职业荣誉感,同时,它也是政治性、思想性、科学性很强的工作,是很艰苦、很细微的工作。编辑通过创造性的劳动把作者的劳动成果通过一定的载体尽可能完美无缺地奉献出来,把作者的劳动成果转化为社会财富,从这个意义上说,编辑还是一种服务性工作,编辑在具有荣誉感的同时必须具有奉献精神。韬奋奖是我国出版工作者的崇高荣誉,它是以出版人的丰碑——邹韬奋先生的名字命名的。毛泽东曾为韬奋先生题词:热爱人民,真诚地为人民服务,鞠躬尽瘁,死而后已。这就是邹韬奋精神,是邹韬奋先生所以感动人的地方。作为编辑,在自己的职业活动中,就要具备"韬奋精神"。

2. 编辑职业道德的基本点

编辑职业道德的基本点就是尊重作者的创造性劳动成果,为进一步完善、开发、实现、转化作者的创造性劳动成果而奉献自己的全部智慧和才情。这就要求编辑热情、真诚地对待作者,尊重作者的人格、著作权,尊重他们的劳动成果,对其稿件作出客观的评价,帮助作者修改、完善稿件。必要时,编辑可提前介入作者的创作活动,根据自己对图书市场和读者需求变化、发展情况的了解,对作者的创作提出有效的参考性、建设性意见。大多数作者写的是自己熟悉的东西,不一定了解市场、了解读者需求,编辑要起协调和搭桥作用。稿件修改时,如与作者发生分歧,不能以居高临下的姿态,以"权"挟人,更不能为谋利放弃原则。在交往中,不能利用编辑权力谋私利,不得剽窃作者的劳动成果。在市场经济条件下,固然要重视作者名气对市场的号召力,重视名家,但也不能以"名"取人,稿件取舍要出于公心,要具有发现、扶持新作者的观念。许多编辑经过自己的努力使名不见经传的作者成了非常有影响的人物,使其作品成了家喻户晓的作品,而这些编辑在其荣誉的背后默守着谦虚谨慎的操行。编辑的这种奉献精神,这种德行和与作者交往中的诚信,往往是稳定、扩大作者队伍,获得更多、更佳出版资源的力量。

3. 编辑职业道德的基础

编辑职业道德的基础是爱岗敬业,这是影响出版物编校质量的重要因素。热爱是最好的老师,热爱也是最强大的职业行为的动力,人只有在热爱一项工作的情况下,才会全心身地投入到工作之中,把所从事的工作作为自己生活的一部分。编辑工作是一种精神劳动,也是一种创造性的劳动,编辑工作做得好不好,取决于编辑工作者的主观能动作用。在编辑工作水平和编辑工作能力一定的情况下,编辑的工作有没有做到家,尽不尽心,在很大程度上影响着编辑工作的成效。在很多情况下,编辑的主观能动性并不是成文的编辑工作制度或规定所能驱策的，因为编辑工作的制度制定得再完善，也不可能涵盖编辑工作的所有方面。作为编辑工作者，只有具有全心全意为人民服务的精神，才能在处理书稿时尽最大的努力，发挥自己的聪明才智，使书稿的质量得到进一步提高。编辑的敬业精神首先表现为对书稿编校质量的负责。近代大编辑家、商务印书馆创办人之一张元济就是这方面的典范。历史上流传下来的二十四史谬误不少，他主持编纂百衲本《二十四史》，为提高图书质量，寻觅善本，走遍国内所有的藏书楼，抄录、摄影、比较、甄别，真是呕心沥血。《二十四史》共820册、3301卷，编完后，张元济先生一页页校对三遍，付印时一页页签上自己的名字，以示负责。他从事编辑出版工作60年，任何事情都认认真真、一丝不苟。邹韬奋先生也说过："我不愿一字一句我所不懂或不称心就随便付印。""看校样时聚精会神，就和写作时一样，因为我的目的是不让它有一个错字。"这就是编辑敬业精神的体现。在我们周围，也有不少的编辑，在平凡的岗位上，体现了这种不平凡的精神。

4. 编辑职业道德的内涵

编辑职业道德的内涵是树立正确的义利观。中国自古就有"义利之辨"。我们社会主义的义利观是把国家、人民利益放在首位而又充分尊重公民个人的合法权益。编辑职业与"名利"二字紧密相连，因此，正确的义利观是编辑职业道德的重要内涵。编辑应坚持社会主义义利观，把自觉坚持社会主义义利观与维护个人合法权益结合起来。编辑中有不胜枚举的动人故事。如有一位资深编辑，几十年编了几百本书，许多书稿上记录着他批注改稿件的密密麻麻的文字，但几十本书上作者署名均是他人。有人问他有何想法，他说："编好书稿是我的责任，在人家的荣誉和快乐中也有我的快乐。"这便是一个编辑的道德认知和道德情感。还有一个两句留言的故事。一个编辑为一部长篇小说的编辑出版呕心沥血，后来这部小说及作者名声大振。作者拿了稿费觉得心里不安，认为编辑花的心血实在不少，便寄去一些钱，留言处写上"请笑纳，请理解"。编辑收到后，觉得心里不安，认为不能分作者稿费，便退寄回去，留言处写上"请收回，请理解"。这份充满职业道德光辉的短笺，为我们树立了精神楷模。当然，强调道德义务、道德责任并不排斥道德生活需要，并非无视义务和权利的对等性。我们应该有义利统一观。在市场经济条件下，只有把对社会群体利益的关心和责任与对个人利益的追求结合起来，才能实现出版业市场运行的优化。

应该指出的是，在市场经济条件下，编辑职业道德正在经受前所未有的挑战，编辑工作者的道德意识受到很大的考验。在太多的诱惑下，为获取经济利益而牺牲社会效益，参与非法出版活动，内外勾结牺牲集体利益，这些近乎职业欺诈、不守诚信的道德失范行为确实存在。如有的编辑为了谋取私利,将自己组到的好稿不给出版社,而是以高价转让给其他出版社,从中牟利。这方面,除了有出版社激励上、制度上的问题外,编辑职业道德的沦丧也不能不引起我们的注意。义利观的模糊、人生价值观的世俗化使编辑职业道德建设成为愈来愈重要的课题。

职业道德的建设需要教育,需要法律,需要舆论监督,需要道德环境,但最重要的是必须加强自我修养,因为道德是需要自律的。要充分调动外制力(主要是社会评价和立法监督)、内制力(主要指团体道德诉求和氛围)、自制力(主要指编辑自身的自我控制和自我优化)来调节编辑职业道德行为,使编辑在学习和实践中将编辑职业道德变成一种自觉的内心要求、一种坚定的道德信念。如果我们的编辑队伍职业道德达到这种层次,那么这支队伍将是一支出类拔萃的队伍,一定能不断生产出优秀的精神产品,推动社会前进。

二、编辑的业务素质

随着改革开放的深入发展,市场经济的运作规律正迅猛地介入我国的图书出版业,大面积地渗透到我国图书出版流程的各个环节,引发了一场深刻的变革。面对市场经济的冲击,旧有的出版机制和运作规律处于转换和重新整合的阵痛之中。同时,随着我国进入网络时代,随着信息在低成本复制中流量的急剧增长,无效信息产品增多和市场有效供应不足的矛盾更为突出,出版业的竞争日趋激烈。出版业的竞争越来越多地表现为出版物策划创意的竞争,越来越多地表现为出版物选题策划含量的竞争,编辑在出版社发挥着越来越重要的作用。编辑工作是图书出版工作的中心工作,主要体现在编辑的选题创意和选题策划思路上,在整个出版社生产中起着关键性、决定性的作用。编辑的作用和功能,不仅仅表现为对文化的选择、收集、加工和整理,文化选择只是一种静态的运作,是指对各种出版资源文化传播和积累的市场价值作出判断,在判断的基础上作出取舍的决定。编辑的功能和作用突出表现在对出版资源的整合中,而整合是一种动态的运作,通过对各种出版资源的有效开发和整合,针对市场的显现或潜在需求,将出版资源转化为社会需要的文化产品,使出版社用于图书出版的投入得到相应的市场回报。在网络时代,编辑的功能、作用正在发生着深刻的变化。编辑工作不再是传统意义上的对文化成果的选择,而是集中体现为通过对各种出版资源的有效整合,在选题物化和成形的过程中,把资源转化为社会需要的财富,以此激发读者需求,拓展市场空间,拉动社会、经济的发展。

计划经济体制下的图书编辑,在出版社的主要作用几乎是"纯技术"的,即主要解决出版过程中的技术问题,也就是偏重于"编书",对其业务素质的考察也主要集中在编辑技术上。但是,在图书市场竞争日趋激烈、竞争日趋白热化的态势下,这种偏重于"编书"类型的编辑已经远远不能适应新形势下出版产业的需要。也就是说,作为图书出版行业的主体力量,这种"编书型""技术型"的图书编辑,不可能在出版行业起到的主体作用。有关调查表明,从单纯的"编书型"编辑向"编书"与"做书"相结合的复合型编辑转化,已经成为现代编辑专业素质发展的趋势。在市场经济条件下,一个编辑要实现自己的抱负,除了要掌握"编书"的基本功,还要学会和掌握如何"做书"。与"编书"相比,"做书"具有更大的挑战性。做书,要求编辑要了解市场需求,在做好书稿加工的同时,拓展工作面,将编辑工作的触角向前后两端延伸:向前延伸就是提前介入作者的创作,对作者的创作进行有针对性的指导;向后延伸就是要关心图书的制作、发行和宣传过程,必要时要与营销人员密切配合,共同做好图书的市场推广工作。

总体说来,适合新时期需要的图书编辑的专业素质体现为以下九种意识。

1. 责任意识

责任意识是编辑最基本的意识。作为一个编辑,首先要解决为什么出书的问题。这个问题看起来十分简单,其实有着十分深奥的道理。在一次出版社的理论研讨会上,有个编辑提出了一个问题:出版社究竟是为了赚钱,还是为了传承人类文明?这个问题当时还真难倒了一些人。这说明解决为什么出书的问题,是每个编辑面临的最基本的、不可回避的问题。出版社当然不可能不追求经济效益,但出版社对经济效益的追求必须在确保社会效益的前提下进行,绝不能以牺牲社会效益为代价去追求经济效益,而是要确立两个效益一起抓,把两个效益统一起来的观念。编辑的责任到底有多大?可以这样说,编辑所担负的社会使命有多重,编辑的责任就有多大。编辑从事的工作,用一句简单的话来说,就是育人。人的成长历史,在一定意义上也是一个阅读的历史,任何人都是伴随着阅读而长大的,就是进入网络经济时代,在人们的学习方式中,阅读仍然是一种主要形式,而且是永远不会被取代的主要形式。而读者的阅读,在很大程度上取决于编辑对文化成果的选择,也就是说,读者阅读的读物,都是编辑选择的结果,编辑选择了什么,读者才能阅读到什么。从这个意义上说,编辑的责任确实十分重大,对编辑社会责任重要性的认识,怎么提高都不为过。市场上出现了一些曲意逢迎某些读者不健康的阅读情趣、单纯追求经济效益的图书,致使这些图书被管理部门下令停止流通,这些图书的出版单位也因此被要求停业整顿;更有甚者,个别出版单位竟违规操作,置国家的出版政策于不顾,结果也导致了自身的生存危机。这些现象的出现,都是片面追求经济效益的恶果。我国的出版行业,始终是社会主义精神文明建设的前沿阵地,任何置社会效益于不顾而单纯追求经济效益的行为都是行不通的。图书编辑作为图书出版过程中的直接责任人,没有责任意识就很难把好这一关。

2. 开放意识

图书编辑开放意识的形成,是与现代科技的发展、现代生活节奏的加快、信息量的增多、人们思维方式和审美观念的改变密不可分的。这就要求图书编辑在策划、编辑出版过程中,能够追踪最新的科学技术成果,了解读者不断变化、发展的阅读倾向,及时采用最新的出版技术,并在图书的选题、组稿、编辑艺术上贴近大众的思维方式和审美观念。此外,如何尽量缩短图书出版的周期也是一个需要重视的问题。我国加入WTO后,全球化浪潮不可避免地影响着我国的出版行业,我国的出版产业受到全球化浪潮的冲击。我国的出版产业具有先天的语种优势,有数量庞大的群体可以直接阅读中文图书,我国的出版产业规模却极为弱小,与西方发达国家有很大的差距。这种差距不但体现在运作方式上,也体现在出版资源、出版人才、出版物的数量和质量上。图书编辑开放意识、全球意识的提出,至少可以为缩短这一差距找到一个现实的坐标,同时有助于我国的出版产业迎接国际性挑战,将我们的出版物打入海外市场。

编辑的开放意识,主要体现在以下三个方面。一是要有开放的心态。目前,我们正处在新技术革命的时期,各种新的思想、新的观念、新的思维方式、新的资源整合模式不断地涌现出来,在这种情况下,编辑要使自己的知识结构和思维方式与时代保持同步,就必须有一个开放的心态,随时准备吐故纳新,敢于丢弃与时代精神格格不入的旧思想和旧观念,在任何时候都不盲目地自以为是,盲目地孤芳自赏。二是要有一个开放的知识结构。"海纳百川,有容乃大。"编辑要利用一切机会更新自己的知识结构,要像海绵一样地吸收各种知识。三是要有一个开放的沟通系统。编辑要善于与不同的对象进行沟通和交流,善于向不同的对象学习,善于从不同的对象身上汲取有益的东西,把人际交往的过程变为取长补短的过程,变为不断充实、完善、提高自己的过程,在吐故纳新的过程中,更新知识,更新观念,更新自己的精神世界。

3. 创新意识

创新的本质含义就是走出常规,突破传统,不落俗套,并在此基础上有所发现,有所发明,有所创造,有所前进,做到人无我有,人有我新,人新我特,人特我专。一句话，就是想别人之未想，思别人之未思，做别人之未做。任何改革本身都意味着要摒弃旧有体制或旧有体系中的一切不合理因素，冲破束缚人们思想的旧传统、旧观念、旧模式，不断推陈出新。任何新生事物或新生力量的产生和形成，都是一种历史发展的必然，它既是对以往旧事物的一种否定或更新，同时也代表了事物的某种发展方向和生命力。同样，在今天强调编辑要转换意识或观念的时候，尤其要重视编辑人员的创新意识，因为，对于一个出版社来说，编辑人员是否具有创新意识，直接关系到它所出版的图书质量和图书的市场前景，关系到出版社经营的好坏和它的兴衰成败。中国加入WTO就意味着作为中国文化产业重要组成部分的中国出版产业，必须尽快全面与国际出版业接轨。要接轨，就必须创新，必须全面、准确、快速地把自己纳入市场化原则的发展轨道。在当前，整个出版业正在全面进行出版制度创新、出版观念创新、出版技术创新、出版管理创新，在这一过程中，尤其应该注重出版观念的创新。所谓观念的创新，其实就是思想创新，意识创新，由此而导致行动创新和结果创新。因此，对于在市场条件下的出版社编辑来说，是否富有创新意识，乃是衡量其政治思想素质和业务素质的基本标志之一。

4．超前意识

超前意识是以当前的社会现象和实践活动为依据，对未来发展趋势的一种理性把握。在市场经济条件下，编辑必须要有高瞻远瞩的超前意识。这种超前意识对于每个编辑来说不是随意生成的，它是有条件的。编辑的超前意识或超前观念，建立在对自然和人类社会发展、对科学知识等事物有着广泛而深刻的理解和认知基础上。很难想象，一个平时不看书、不看报，不接触社会，不接受新生事物，离群索居、孤陋寡闻的编辑，会具有超前意识，会懂得市场、应对市场，会寻找到好的选题，并通过其有效的创新和编辑加工，将其变成在图书市场上有竞争力并为广大读者所喜爱的精品图书，从而给出版社带来良好的社会效益和经济效益。编辑人员具有超前意识，就能为社会多出书，出好书。基于此，编辑人员应在已掌握信息的基础上，进一步分析其蕴涵的深层次含义，力争从某些征兆和细节变化中找出未来出版市场的发展走势，同时，将最能体现当前需求的出版物推向市场。针对当前的出版现状，编辑的超前意识主要体现为，在选题策划思路上领先一步，先人一筹，善于先发制人。随着我国社会主义市场经济的逐步建立健全，出版社的运作越来越贴近市场，出版活动的定位也从单纯地追求"社会效益"转换为"社会效益和经济效益并重"的阶段。在市场经济条件下，编辑必须要有高瞻远瞩的超前意识。一个出版社要生存和发展，要让自己在激烈的市场竞争中获取成功,用人是最关键的,其中,培养、选用和造就一大批学有所长、德才兼备、爱岗敬业、意识超前的编辑人员是当前出版社工作的当务之急。

5. 角色意识

这是编辑的基本意识。编辑的角色是什么？作为编辑,是局限于做一个发发稿、编编书的编书匠,还是做一个叱咤风云的社会活动家？编辑的社会角色,用一句比较通俗的话来说,就是可以上天,也可以入地。上天是指编辑这一特殊身份,使其可以与任何高层次的人交往。人的社会角色并不是一成不变的,而是随着时空的变化而转换的。拿一个领导来说,领导在单位的社会环境中,在下级面前是领导,而在上级面前又成了下级,在同级领导面前成了同事;到了家里,其角色马上就发生了变化,在妻子面前是丈夫,在子女面前是父亲,在父亲面前是儿子;当领导与编辑打交道时,领导又成了作者。因此,在特定的社会交际环境中,编辑所面对的任何一个领导都是一个作者,都是编辑的组稿对象,在对方接受编辑组稿的情况下,任何身份的人只能以作者的身份出现。因此,编辑本身要有角色意识,要敢于与任何高层人物打交道。当然,在与高层人物打交道的过程中,编辑要注意加强自身的修养,使自己的才学与自己的身份相匹配。入地是指编辑要放下架子,善于与社会下层的人物打成一片,与他们交朋友,取得他们的信任。优秀的书稿并不完全来自社会名流,普通百姓中也可能出现写出一流作品的名作者。编辑的社会角色意识,能大大拓展编辑的交际范围,扩大编辑的交际空间,提高组稿的成效。

6. 学习意识

编辑的学习意识体现为"五勤",即勤看、勤听、勤记、勤写、勤思。一是勤看。闭门造车是永远也无法使自己赶上时代的节奏的。学习是永无止境的,要活到老学到老。在工作中,编辑只有不断学习、不断扩展自己的视野,才能高瞻远瞩,开拓最佳选题。编辑必须培养比较广泛的兴趣,通过阅读各种报刊,涉猎多种知识领域。有的编辑养成了这样的习惯:订很多文摘类报刊,从文摘类报刊中了解各种信息,扩大信息来源,增加自己的知识积累。二是勤听。作为一名编辑,如果只是埋头看书,而不去听取读者的意见,所策划的图书是难以在图书市场立足的。编辑要养成定期听取读者各种意见的习惯,了解读者对图书的渴望,积极改进自己的不足。三是勤记。俗话说,好记性不如烂笔头。多记、勤记的人一定是收获最多的人。编辑平时要重视积累资料,只要是好书、好资料,不仅要收集起来、记录下来,而且还要精心整理,久而久之,这样做对打开自己的思路会起极佳的作用。四是勤写。编辑所从事的选题策划活动,是一种在较高层次进行的创造性思维的活动。写作是创造性思维的全面锻炼,也是创造性思维的高级体操活动。写作的过程,就是以往积累的潜意识向文章转化的过程,因而是创造性思维的质的飞跃。实践表明,人在进入写作状态时,在中枢神经的作用下,大脑的有关区域处于紧张状态,大脑含氧量增加,不断释放出脑脉冲生物电,形成相应的优势兴奋中心。随着大脑神经元突触的延伸和神经元之间联系的扩大,原先埋藏在记忆深处的潜意识被一一激发、激活,在大脑皮层不断显现,对文章的构思不断地进行补充、修正和完善,文章很快便形成了。而随着写作的完成,原先零碎、散乱的认识和埋藏在记忆深处的潜意识都在写作主题的"统领""调动"下重新组合起来,变得更加系统、更为完整,认识大大提高了一步,而提高了的认识,又为形成新的自我打下了基础。现代心理学的研究成果表明,在有意注意的状态下,任何输入的信息,都会在某一特定条件下在脑际显现、"成活"。实践还表明,在与人的生理、心理承受力相适应的情况下,写作是一种健脑(身)运动,这是因为,人处于写作状态时,大脑细胞异常活跃,血液循环加快,新陈代谢加强,可排泄出较多致人衰老的脂褐素(又叫老年素),有助于永葆青春活力;同时,还能强化大脑的创造功能,使脑功能始终处于最佳状态。因此,编辑要以写作作为思维训练的有效形式,及时把自己的构思转化为文章,成为精神产品的组合要素,提高思维的利用率。五是勤思。勤于思考、善于思考的编辑,才称得上是足智多谋的编辑。与众不同的佳书都是出自一个勤思、善思的好编辑之手的,勤思才能出佳书。

7. 市场意识

这里所说的市场意识是一个广义上的概念。按照图书销售的方式,图书市场可分为图书零售市场和专业市场。零售市场是面向广大读者群体的开放性的无限市场,这个市场很大,包括全国所有的书店,出版社的图书铺货到哪里,图书在市场上的影响就到了哪里。专业市场则带有定向销售的性质,是一个有限市场,图书只能在一个特定的范围内销售,这个特定的范围或者是行业,或者是一定的地域范围。例如,出版社可以利用政府有关部门组织的读书活动,出版为读书活动服务的图书,并在读书活动影响所及的范围内进行销售。再如,出版社通过与有关部门的合作,出版专供某个行业使用的培训教材,这也是一个特定的市场。因此,编辑要拓展市场空间,树立大图书市场的概念,将策划、组稿、审稿、加工、宣传等环节置于市场的大环境下,抢占市场份额,努力实现市场占有率的最大化。同时,编辑也要充分利用和调度一切现代科技手段,诸如开展网上购书、版权贸易等,加快出版行业与国际图书市场的接轨和互动。另外,经济的一般规律告诉我们,市场经济从本质上来说是一种契约经济。市场经济的这一特征要求我们要坚决按法律、规律办事。编辑一定要对出版部门所涉及的有关法律、法规,如《著作权法》《合同法》等有充分的了解。

8. 品牌意识

品牌虽然是看不见摸不着的,却是出版社重要的无形资产,同样内容的图书,有品牌影响的图书,往往是读者的首选目标。图书品牌的形成和成熟,表明出版社名称已经从实体分离出来,从单纯的有别于其他出版社的标志性符号,成为得到读者心理认同的特定出版文化的代名词,具有一定的文化象征意义,产生了新的文化内涵。对读者来说,出版社名称成了一个生动、形象的概念,能使人产生丰富的联想、品味、回忆,并在回味和咀嚼中,产生新的心理体验。如读者看到商务印书馆的名称,就会联想到《汉译世界学术名著丛书》等高品位的学术著作,联想到有权威的《现代汉语词典》等工具书,这就是品牌的魅力和作用。在对品牌产生心理认同的前提下,读者买到自己喜欢的品牌图书,会产生物超所值的满足感,认为自己买得值。同等价格的同类图书,有的图书鲜有读者问津,受到冷落,有的图书却购者甚众,供不应求,出现这种现象的一个重要原因,就是图书品牌所固有的附加值吸引了读者的注意力。图书质量是品牌的基础,有品牌意识的编辑,把图书的质量和效益看成是自己安身立命的根本,像爱护自己的生命一样地注重图书质量,以图书所具有的精深的思想、精湛的艺术和精美的装帧去吸引读者,占领市场。越是在读者心目中影响大的出版社,越是有品牌影响力的出版社,其图书就越有市场,两个效益就越是显著。如人民文学出版社的文学作品、中华书局的学术著作、三联书店的人文科学书籍、金盾出版社的农村科普读物、二十一世纪出版社的青少年读物,都以其严谨、质朴、务实的良好出版风气,在几代读者心目中树起了品牌的大旗,经营规模日益壮大,成为出版界成功的典范。

9. 协调意识

现代出版活动是个复杂的系统工程,图书编辑要使自己策划、编辑的图书取得预期的效益,需要方方面面的支持和帮助,在出版社内,需要得到领导的支持和相关人员的配合。需要美术编辑的配合,使美术编辑了解编辑意图,在色块、线条、图形的富于创意的组合中,形象、直观地体现图书的特色;需要印制人员的配合,使其选用合适的纸张,如是比较紧缺的纸张,还需要印制人员设法去进货;需要听取发行人员的意见,并根据发行人员对市场的预测,对图书的定价、开本、品相等进行有针对性的策划;需要总编室人员的配合,及时为图书配置书号等。

要取得相关人员的支持,编辑必须善于协调各种关系,善于沟通,学会尊重人、理解人,以自己的人品和诚信取得同事们的支持。同时,要善于与作者、媒体记者等相关人员打交道,取得他们的支持,以良好的组织、协调能力调动各方力量,确保编辑出版活动的顺利完成。

附录一

图书质量管理规定

（中华人民共和国新闻出版总署[2004]26号令·
2005年3月1日起施行）

第一条 为建立健全图书质量管理机制,规范图书出版秩序,促进图书出版业的繁荣和发展,保护消费者的合法权益,根据《中华人民共和国产品质量法》和国务院《出版管理条例》,制定本规定。

第二条 本规定适用于依法设立的图书出版单位出版的图书的质量管理。出版时间超过十年且无再版或者重印的图书,不适用本规定。

第三条 图书质量包括内容、编校、设计、印制四项,分为合格、不合格两个等级。

内容、编校、设计、印制四项均合格的图书,其质量属合格。内容、编校、设计、印制四项中有一项不合格的图书,其质量属不合格。

第四条 符合《出版管理条例》第二十六、二十七条规定的图书,其内容质量属合格。

不符合《出版管理条例》第二十六、二十七条规定的图书,其内容质量属不合格。

第五条 差错率不超过万分之一的图书,其编校质量属合格。

差错率超过万分之一的图书,其编校质量属不合格。

图书编校质量差错的判定以国家正式颁布的法律法规、国家标准和相关行业制定的行业标准为依据。图书编校质量差错率的计算按照本规定附件《图书编校质量差错率计算方法》执行。

第六条 图书的整体设计和封面(包括封一、封二、封三、封底、勒口、护封、封套、书脊)、扉页、插图等设计均符合国家有关技术标准和规定,其设计质量属合格。

图书的整体设计和封面(包括封一、封二、封三、封底、勒口、护封、封套、书脊)、扉页、插图等设计中有一项不符合国家有关技术标准和规定的,其设计质量属不合格。

第七条 符合中华人民共和国出版行业标准《印刷产品质量评价和分等导则》(CY/T 2—1999)规定的图书,其印制质量属合格。

不符合中华人民共和国出版行业标准《印刷产品质量评价和分等导则》(CY/T 2—1999)规定的图书,其印制质量属不合格。

第八条 新闻出版总署负责全国图书质量管理工作,依照本规定实施图书质量检查,并向社会及时公布检查结果。

第九条 各省、自治区、直辖市新闻出版行政部门负责本行政区域内的图书质量管理工作,依照本规定实施图书质量检查,并向社会及时公布检查结果。

第十条 图书出版单位的主办单位和主管机关应当履行其主办、主管职能,尽其责任,协助新闻出版行政部门实施图书质量管理,对不合格图书提出处理意见。

第十一条 图书出版单位应当设立图书质量管理机构,制定图书质量管理制度,保证图书质量合格。

第十二条 新闻出版行政部门对图书质量实施的检查包括:图书的正文、封面(包括封一、封二、封三、封底、勒口、护封、封套、书脊)、扉页、版权页、前言(或序)、后记(或跋)、目录、插图及其文字说明等。正文部分的抽查必须内容(或页码)连续且不少于10万字,全书字数不足10万字的必须检查全书。

第十三条 新闻出版行政部门实施图书质量检查,须将审读记录和检查结果书面通知出版单位。出版单位如有异议,可以在接到通知后15日内提出申辩意见,请求复检。对复检结论仍有异议的,可以向上一级新闻出版行政部门请求裁定。

第十四条 对在图书质量检查中被认定为成绩突出的出版单位和个人,新闻出版行政部门给予表扬或者奖励。

第十五条 对图书内容违反《出版管理条例》第二十六、二十七条规定的,根据《出版管理条例》第五十六条实施处罚。

第十六条 对出版编校质量不合格图书的出版单位,由省级以上新闻出版行政部门予以警告,可以根据情节并处3万元以下罚款。

第十七条 经检查属编校质量不合格的图书,差错率在万分之一以上万分之五以下的,出版单位必须自检查结果公布之日起30天内全部收回,改正重印后可以继续发行;差错率在万分之五以上的,出版单位必须自检查结果公布之日起 30 天内全部收回。

出版单位违反本规定继续发行编校质量不合格图书的,由省级以上新闻出版行政部门按照《中华人民共和国产品质量法》第五十条的规定处理。

第十八条 对于印制质量不合格的图书,出版单位必须及时予以收回、调换。

出版单位违反本规定继续发行印制质量不合格图书的,由省级以上新闻出版行政部门按照《中华人民共和国产品质量法》第五十条的规定处理。

第十九条 一年内造成三种以上图书不合格或者连续两年造成图书不合格的直接责任者,由省、自治区、直辖市新闻出版行政部门注销其出版专业技术人员职业资格,三年之内不得从事出版编辑工作。

第二十条 本规定自 2005 年 3 月 1 日起实施。新闻出版署于 1997 年 3 月 3 日公布的《图书质量管理规定》同时停止执行。

附件:图书编校质量差错率计算方法

一、图书编校差错率

图书编校差错率,是指一本图书的编校差错数占全书总字数的比率,用万分比表示。实际鉴定时,可以依据抽查结果对全书进行认定。如检查的总字数为 10 万,检查后发现两个差错,则其差错率为 0.2/10000。

二、图书总字数的计算方法

图书总字数的计算方法,一律以该书的版面字数为准,即总字数 = 每行字数 × 每面行数 × 总面数。

(1) 除环衬等空白面不计字数外,凡连续编排页码的正文、目录、辅文等,不论是否排字,均按一面满版计算字数。分栏排版的图书,各栏之间的空白也计算版面字数。

(2) 书眉(或中缝)和单排的页码、边码作为行数或每行字数计入正文,一并计算字数。

(3) 索引、附录等字号有变化时,分别按实际版面计算字数。

(4) 用小号字排版的脚注文字超过 5 行不足 10 行的,该面按正文满版字数加 15% 计算;超过 10 行的,该面按注文满版计算字数。对小号字排版的夹注文字,可采用折合行数的方法,比照脚注文字进行计算。

(5) 封一、封二、封三、封底、护封、封套、扉页,除空白面不计以外,每面按正文满版字数的 50% 计算；版权页、书脊、有文字的勒口，各按正文的一面满版计算。

（6）正文中的插图、表格，按正文的版面字数计算；插图占一面的，按正文满版字数的 20% 计算字数。

（7）以图片为主的图书，有文字说明的版面，按满版字数的 50% 计算；没有文字说明的版面，按满版字数的 20% 计算。

（8）乐谱类图书、地图类图书，按满版字数全额计算。

（9）外文图书、少数民族文字图书，拼音图书的拼音部分，以对应字号的中文满版字数加 30% 计算。

三、图书编校差错的计算方法

1. 文字差错的计算标准

（1）封底、勒口、版权页、正文、目录、出版说明（或凡例）、前言（或序）、后记（或跋）、注释、索引、图表、附录、参考文献等中的一般性错字、别字、多字、漏字、倒字，每处计 1 个差错。前后颠倒字，可以用一个校对符号改正的，每处计 1 个差错。书眉（或中缝）中的差错，每处计 1 个差错；同样性质的差错重复出现，全书按一面差错基数加 1 倍计算。阿拉伯数字、罗马数字差错，无论几位数，都计 1 个差错。

（2）同一错字重复出现，每面计 1 个差错，全书最多计 4 个差错。每处多、漏 2～5 个字，计 2 个差错，5 个字以上计 4 个差错。

（3）封一、扉页上的文字差错，每处计 2 个差错；相关文字不一致，有一项计 1 个差错。

（4）知识性、逻辑性、语法性差错，每处计 2 个差错。

（5）外文、少数民族文字、国际音标，以一个单词为单位，无论其中几处有错，计 1 个差错。汉语拼音不符合《汉语拼音方案》和《汉语拼音正词法基本规则》（GB/T 16159–1996）规定的，以一个对应的汉字或词组为单位，计 1 个差错。

（6）字母大小写和正斜体、黑白体误用，不同文种字母混用的（如把英文字母 N 错为俄文字母 И），字母与其他符号混用的（如把汉字的 О 错为英文字母 O），每处计 0.5 个差错；同一差错在全书超过 3 处，计 1.5 个差错。

（7）简化字、繁体字混用，每处计 0.5 个差错；同一差错在全书超过 3 处，计 1.5 个差错。

（8）工具书的科技条目、科技类教材、学习辅导书和其他科技图书，使用计量单位不符合国家标准《量和单位》(GB 3100~3102—1993)的中文名称的、使用科技术语不符合全国科学技术名词审定委员会公布的规范词的,每处计1个差错;同一差错多次出现,每面只计1个差错,同一错误全书最多计3个差错。

(9) 阿拉伯数字与汉语数字用法不符合《出版物上数字用法的规定》(GB/T 15835—1995)的,每处计0.1个差错。全书最多计1个差错。

2. 标点符号和其他符号差错的计算标准

(1) 标点符号的一般错用、漏用、多用,每处计0.1个差错。

(2) 小数点误为中圆点,或中圆点误为小数点的,以及冒号误为比号,或比号误为冒号的,每处计0.1个差错。专名线、着重点的错位、多、漏,每处计0.1个差错。

(3) 破折号误为一字线、半字线,每处计0.1个差错。标点符号误在行首、行末的,每处计0.1个差错。

(4) 外文复合词、外文单词按音节转行,漏排连接号的,每处计0.1个差错;同样差错在每面超过3个,计0.3个差错,全书最多计1个差错。

(5) 法定计量单位符号、科学技术各学科中的科学符号、乐谱符号等差错,每处计0.5个差错;同样差错同一面内不重复计算,全书最多计1.5个差错。

(6) 图序、表序、公式序等标注差错,每处计0.1个差错;全书超过3处,计1个差错。

3. 格式差错的计算标准

(1) 影响文意、不合版式要求的另页、另面、另段、另行、接排、空行,需要空行、空格而未空的,每处计0.1个差错。

(2) 字体错、字号错或字体、字号同时错,每处计0.1个差错;同一面内不重复计算,全书最多计1个差错。

(3) 同一面上几个同级标题的位置、转行格式不统一且影响理解的,计0.1个差错;需要空格而未空格的,每处计0.1个差错。

(4) 阿拉伯数字、外文缩写词转行的,外文单词未按音节转行的,每处计0.1个差错。

(5) 图、表的位置错,每处计1个差错。图、表的内容与说明文字不符,每处计2个差错。

(6) 书眉单双页位置互错,每处计0.1个差错,全书最多计1个差错。

(7) 正文注码与注文注码不符,每处计0.1个差错。

附录二

中华人民共和国国家标准
出版物上数字用法的规定

GB/T 15835—1995

General rules for writing numerals in publications

国家技术监督局 1995-12-13 批准 1996-06-01 实施

1 范围

本标准规定了出版物在涉及数字(表示时间、长度、质量、面积、容积等量值和数字代码)时使用汉字和阿拉伯数字的体例。

本标准适用于各级新闻报刊、普及性读物和专业性社会人文科学出版物。自然科学和工程技术出版物亦使用本标准,并可制定专业性细则。

本标准不适用于文学书刊和重排古籍。

2 引用标准

下列标准所包含的条文,通过在本标准中引用而构成为本标准的条文。本标准出版时,所示版本均为有效。所有标准都会被修订,使用本标准的各方应探讨使用下列标准最新版本的可能性。

GB/T 7408—94 数据元和交换格式 信息交换 日期和时间表示法
GB 3100—93 国际单位制及其应用
GB 3101—93 有关量、单位和符号的一般原则
GB 7713—87 科学技术报告、学位论文和学术论文的编写格式
GB 8170—87 数值修约规则

3 定义

本标准采用下列定义。

物理量 physical quantity

用于定量地描述物理现象的量,即科学技术领域里使用的表示长度、质量、

时间、电流、热力学温度、物质的量和发光强度的量。使用的单位应是法定计量单位。

非物理量　non-physical quantity
日常生活中使用的量,使用的是一般量词。如 30 元、45 天、67 根等。

4　一般原则

4.1　使用阿拉伯数字或是汉字数字,有的情形选择是唯一而确定的。

4.1.1　统计表中的数值,如正负整数、小数、百分比、分数、比例等,必须使用阿拉伯数字。

示例:48　302　—125.03　34.05%　63%~68%　1/4　2/5　1∶500

4.1.2　定型的词、词组、成语、惯用语、缩略语或具有修辞色彩的词语中作为语素的数字,必须使用汉字。

示例:一律　一方面　十滴水　二倍体　三叶虫　星期五　四氧化三铁　一〇五九(农药内吸磷)　八国联军　二〇九师　二万五千里长征　四书五经　五四运动　九三学社　十月十七日同盟　路易十六　十月革命　"八五"计划　五省一市　五局三胜制　二八年华　二十挂零　零点方案　零岁教育　白发三千丈　七上八下　不管三七二十一　相差十万八千里　第一书记　第二轻工业局　一机部三所　第三季度　第四方面军　十三届四中全会

4.2　使用阿拉伯数字或是汉字数字,有的情形,如年月日、物理量、非物理量、代码、代号中的数字,目前体例尚不统一。对这种情形,要求凡是可以使用阿拉伯数字而且又很得体的地方,特别是当所表示的数目比较精确时,均应使用阿拉伯数字。遇特殊情形,或者为避免歧解,可以灵活变通,但全篇体例应相对统一。

5　时间(世纪、年代、年、月、日、时刻)

5.1　要求使用阿拉伯数字的情况

5.1.1　公历世纪、年代、年、月、日

示例:公元前 8 世纪　20 世纪 80 年代　公元前 440 年　公元 7 年　1994 年 10 月 1 日

5.1.1.1　年份一般不用简写。如:1990 年不应简作"九〇年"或"90 年"。

5.1.1.2　引文著录、行文注释、表格、索引、年表等,年月日的标记可按 GB/T 7408—94 的 5.2.1.1 中的扩展格式。如:1994 年 9 月 30 日和 1994 年 10 月 1 日可分别写作 1994－09－30 和 1994－10－01,仍读作 1994 年 9 月 30 日、1994 年 10 月 1 日。年月日之间使用半字线"－"。当月和日是个位数时,在十位上加"0"。

5.1.2 时、分、秒

示例:4 时　15 时 40 分(下午 3 点 40 分)　14 时 12 分 36 秒

注:必要时,可按 GB/T 7408—94 的 5.3.1.1 中的扩展格式。该格式采用每日 24 小时计时制,时、分、秒的分隔符为冒号":"。

示例:04:00(4 时)　15:40(15 时 40 分)　14:12:36(14 时 12 分 36 秒)

5.2　要求使用汉字的情况

5.2.1　中国干支纪年和夏历月日

示例:丙寅年十月十五日　腊月二十三日　正月初五　八月十五中秋节

5.2.2　中国清代和清代以前的历史纪年、各民族的非公历纪年

这类纪年不应与公历月日混用,并应采用阿拉伯数字括注公历。

示例:秦文公四十四年(公元前 722 年)　太平天国庚申十年九月二十四日(清咸丰十年九月二十日,公元 1860 年 11 月 2 日)　藏历阳木龙年八月二十六日(1964 年 10 月 1 日)　日本庆应三年(1867 年)

5.2.3　含有月日简称表示事件、节日和其他意义的词组

如果涉及一月、十一月、十二月,应用间隔号"·"将表示月和日的数字隔开,并外加引号,避免歧义。涉及其他月份时,不用间隔号,是否使用引号,视事件的知名度而定。

示例 1:"一·二八"事变(1 月 28 日)　"一二·九"运动(12 月 9 日)　"一·一七"批示(1 月 17 日)　"一一·一〇"案件(11 月 10 日)

示例 2:五四运动　五卅运动　七七事变　五一国际劳动节　"五二〇"声明　"九一三"事件

6　物理量

物理量量值必须用阿拉伯数字,并正确使用法定计量单位。小学和初中教科书、非专业性科技书刊的计量单位可使用中文符号。

示例:8736.80km(8736.80 千米)　600g(600 克)　100kg~150kg(100 千克~150 千克)　12.5m²(12.5 平方米)　外形尺寸是 400mm×200mm×300mm(400 毫米×200 毫米×300 毫米)　34℃~39℃(34 摄氏度~39 摄氏度)　0.59A(0.59 安[培)

7　非物理量

7.1　一般情况下应使用阿拉伯数字。

示例:21.35 元　45.6 万元　270 美元　290 亿英镑　48 岁　11 个月

1480 人　4.6 万册　600 幅　550 名

7.2　整数一至十,如果不是出现在具有统计意义的一组数字中,可以用汉字,但要照顾到上下文,求得局部体例上的一致。

示例 1:一个人　三本书　四种产品　六条意见　读了十遍　五个百分点

示例 2:截至 1984 年 9 月,我国高等学校有新闻系 6 个,新闻专业 7 个,新闻班 1 个,新闻教育专职教员 274 人,在校学生 1561 人。

8　多位整数与小数

8.1　阿拉伯数字书写的多位整数和小数的分节

8.1.1　专业性科技出版物的分节法:从小数点起,向左和向右每三位数字一组,组间空四分之一个汉字(二分之一阿拉伯数字)的位置。

示例:2 748 456　3.141 592 65

8.1.2　非专业性科技出版物如排版留四分空有困难,可仍采用传统的以千分撇",",分节的办法。小数部分不分节。四位以内的整数也可以不分节。

示例:2,748,456　3.14159265　8703

8.2　阿拉伯数字书写的纯小数必须写出小数点前定位的"0"。小数点是齐底线的黑圆点"."。

示例:0.46 不得写成.46 和 0·46

8.3　尾数有多个"0"的整数数值的写法

8.3.1　专业性科技出版物根据 GB 8170—87 关于数值修约的规则处理。

8.3.2　非科技出版物中的数值一般可以"万""亿"作单位。

示例:三亿四千五百万可写成 345,000,000,也可写成 34,500 万或 3.45 亿,但一般不得写作 3 亿 4 千 5 百万。

8.4　数值巨大的精确数字,为了便于定位读数或移行,作为特例可以同时使用"亿、万"作单位。

示例:我国 1982 年人口普查人数为 10 亿 817 万 5288 人;1990 年人口普查人数为 11 亿 3368 万 2501 人。

8.5　一个用阿拉伯数字书写的数值应避免断开移行。

8.6　阿拉伯数字书写的数值在表示数值的范围时,使用浪纹式连接号"~"。

示例:150 千米~200 千米　—36℃~—8℃　2500 元~3000 元

9　概数和约数

9.1　相邻的两个数字并列连用表示概数,必须使用汉字,连用的两个数字之间不得用顿号","隔开。

示例：二三米　一两个小时　三五天　三四个月　十三四吨　一二十个　四十五六岁　七八十种　二三百架次　一千七八百元　五六万套。

9.2　带有"几"字的数字的表示约数，必须使用汉字。

示例：几千年　十几天　一百几十次　几十万分之一

9.3　用"多""余""左右""上下""约"等表示的约数一般用汉字。如果文中出现一组具有统计和比较意义的数字，其中既有精确数字，也有用"多""余"等表示的约数，为保持局部体例上的一致，其约数也可以使用阿拉伯数字。

示例1：这个协会举行全国性评奖十余次，获奖作品有一千多件。协会吸收了约三千名会员，其中三分之二是有成就的中青年。另外，在三十个省、自治区、直辖市还设有分会。

示例2：该省从机动财力中拿出 1900 万元，调拨钢材 3000 多吨、水泥 2 万多吨、柴油 1400 吨，用于农田水利建设。

10　代号、代码和序号

部队番号、文件编号、证件号码和其他序号，用阿拉伯数字。序数词即使是多位数也不能分节。

示例：84062 部队　国家标准 GB2312—80　国办发［1987］9 号文件　总 3147 号　国内统一刊号 CN 11 - 1399　21/22 次特别快车　HP - 3000 型电子计算机　85 号汽油　维生素 B_{12}

11　引文标注

引文标注中版次、卷次、页码，除古籍应与所据版本一致外，一般均使用阿拉伯数字。

示例1：列宁：《新生的中国》，见《列宁全集》，中文 2 版，第 22 卷，208 页，北京，人民出版社，1990。

示例2：刘少奇：《论共产党员的修养》，修订 2 版，76 页，北京，人民出版社，1962。

示例3：李四光：《地壳构造与地壳运动》，载《中国科学》，1973（4），400 ~ 429 页。

示例4：许慎：《说文解字》，影印陈昌治本，126 页，北京，中华书局，1963。

示例5：许慎：《说文解字》，四部丛刊本，卷六上，九页。

12　横排标题中的数字

横排标题涉及数字时，可以根据版面的实际需要和可能作恰当的处理。

13　竖排文章中的数字

提倡横排。如文中多处涉及物理量,更应横排。竖排文字中涉及的数字除必须保留的阿拉伯数字外,应一律用汉字。必须保留的阿拉伯数字、外文字母和符号均按顺时针方向转90度。

示例一:
雪花牌BCD188型家用电冰箱容量是一百八十八升,功率为一百二十五瓦,市场销售价两千零五十二元,返修率仅为百分之零点一五。

示例二:
海军J12号打捞救生船在太平洋上航行了十三天,于一九九○年八月六日零时三十分返回基地。

14　字体

出版物中的阿拉伯数字,一般应使用正体二分字身,即占半个汉字位置。

附录三

中华人民共和国国家标准
标点符号用法

GB/T 15834—1995

Use of punctuation marks

国家技术监督局 1995 – 12 – 13 批准 1996 – 06 – 01 实施

1 范围

本标准规定了标点符号的名称、形式和用法。本标准对汉语书写规范有重要的辅助作用。

本标准适用于汉语书面语。外语界和科技界也参考使用。

2 定义

本标准采用下列定义。

句子 sentence　前后都有停顿，并带有一定的语调，表示相对完整意义的语言单位。

陈述句 declarative sentence　用来说明事实的句子。

祈使句 imperative sentence　用来要求听话人做某件事情的句子。

疑问句 interrogative sentence　用来提出问题的句子。

感叹句 exclamatory sentence　用来抒发某种强烈感情的句子。

复句、分句 complex sentence，clause

意思上有密切联系的小句子组织在一起构成一个大句子。这样的大句子叫复句，复句中的每个小句子叫分句。

词语 expression

词和短语（词组）。词，即最小的能独立运用的语言单位。短语，即由两个或两个以上的词按一定的语法规则组成的表达一定意义的语言单位，也叫词组。

3 基本规则

3.1 标点符号是辅助文字记录语言的符号,是书面语的有机组成部分,用来表示停顿、语气以及词语的性质和作用。

3.2 常用的标点符号有 16 种,分点号和标号两大类。

点号的作用在于点断,主要表示说话时的停顿和语气。点号又分为句末点号和句内点号。句末点号用在句末,有句号、问号、叹号 3 种,表示句末的停顿,同时表示句子的语气。句内点号用在句内,有逗号、顿号、分号、冒号 4 种,表示句内的各种不同性质的停顿。

标号的作用在于标明,主要标明语句的性质和作用。常用的标号有 9 种,即:引号、括号、破折号、省略号、着重号、连接号、间隔号、书名号和专名号。

4 用法说明

4.1 句号

4.1.1 句号的形式为"。"。句号还有一种形式,即一个小圆点".",一般在科技文献中使用。

4.1.2 陈述句末尾的停顿,用句号。例如:

a) 北京是中华人民共和国的首都。

b) 虚心使人进步,骄傲使人落后。

c) 亚洲地域广阔,跨寒、温、热三带,又因各地地形和距离海洋远近不同,气候复杂多样。

4.1.3 语气舒缓的祈使句末尾,也用句号。例如:请您稍等一下。

4.2 问号

4.2.1 问号的形式为"?"。

4.2.2 疑问句末尾的停顿,用问号。例如:

a) 你见过金丝猴吗?

b) 他叫什么名字?

c) 去好呢,还是不去好?

4.2.3 反问句的末尾,也用问号。例如:

a) 难道你还不了解我吗?

b) 你怎么能这么说呢?

4.3 叹号

4.3.1 叹号的形式为"!"。

4.3.2 感叹句末尾的停顿,用叹号。例如:

a）为祖国的繁荣昌盛而奋斗！

b）我多么想看看他老人家呀！

4.3.3　语气强烈的祈使句末尾，也用叹号。例如：

a）你给我出去！

b）停止射击！

4.3.4　语气强烈的反问句末尾，也用叹号。例如：

我哪里比得上他呀！

4.4　逗号

4.4.1　逗号的形式为","。

4.4.2　句子内部主语与谓语之间如需停顿，用逗号。例如：

我们看得见的星星，绝大多数是恒星。

4.4.3　句子内部动词与宾语之间如需停顿，用逗号。例如：

应该看到，科学需要一个人贡献毕生的精力。

4.4.4　句子内部状语后边如需停顿，用逗号。例如：

对于这个城市，他并不陌生。

4.4.5　复句内各分句之间的停顿，除了有时要用分号外，都要用逗号。例如：据说苏州园林有一百多处，我到过的不过十多处。

4.5　顿号

4.5.1　顿号的形式为"、"。

4.5.2　句子内部并列词语之间的停顿，用顿号。例如：

a）亚马孙河、尼罗河、密西西比河和长江是世界四大河流。

b）正方形是四边相等、四角均为直角的四边形。

4.6　分号

4.6.1　分号的形式为";"。

4.6.2　复句内部并列分句之间的停顿，用分号。例如：

a）语言，人们用来抒情达意；文字，人们用来记言记事。

b）在长江上，瞿塘峡像一道闸门，峡口险阻；巫峡像一条迂回曲折的画廊，每一曲，每一折，都像一幅绝好的风景画，神奇而秀美；西陵峡水势险恶，处处是急流，处处是险滩。

4.6.3　非并列关系（如转折关系、因果关系等）的多重复句，第一层的前后两部分之间，也用分号。例如：我国年满十八周岁的公民，不分民族、种族、性别、职业、家庭出身、宗教信仰、教育程度、财产状况、居住年限，都有选举权和被选举权；但是依照法律被剥夺政治权力的人除外。

4.6.4 分行列举的各项之间，也可以用分号。例如：

中华人民共和国行政区域划分如下：

（一）全国分为省、自治区、直辖市；

（二）省、自治区分自治州、县、自治县、市；

（三）县、自治县分乡、民族乡、镇。

4.7 冒号

4.7.1 冒号的形式为"："。

4.7.2 用在称呼语后边，表示提起下文。例如：

同志们，朋友们：

现在开会了。……

4.7.3 用在"说、想、是、证明、宣布、指出、透露、例如、如下"等词语后边，表示提起下文。例如：

他十分惊讶地说："啊，原来是你！"

4.7.4 用在总说性话语的后边，表示引起下文的分说。例如：

北京紫禁城有四座城门：午门、神武门、东华门和西华门。

4.7.5 用在需要解释的词语后边，表示引出解释或说明。例如：

外文图书展销会

日期：10月20日至11月10日

时间：上午8时至下午4时

地点：北京朝阳区工体东路16号

主办单位：中国图书进出口总公司

4.7.6 总括性话语的前边，也可以用冒号，以总结上文。例如：

张华考上了北京大学，在化学系学习；李萍考进了中等技术学校，读机械制造专业；我在百货公司当售货员：我们都有光明的前途。

4.8 引号

4.8.1 引号的形式为双引号""""和单引号"''"。

4.8.2 行文中直接引用的话，用引号标示。例如：

a) 爱因斯坦说："想象力比知识更重要，因为知识是有限的，而想象力概括着世界上的一切，推动着进步，并且是知识进步的源泉。"

b) "满招损，谦受益"这句格言，流传到今天至少有两千年了。

c) 现代画家徐悲鸿笔下的马，正如有的评论家所说的那样，"神形兼备，充满生机"。

4.8.3 需要着重论述的对象,用引号标示。例如:

古人对于写文章有个基本要求,叫做"有物有序"。"有物"就是要有内容,"有序"就是要有条理。

4.8.4 具有特殊含意的词语,也用引号标示。例如:

a) 从山脚向上望,只见火把排成许多"之"字形,一直连到天上,跟星光接起来,分不出是火把还是星星。

b) 这样的"聪明人"还是少一点好。

4.8.5 引号里面还要用引号时,外面一层用双引号,里面一层用单引号。例如:

他站起来问:"老师,'有条不紊'的'紊'是什么意思?"

4.9 括号

4.9.1 括号常用的形式是圆括号"( )"。此外还有方括号"[ ]"、六角括号"〔 〕"和方头括号"【 】"。

4.9.2 行文中注释性的文字,用括号标明。注释句子里某种词语的,括注紧贴在被注释词语之后;注释整个句子的,括注放在句末标点之后。例如:

a) 中国猿人(全名为"中国猿人北京种",或简称"北京人")在我国的发现,是对古人类学的一个重大贡献。

b) 写研究性文章跟文学创作不同,不能摊开稿纸搞"即兴"。(其实文学创作也要有素养才能有"即兴"。)

4.10 破折号

4.10.1 破折号的形式为"——"。

4.10.2 行文中解释说明的语句,用破折号标明。例如:

a) 迈进金黄色的大门,穿过宽阔的风门厅和衣帽厅,就到了大会堂建筑的枢纽部分——中央大厅。

b) 为了全国人民——当然包括自己在内——的幸福,我们每个人都要兢兢业业,努力工作。

4.10.3 话题突然转变,用破折号标明。例如:

"今天好热啊!——你什么时候去上海?"张强对刚刚进门的小王说。

4.10.4 声音延长,象声词后用破折号。例如:

"呜——"火车开动了。

4.10.5 事项列举分承,各项之前用破折号。例如:

根据研究对象的不同,环境物理学分为以下五个分支学科:

——环境声学;

——环境光学;

——环境热学;

——环境电磁学;

——环境空气动力学。

4.11 省略号

4.11.1 省略号的形式为"……",六个小圆点,占两个字的位置。如果是整段文章或诗行的省略,可以使用十二个小圆点来表示。

4.11.2 引文的省略,用省略号标明。例如:

她轻轻地哼起了《摇篮曲》:"月儿明,风儿静,树叶儿遮窗棂啊……"

4.11.3 列举的省略,用省略号标明。例如:

在广州的花市上,牡丹、吊钟、水仙、梅花、菊花、山茶、墨兰……春秋冬三季的鲜花都挤在一起啦!

4.11.4 说话断断续续,可以用省略号标示。例如:

"我……对不起……大家,我……没有……完成……任务"。

4.12 着重号

4.12.1 着重号的形式为".。"

4.12.2 要求读者特别注意的字、词、句,用着重号标明。例如:

事业是干出来的,不是吹出来的
. . .   . . .

4.13 连接号

4.13.1 连接号的形式为"—",占一个字的位置,连接号还有另外三种形式,即长横"——"(占两个字的位置)、半字线"-"(占半个字的位置)和浪纹"~"(占一个字的位置)。

4.13.2 两个相关的名词构成一个意义单位,中间用连接号。例如:

a) 我国秦岭—淮河以北地区属于温带季风气候区,夏季高温多雨,冬季寒冷干燥。

b) 复方氯化钠注射液,也称任-洛二氏溶液(Ringer-Locke solution),用于医疗和哺乳动物生理学实验。

4.13.3 相关的时间、地点或数目之间用连接号表示起止。例如:

a) 鲁迅(1881—1936)中国现代伟大的文学家、思想家和革命家。原名周树人,字豫才,浙江绍兴人。

b)"北京——广州"直达快车

c)梨园乡种植的巨峰葡萄今年已进入了丰产期,亩产1 000公斤~1 500公斤。

4.13.4　相关的字母、阿拉伯数字等之间,用连接号,表示产品型号。例如:

在太平洋地区,除了已建成投入使用的 HAW—4 和 TPC—3 海底光缆之外,又有 TPC—4 海底光缆投入运营。

4.13.5　几个相关的项目表示递进式发展,中间用连接号。例如:

人类的发展可以分为古猿—猿人—古人—新人这四个阶段。

4.14　间隔号

4.14.1　间隔号的形式为"·"。

4.14.2　外国人和某些少数民族人名内各部分的分界,用间隔号标示。例如:

列奥纳多·达·芬奇

爱新觉罗·努尔哈赤

4.14.3　书名与篇(章、卷)名之间的分界,用间隔号标示。例如:

《中国大百科全书·物理学》

《三国志·蜀志·诸葛亮传》

4.15　书名号

4.15.1　书名号的形式为双书名号"《》"和单书名号"〈〉"。

4.15.2　书名、篇号、报纸名、刊物名等,用书名号标志。例如:

a)《红楼梦》的作者是曹雪芹。

b)你读过鲁迅的《孔乙己》吗?

c)他的文章在《人民日报》上发表了。

d)桌上放着一本《中国语文》。

4.15.3　书名号里边还要用书名号时,外面一层用双书名号,里边一层用单书名号。例如:

《〈中国工人〉发刊词》发表于1940年2月7日。

4.16　专名号

4.16.1　专名号的形式为"＿＿"。

4.16.2　人名、地名、朝代名等专名下面,用专名号标示。例如:

<u>司马相如</u>者,<u>汉</u><u>蜀郡</u><u>成都</u>人也,字<u>长卿</u>。

4.16.3　专名号只用在古籍或某些文史著作里面。为了跟专名号配合,这

类著作里的书名号可以用浪线"﹏﹏"。例如：

　　屈原放逐，乃赋离骚；左丘失明，厥有国语。

5　标点符号的位置

　　5.1　句号、问号、叹号、逗号、顿号、分号和冒号一般占一个字的位置，居左偏下，不出现在一行之首。

　　5.2　引号、括号、书名号的前一半不出现在一行之末，后一半不出现在一行之首。

　　5.3　破折号和省略号都占两个字的位置，中间不能断开。连接号和间隔号一般占一个字的位置。这四种符号上下居中。

　　5.4　着重号、专名号和浪线式书名号标在字的下边，可以随字移行。

6　直行文稿与横行文稿使用标点符号的不同

　　6.1　句号、问号、叹号、逗号、顿号、分号和冒号放在字下偏右。

　　6.2　破折号、省略号、连接号和间隔号放在字下居中。

　　6.3　引号改用双引号"﹁﹂"和单引号"﹃﹄"。

　　6.4　着重号标在字的右侧，专名号和浪线式书名号标在字的左侧。

主要参考书目

1. 田胜立.出版转制与编辑工作.北京：中国大百科全书出版社,2004.
2. 肖东发.中国编辑出版史.沈阳：辽宁教育出版社,1996.
3. 李瑞良.中国古代图书流通史.上海：上海人民出版社,2000.
4. 雷群明,等.编辑修养十日谈.上海：上海科技教育出版社,2002.
5. 张志强.20世纪中国的出版研究.南宁：广西教育出版社,2002.
6. 薛鸿嬴.编辑心理学.济南：山东教育出版社,1995.
7. 樊希安.总编辑手记.长春：吉林人民出版社,2003.
8. 中国版协经营管理委员会.我当社长总编辑优秀征文选.北京：人民教育出版社,2004.
9. 冯国祥.编辑出版行为理性研究.杭州：浙江人民出版社,2011.
10. 易图强.图书选题策划导论.北京：中国人民大学出版社,2009.
11. 苗遂奇.现代出版选题学引论.苏州：苏州大学出版社,2005.
12. 董中锋.文化关怀中的现代出版.南昌：江西高校出版社.2005.
13. 喻建章.我的七十年出版生涯.南昌：江西教育出版社,2008.
14. 齐学进.论新形势下编辑工作的特点与创新.北京：人民军医出版社,2007.
15. 叶再生.编辑出版学概论.武汉：湖北人民出版社,1988.
16. [英]吉尔·戴维斯.我是编辑高手.余伟航,译.石家庄：河北教育出版社,2005.
17. [英]艾莉森·贝弗斯托克.图书营销.张美娟,等,译.石家庄：河北教育出版社,2005.
18. [美]艾佛利·卡多佐.成功出版完全指南.徐丽芳,等,译.石家庄：河北教育出版社,2005.
19. [美]小赫伯特·贝利.图书出版的艺术与科学.王益,译.石家庄：河北教育出版社,2005.
20. 《咬文嚼字》(2006—2013)
21. 《中国出版》(2006—2013)

22.《编辑之友》(2006—2013)
23.《中国编辑》(2006—2013)
24.《编辑学刊》(2006—2013)
25.《出版发行研究》(2006—2013)
26.《中国新闻出版报》(2006—2013)
27.《中国图书商报》(2006—2013)

后 记

　　修订图书是苦乐交加的。说其苦，是因为虽然发现了图书内容的不完善之处，但有的地方绞尽脑汁也想不出更好的取代内容，心有不甘，始终是个纠结；说其乐，是发现动笔修改的结果比预想中的更好，原来不曾想到的观点，在修改时不断在脑海里呈现，于是喜上心来，在自我激励中得到了一些满足。当然，苦乐是相比较而存在的，有苦，才能真切地感受乐的滋味，有乐，才能体现出苦的价值、苦的意义。人生又何尝不是这样，在苦乐相间、苦乐交替中度过，苦中思乐，乐得其中，乐中忆苦，苦也是乐。

　　接到图书修订的任务，一开始真有些犯难，唯恐自己的水平达不到出版社的修订要求而拖了整套图书的后腿，但又不能不接受，如果因我的拖延而影响整套丛书的修订出版，则责不敢当了。于是，沉下心来，开始动笔修改。在修订的过程中，我越写越感到原来书中问题多多。越写越感到有新的东西可写、有新的内容需要补充、有新的观点需要更新，越写越感到有修订的必要，越写越感到有写的冲动。从丛书的初版到现在，已经过去了十年。这期间，在深化出版体制改革、发展出版产业的新形势下，我国的图书出版业发生了深刻的变化，图书编辑工作的理念不断更新，图书编辑工作的内涵日渐丰富，图书编辑工作的流程不断创新，图书编辑的社会功能发挥得更加充分，图书编辑工作的手段更加现代化，图书编辑队伍更加年轻而富有活力。火热的图书编辑工作实践，呼唤图书编辑学理论的创新，呼唤图书编辑学理论的指导，呼唤图书编辑学理论与实践的结合，呼唤更多的实际工作者加入出版理论研究队伍、更多的出版理论工作者深入出版改革和发展的第一线，创造出更多的理论研究成果。图书编辑工作既有很强的理论性，也有很强的实践操作性。编辑的素质决定了图书的价值和质量，编辑必须要有一定的文化积累、学术水平和职业素养，必须积极策划选题，帮助作者修改、完善书稿，判断图书的市场命运，制订图书宣传和市场推广方案，等等。图书编辑工作理论性和实践性兼具的特点，拓展了图书编辑学的研究发展空间，拓宽了图书编辑理论研究工作者的思路。

　　图书编辑工作在深化改革中出现的新情况、新问题，既为图书编辑学理论的发展提供了新的课题、提供了新的动力，同时也对图书编辑学理论研究提出了新的要求。理论当然不是万能的，不可能包医百病，但理论的力量是无穷的。作为图书编辑学理论研究阶段性粗浅成果的汇集，这本书如果能引发编辑的一些思考，如果能有助于编辑深化对图书编辑工作规律的认识，如果能对编辑的实际工作产生一些借鉴和参考作用，则是作者的莫大欣慰。

修订工作还是存在着遗憾，人的认识有个不断提高、逐步深化的过程，今天认为是满意的，明天可能就滞后了。出版改革和实践处在不断的变化发展之中，各种新情况、新问题层出不穷，需要不断进行理论探索和理论创新。从这个意义上说，对学术著作内容的不断修订，是保持学术著作生命力的有效形式，是对读者期望的最好回报。

朱胜龙